Lanzarote

Zeit für das Beste

Highlights – Geheimtipp

»Die Sonne berührte jetzt den Saum der Hügel und die Ebene färbte sich rot, lodernd wie Feuer. (...) Unendlicher Frieden lag über dem Horizont; vom Meer stieg eine leichte Brise auf, lau und salzig.«

Rafael Arozarena, Mararía

BRUCKMANN

Lanzarote

Zeit für das Beste

Christine Lendt
Sabine Lubenow

BRUCKMANN

S. 2/3: Blick über den Golf bei Arrecife
Oben: Die Playas de Papagayo verführen mit karibischen Farben.
Mitte: Abendstimmung am Lagunenhafen Charco de San Ginés.
Unten: Auf dem Sonntagsmarkt in Teguise

INHALTSVERZEICHNIS

Die Top Ten 6
Lanzarote, vulkanische Schönheit 8

DER SÜDOSTEN

1 Arrecife 28
2 Playa Honda 36
3 Fundación César Manrique 40
4 Museo Internacional de Arte Contemporáneo 46
5 Monumento al Campesino 48
6 San Bartolomé 52
7 San Bartolomé: Museo Tanit 56
8 A Casa José Saramago 62
9 Puerto del Carmen: Die Strände 66
10 La Tiñosa 70

DER SÜDEN

11 Puerto Calero 76
12 Playa Quemada 80
13 La Geria 84
14 Uga 92
15 Yaiza 98
16 Femés 104
17 Monumento Natural de Los Achajes 108
18 Playas de Papagayo 112
19 Playa Blanca 118
20 Fuerteventura 124
21 Los Lobos 132

DER WESTEN

22 Salinas de Janubio 138
23 Lavaküste des Westens 142
24 El Golfo 148
25 Nationalpark Timanfaya 152
26 Besucherzentrum Mancha Blanca 160
27 Ermita de los Dolores 164
28 Das Dorf Mancha Blanca 168

29 Parque Natural de los Volcanes 172
30 Caldera Blanca 176

MITTE UND NORDEN
31 Tinajo 180
32 Lucha Canaria 184
33 Museo Agricola El Patio 186
34 La Santa 190
35 La Caleta de Famara 194
36 Playa de Famara 202
37 Teguise 206
38 Lagomar 214

DER NORDOSTEN
39 Risco de Famara 220
40 Haría 226
41 Das Tal der 1000 Palmen 232
42 Mirador del Río 236
43 Órzola 240
44 La Graciosa 244
45 Cuevas de los Verdes 248
46 Jameos del Agua 250
47 Punta de Mujeres 254
48 Arrieta 256
49 Jardin de Cactus und Umgebung 258
50 Costa Teguise 262

REISEINFOS
Lanzarote von A–Z 268
Lanzarote mit Kindern 280
Kleiner Sprachführer 282

Register 284
Impressum 287

Oben: Nur scheinbar karg: In den Vulkanlandschaften verbirgt sich eine reiche Flora.
Mitte: Die Insel bietet viele Möglichkeiten für Freundes des Radsports.
Unten: Viele Häuser zeigen schmucke Details.

DIE TOP TEN

NATIONALPARK TIMANFAYA (S. 152)

Die rötlich-schwarze Landschaft der Feuerberge bietet unvergleichbare Eindrücke. Bei der Rundtour, Hitzedemonstrationen und Speisen vom Vulkan-Grill ist ein bedeutendes Stück Inselgeschichte ganz nah: Fast ein Viertel der Fläche Lanzarotes wurde bei den Vulkanausbrüchen zwischen 1730 und 1736 unter den Lavamassen begraben.

FUNDACIÓN CÉSAR MANRIQUE (S. 40)

Das heutige Lanzarote ist stark vom Werk des Künstlers und Umweltschützers César Manrique geprägt. Wie sehr, wird bei einem Besuch in seinem ehemaligen Wohnhaus in Tahíche deutlich, das er in fünf große Lavablasen bauen ließ. Heute ist es der Sitz der Manrique-Stiftung. Sehenswert ist es auch wegen der Kunstgalerie, in der u. a. Grafiken von Picasso und Miró ausgestellt sind.

MIRADOR DEL RÍO (S. 236)

Der »getarnte« Aussichtspunkt mit futuristischem Innenleben ist eines der größten Werke von César Manrique. Nahezu unsichtbar in das Bergmassiv des Risco de Famara integriert, eröffnet er das spektakulärste Panorama Lanzarotes. Auch das Bauwerk selbst ist ein Ereignis

CUEVAS DE LOS VERDES (S. 248)

Beim Ausbruch des Vulkans Monte Corona entstand ein mehr als sechs Kilometer langer Lavatunnel. Ein großer Teil ist heute zu besichtigen. Bis zu 50 Meter hohe Höhlenräume und Lavagestein in äußerst bizarren Formen und Farben erwarten den Besucher. Ein besonderer Genuss sind die Konzerte im unterirdischen Auditorium

JAMEOS DEL AGUA (S. 250)

Aus einer eingestürzten Lavagrotte schuf César Manrique ein begehbares Naturkunstwerk – eine üppig begrünte Oase mit himmelblauem Pool in schwarzem Basalt. Im Grottensee leben blinde weiße Krebse, die aus der Tiefsee aufgestiegen sind. Ein Museum informiert über Vulkanismus und Seismologie

JARDÍN DE CACTUS (S. 258)

Welche Schönheit und Vielfalt die Welt der Stachelgewächse bedeutet, ist in diesem einmaligen Garten zu erleben. Rund 1500 Kakteen und baumhohe Wolfsmilchgewächse beweisen, dass sich selbst auf trockenem Lavagestein eine vielfältige Pflanzenwelt entwickeln kann. Manriques Kunst und eine restaurierte Windmühle bereichern den besonderen Ort

LA GERIA (S. 84)

Den Lanzaroteños gelang es, auf der nach den Vulkanausbrüchen vermeintlich unfruchtbaren Insel wieder Wein anzubauen. Dank des besonderen Trockenfeldbaus (*pícon*) entstand zugleich eine Kulturlandschaft von einzigartiger Schönheit. Die Bodegas entlang der Weinstraße sind sehenswert und laden zur Verkostung ein - Hier gibt es die wohl besten Weißweine der Kanaren

RISCO DE FAMARA (S. 220)

Die grünste Region der Insel mit einem »Tal der 1000 Palmen«, vielen Aussichtsplätzen und großartigen Wandermöglichkeiten. Aus rund 600 Metern Höhe stürzen die Klippen ins Meer. Oben locken Ziele wie das schmucke Dorf Haría oder der Bilderbuchvulkan Monte Corona

EL GOLFO (S. 148)

Der halb im Meer versunkene Krater des Vulkans Montaña de Golfo beherbergt ein Naturphänomen: einen leuchtend-grünen Lagunensee, dazu das Farbenspiel eines Tuffkraters. Legendär sind auch die Fischrestaurants im nahen Dorf, vor deren Terrassen die glutrote Sonne im Meer versinkt

LA GRACIOSA (S. 244)

Die »anmutige« Schwesterinsel ist ein lohnendes Ziel für einen Tagesausflug. Eine Naturperle mit wunderschönen Stränden, einem Fischerdorf und ganz viel Weite. Mit der Fähre ab Órzola ist man in ca. 20 Minuten dort. Schon die oft wilde Überfahrt ist ein Erlebnis!

Oben: Der Blick vom Mirador del Río ist schon die Reise wert.
Unten: »Sociedades« sind Orte kulturellen und geselligen Beisammenseins. Hier: Die Casa del Miedo in Arrecife.

Lanzarote, vulkanische Schönheit

Als »Inseln des ewigen Frühlings« werden die Kanaren oft gemeinsam erwähnt. Dabei geht ein wenig unter, dass jede dieser Inseln einzigartig ist hinsichtlich ihrer Landschaft und der Lebensräume. Ganz besonders gilt dies für das rund 850 Quadratkilometer große Fleckchen Erde ganz im Nordosten: Lanzarote. Nirgendwo ist der vulkanische Ursprung des Archipels so unmittelbar spürbar wie hier.

Schon beim Anflug wird deutlich, dass Lanzarote anders ist als viele Orte, die man mit einem Urlaub am Meer verbindet. Der Blick aus dem Kabinenfenster offenbart ein Ensemble aus Ocker-, Rot- und Brauntönen. Schwarz sind manche Teile der Landschaft. Im eindrucksvollen Kontrast dazu: die weißen Häuser der Ortschaften mit ihren grünen Fensterläden und Türen.

Jeder Farbtupfer, jede Pflanze hebt sich von dem dunklen Lavagestein ab, sodass die Umgebung vielerorts wirkt wie ein Kunstwerk. Zahlreiche kegelförmige Erhebungen lassen erkennen, wo der geologische Ursprung liegt. Auch wenn die Vulkane nicht mehr aktiv sind: Es steckt Feuer in dieser Insel, die viele auf den ersten Blick in ihren Bann zieht.

Farbenspiel und Hexenkessel

In den heißen Sommermonaten gleicht Lanzarote auf den ersten Blick einer kargen Wüstenlandschaft. Wer die Insel so kennt und sie erneut im Winterhalbjahr besucht, gerät ins Staunen über den Anblick, den sie nun bietet. Nach Regenperioden überzieht ein hellgrüner Saum die Bergflanken und Täler. Überall sprießt und blüht es, als wolle die Erde beweisen, was wirklich in ihr steckt. Doch selbst bei größter Trockenheit weiß Lanzarote zu überraschen. Unvergleichbar ist das Farbenspiel, das sich im Nationalpark Timanfaya und im Naturpark Los Volcanes bietet, wenn die Sonne die Krater zum Leuchten bringt – oder an der Südwestküste, wo das Meer dazu dramatisch im »Hexenkessel« Los Hervideros brodelt.

Insel für Entdecker

Ein Blick für das Kleine wird zu jeder Jahreszeit belohnt. Zahlreiche Pflanzen- und Tierarten haben sich den Bedingungen der Lavalandschaft angepasst. Dies ist eine Insel, die wie geschaffen ist für große und kleine Entdecker, für Abenteurer und Wanderfreunde, die sich abseits gewohnter Pfade bewegen möchten. Für alle, die zum Beispiel mal einen Blick in den Krater wagen oder die in der Erde verborgene Resthitze bei »Experimenten« erleben möchten. Lanzarote begeistert Menschen, die sich für geologische und biologische Besonderheiten interessieren – und ganz besonders Kunstliebhaber.

Landschaft im Zeichen der Kunst

Allgegenwärtig ist das Erbe César Manriques, der seine Heimat Lanzarote mit Sinn für Schönheit prägte und in hohem Maße zu ihrem Schutz beitrug. Der Künstler hat sozusagen die komplette Insel gestaltet, das ist in dieser Form wohl weltweit einmalig. Er schuf Orte, die Faszination auf Touristen ausüben, ohne den Charakter Lanzarotes einzubüßen: Plätze wie der Mirador del Rio und die Jameos del Agua gehören heute zu den Hauptattraktionen. Manrique wusste Kreisverkehren mit Windspielen das gewisse Etwas zu verleihen und dem Alltäglichen das Banale zu nehmen. Wer sich auf Lanzarote auch nur ein wenig umsieht, wird

Oben: Schroffe Basaltküsten und leuchtend weiße Häuser harmonieren auf Lanzarote.
Mitte: Fisch essen vor faszinierender Kulisse.
Unten: Das Wandmosaik in der Fundación César Manrique ist ein beliebtes Fotomotiv.

Oben: Das Fischerdorf El Golfo ist eine wahre Zierde.
Unten: Manrique schuf eine Oase in der Basaltlandschaft: Die Jameos del Aqua.

seine Kunstwerke und seinen Sinn für Humor an den ungewöhnlichsten Orten entdecken.

Aus Lava gewachsen

Die Inseln des Kanarischen Archipels entstanden durch vulkanische Aktivität in einem Zeitraum von rund 20 Millionen Jahren. Zuerst trat Fuerteventura aus dem Meer hervor. Rund fünf bis zehn Millionen Jahre später folgte Lanzarote. Beide Inseln sind über einen unterseeischen Sockel miteinander verbunden und durch einen elf Kilometer breiten Meeresarm getrennt. Richtung Westen bildeten sich nach und nach die anderen Kanarischen Inseln, zuletzt La Palma und El Hierro vor ein bis zwei Millionen Jahren.

Vor Lanzarote liegen einige kleine Eilande. Ein Tagesausflug mit der Fähre ist möglich und lohnt sich sehr. Im Norden befindet sich der aus drei Inselchen und zwei Felsen bestehende Archipel Chinijo mit der Hauptinsel La Graciosa. Im Süden sind die Schwesterinseln Fuerteventura und Los Lobos per Fähre erreichbar.

Eine Landschaft aus Basalt

Aufgrund ihres ozeanischen und vulkanischen Ursprungs brachte Lanzarote einmalige Landschaften hervor, mit teils endemischer Flora und Fauna. Zu Basalt erstarrte Lava formte viele Teile der Insel. Und doch bietet sie höchst vielfältige Eindrücke. Dies hängt u.a. damit zusammen, dass das Gestein innerhalb verschiedener Eruptionsphasen entstand, in mehreren erdgeschichtlichen Epochen, die teilweise Jahrmillionen auseinander liegen.

Das Alter des Basalts ist ausschlaggebend für die Art und Vielfalt der vorkommenden Pflanzen. Auf dem jungen Lavagestein haben sich Flechten angesiedelt, während sich ältere Gesteine bereits in Zersetzungsprozessen befinden. Dabei entsteht äußerst fruchtbarer Boden, in dem auch höhere Gewächse wie Sträucher gedeihen. Nach extremer Erosion wiederum ist der fruchtbare Boden abgetragen. Dies zeigt sich z. B. an den kargen Flanken des Ajaches-Gebirges.

Buntes Leben im Lavagestein

Rund 180 Flechtenarten wurden auf Lanzarote gezählt. Sie lassen das Gestein von Hellgrau über Grün bis hin zu leuchtendem Orange und Gelb schimmern, faszinieren als herabhängende Bärte, umwachsen andere Pflanzen oder sitzen auf dem Fels wie Korallen. Flechten sind symbiotische Lebensgemeinschaften von Pilzen und Algen. Der Pilz versorgt die Alge mit Wasser, die ihm wiederum den Nährstoff Zucker liefert. So überdauert das Geflecht auf dem nackten Fels selbst bei extremer Trockenheit und Hitze.

Einige Flechtenarten waren für die Insel auch von wirtschaftlicher Bedeutung: Schon die seefahrenden Phönizier (1100 v. Chr.) nutzten im Küstenbereich wachsende Färberflechten, um Purpur für die Textilherstellung zu gewinnen.

Eine weitere Ursache für das vulkanische Farbenspiel sind Eisenerze, die sich durch Oxidation verfärbten. Besonders fulminant zeigt sich dies am Beispiel der in Rost- und Rottönen glühenden Montaña Colorada (»Farbiger Berg«).

Blocklava und Stricklava

Abhängig vom Grad der Flüssigkeit (ihrer Viskosität) und der Steigung des Geländes bildeten sich zwei verschiedene Lavaformen, die das Landschaftsbild auf Lanzarote prägten. Manche Regionen ähneln

Oben: Viele Vulkankegel bieten sich als Wanderziel an.
Mitte: In den Salinen von Janubio wird noch Salz gewonnen.
Unten: Radtour in eindrucksvoller Kulisse.

Oben: Eine Siedlung trotzt dem aus Blocklav geformten Malpaís, dem »schlechten Land«.
Mitte: Einige Häuser sind besonders reich bepflanzt.
Unten: Auch diese stacheligen Gesellen wissen, wie man sich schmückt.

einem regelrechten Trümmerfeld. Diesen Eindruck erweckt Blocklava, entstanden aus zähflüssigem oder teils bereits erkaltetem Gestein, das sich zu großen Brocken auftürmte und in scharfkantige Platten oder Blöcke zerbrach. Man nennt diese Lavaform auf Lanzarote auch *Malpais* (»schlechtes Land«), weil es schwierig ist, darauf zu laufen und sich diese Gebiete nicht nutzen lassen. Blocklava prägte beispielsweise die Region Malpais de la Corona im Nordosten der Insel.

Im Gegensatz dazu wird Stricklava (auch Schollen- oder Fladenlava) aus dünnflüssiger Lava gebildet. Sie fließt rasch, aber in dünnen Schichten und erkaltet dadurch schneller. Voraussetzung dafür sind ein ebenes Gelände und eine geringe Viskosität. Charakteristisch sind die dabei entstehenden glatten, strick- oder wulstförmigen Muster. Ein anderer geologischer Ausdruck für diese Variante lautet Pāhoehoe-Lava. Er stammt aus dem Hawaiianischen und besagt, dass die Oberfläche begehbar ist.

Stricklava zeigt sich auf Lanzarote nördlich von Arrecife besonders eindrucksvoll. Hier ist der Lavastrom mit seiner Fließrichtung noch erkennbar, der sich nach den Eruptionen im 18. Jahrhundert ins Meer ergoss. In der Nähe der Ortschaft Tahíche bildeten sich große Lavablasen, die der Inselkünstler César Manrique in sein Wohnhaus integrierte.

Vulkanische »Bomben« und bizarre Küsten

Für Kinder wie Erwachsene bietet Lanzarote die Gelegenheit, Vulkanismus hautnah und auf anschauliche Weise zu erleben. So findet man u.a. *hornitos* (»Öfchen«) und *bombas* (»Bomben«). Gemeint sind Lavagebilde, die Schornsteinen ähneln, bzw. vulkanische Auswürfe, die teils mehrere Kubikmeter groß sind. Spannend ist auch die

Form der Vulkankegel, weil sie oftmals den Verlauf der Ausbrüche widerspiegelt. Im Norden der Insel erlaubt ein acht Kilometer langer Lavatunnel den Einstieg in die Unterwelt (Cueva de los Verdes und Jameos del Agua). *Jameos* heißen kesselförmige Öffnungen im Lavatunnel, die durch einen Einsturz der Höhlendecke entstanden.

Wahre biologische Schatzkammern sind die *islotes* (»Inselchen«), ältere Vulkankegel, die von späteren Lavaströmen umflossen wurden. Sie beherbergen eine besonders große Artenvielfalt. Die Caldera Blanca ist eines der schönsten Beispiele und damit ein beliebtes Ziel für eine Kraterwanderung.

Lavamassen prägten auch die Küste Lanzarotes, besonders im Westen entlang des Nationalparks Timanfaya und des Naturparks Los Volcanes. Schwarz, bizarr, wild und zerklüftet verzaubert sie mit einzigartigen Eindrücken. In einigen Küstenregionen geben geologische Aufschlüsse den Blick auf frühere Gesteinsschichten frei und sorgen so für ein weiteres farbenprächtiges Schauspiel.

Karibisches Flair und schwarzer Sand

Auch wenn sie vergleichsweise wenig Raum einnehmen: Es gibt auf Lanzarote einige Buchten und Strände, die zum Badeurlaub einladen. Im Südwesten bilden die Playas de Papagayo eine karibisch anmutende Traumkulisse. Ausgedehnte Strände mit hellem, teils künstlich aufgeschüttetem Sand säumen die drei großen Touristenzentren Puerto del Carmen, Playa Blanca und Costa Teguise. Aus gutem Grund liegen diese Orte an der ruhigen Ostküste, während sich der Atlantik im Westen meist von seiner rauen unberechenbaren Seite zeigt. Auch in anderen Regionen der Insel können die Auswirkungen von Wetter, Gezeiten und Strö-

Oben: Das Zusammenspiel von vermeintlich toter Lava und »blühendem Leben« fasziniert vielerorts.
Mitte: Dank der besonderen Anbaumethode spendet die Vulkanlandschaft gute Inselweine.
Unten: Die Salinen verzaubern mit ihrem Farbenspiel.

Oben: Die Strände im Norden sind bei Surfern besonders beliebt.
Mitte: Die schöne Insel ziert viele Kunstwerke.
Unten: Darf es etwas Fisch oder Huhn vom »Vulkangrill« sein?

mungen beträchtlich sein. Man sollte unbedingt die jeweilige Situation berücksichtigen. An Stränden wie der Playa Famara weht die rote Flagge – Baden kann lebensgefährlich sein. Umso mehr kommen hier Kitesurfer und Wellenreiter auf ihre Kosten und das Panorama dieses kilometerlangen Naturstrands vor der Steilküste Risco de Famara zählt zu den schönsten der Insel.

Auch die für die Kanarischen Inseln charakteristischen schwarzen Strände gibt es auf Lanzarote. Mit ihrem dunklen Gestein oder Sand sind diese oftmals weniger frequentierten Plätze bei Ruhesuchenden beliebt. Man findet sie z. B. bei El Golfo und in Playa Quemada. Eine Überraschung sind die Caletónes im Inselnorden bei Órzola, kleine Strände mit schneeweißem Sand und wunderschönen Lagunen – mitten in der schwarzen Lavalandschaft des Malpais.

FKK ist auf Lanzarote nicht offiziell erlaubt, wird jedoch teilweise toleriert. Am ehesten gilt dies für die abgelegeneren Buchten der Papagayo-Strände und einige Bereiche der Playa de Famara, wo Dünen Sichtschutz bieten. Fans der Freikörperkultur werden sich auch das das FKK-Dorf und die Bucht von Charco del Palo im Nordosten nicht entgehen lassen.

Lanzarote, ein Paradies?

Es sollen die Kanarischen Inseln gewesen sein, die in griechischen Mythen und Legenden als Paradies beschrieben werden. Der Archipel, der dort in der blauen Weite auftauchte, ließ die Fantasie all derer erblühen, die ihn ansteuerten. Man glaubte in ihm Homers »Elysische Gefilde« zu erkennen, die »Inseln der Seligen« des griechischen Dichters Hesiod oder das verschollene Inselreich Atlantis, wie es der Philosoph Platon beschrieben hatte.

Zudem zählen die Kanaren zusammen mit den Azoren, Madeira und den Kapverden zu Makaronesien. Dieser geobotanische Oberbegriff bedeutet soviel wie »glückliche Inseln«, abgeleitet von dem griechischen *makarios* (»gesegnet«).

Zweifellos ist Lanzarote in vielerlei Hinsicht ein Paradies auf Erden. Mit einem Garten Eden im klassischen Sinne ist die karg anmutende Vulkaninsel indes nicht vergleichbar. Einige Landstriche ähneln einer Wüste, etwa die Flugsandebene El Jable bei Famara und die Ebene El Rubicón im äußersten Süden. Große Bäume gibt es so gut wie gar nicht, abgesehen von den Palmen, die Promenaden und Hotelgärten zieren und ein ganzes Tal bei Haria bestücken: Das »Tal der 1 000 Palmen« und der zugehörige Risco de Famara im etwas regenreicheren Norden bilden die grünste Gegend der Insel. Es befindet sich dort auch ein kleiner Bestand an Kiefern und Akazien, den die Einheimischen stolz »El Bosquecillo« (»das Wäldchen«) nennen.

Wolfsmilch und Läuseblut

Und doch wächst auf Lanzarote weitaus mehr, als man zunächst vermuten würde. Neben den zahlreichen Flechtenarten, die das Vulkangestein besiedeln, zählten Botaniker rund 600 wilde Pflanzenarten. Mehr als 90 von ihnen sind endemische Arten, Pflanzen, die nur auf Lanzarote oder den Kanarischen Inseln bzw. in ganz Makaronesien vorkommen. Besonders zahlreich sind Wolfsmilchgewächse (*Euphorbiaceae*) vertreten. Ihren Namen verdanken sie einer weißlichen, giftigen Flüssigkeit, die an Bruchstellen hervortritt und Verätzungen der Haut verursachen kann. Manche Arten ähneln riesigen Kakteen und erreichen eine Höhe von bis zu mehreren Metern, andere wachsen wie Büsche und werden nur einen halben Meter hoch.

Oben: Auch die für die Kanaren typischen schwarzen Strände gibt es auf Lanzarote.
Unten: Viele Palmen sorgen für Grün auf der Insel.

Oben: Die Schönheit Lanzarotes zeigt sich ganz besonders im Detail.
Mitte: Feigenkaktus mit Cochenille-Schildlaus
Unten: Aloe Vera-Plantage: Produkte der Pflanze sind auf Lanzarote erhältlich.

Rund um Guatiza und Mala erstrecken sich ganze Felder mit Feigenkakteen (*Opuntia ficus-indica*). Die aus Mittelamerika stammende Pflanze mit den großen, ovalen Blättern sicherte lange einen bedeutenden Wirtschaftszweig Lanzarotes: Auf ihr nistet die Cochenille-Schildlaus. Sie produziert Karmesinsäure, aus der sich der Farbstoff Karminrot (E120) herstellen lässt. Er wird gern als »Läuseblut« bezeichnet, auch wenn dies nicht korrekt ist, denn das leuchtende Rot entsteht durch den chemischen Prozess der Extraktion aus getrockneten Läusen. Mittlerweile wird die Substanz weitgehend durch synthetische Farbe ersetzt, doch es sind noch Produkte mit Cochenille erhältlich, z. B. Liköre, Kosmetika und Süßigkeiten. Auch in manchen Arzneimitteln ist der Stoff enthalten.

Für die Produktion werden die auf der Pflanze festsitzenden Tiere mit einem Speziallöffel abgeschabt und eingesammelt, genau genommen nur die Weibchen, während die männlichen Läuse zum Zwecke der Fortpflanzung von Kaktus zu Kaktus fliegen. Allerdings haben auch die viel kleineren Männchen nur ein kurzes Leben: Im Gegensatz zu den Weibchen, die Kaktussaft saugen, fressen sie nicht.

Aloe Vera, beliebtes Souvenir

Produkte der Aloe Vera gibt es auf Lanzarote in vielen Läden zu kaufen. Die Pflanze ist leicht an ihren rosettenartig angeordneten, spitzen Blättern zu erkennen. Verwechslungsgefahr besteht mit den Agaven, die als Zierpflanzen viele Gärten schmücken und auch wild wachsen. Die Blätter der Aloe Vera enthalten ein geleeartiges Fleisch, dem u. a. eine antibakterielle und entzündungshemmende Wirkung zugesprochen wird. Weil sie in heißen, trockenen Regionen hervorragend gedeiht, wurde sie zu Anbauzwecken eingeführt. Seither kann man auf der Insel Seife, Lippenbalsam, Anti-

Aging-Produkte und Elixiere gegen diverse gesundheitliche Beschwerden erwerben oder auch kleine Pflanzen als Souvenirs. Eine Farm bei Órzola (s. S. 240) hat sich auf den regionalen und ökologischen Anbau konzentriert, aber viele der auf der Insel erhältlichen Aloe-Vera-Produkte stammen gar nicht aus Lanzarote.

Seevögel, Geckos und blinde Krebse

Eine gute Nachricht vorweg: Niemand, der Lanzarote besucht, wird morgens einen Skorpion in seinem Schuh finden oder in freier Natur von einer Schlange gebissen werden. Solche und andere giftige Tiere gibt es hier nicht, auch wenn die Insel einer Wüste ähnelt. Über die Felsen flitzen allenfalls Eidechsen und Geckos, darunter auch einige endemische Arten.

Ornithologen zieht es besonders in die Nähe der Küsten, etwa an die Salzwiesen von La Santa oder die Salinen von Janubio und Los Cocoteros. Vor dem Fernglas zeigen sich Arten wie Seeregenpfeifer, Seidenreiher und der langbeinige Stelzenläufer. In den Ruinen der Windmühlen nisten Wüstengimpel und Wiedehopfe.

Auch der Blick unter die Wasseroberfläche lohnt. Beliebte Tauchplätze liegen vor Puerto del Carmen (Playa Chica), Playa Blanca sowie im Norden der Insel. Zwischen bizarren Lavaformationen sind Muränen, Stachelrochen und Barrakudas zu Hause. Um typische Tiefseebewohner zu sehen, braucht man auf Lanzarote noch nicht einmal zu tauchen: In der Lavagrotte Jameos del Agua leben blinde weiße Krebse (*Munidopsis polymorpha*) in ewiger Dunkelheit. Höhlenforscher vermuten, dass die Tiere, die sonst nur in über 2000 Meter tiefen Ozeangefilden vorkommen, durch den porösen Lavasockel der

Oben: Agaven wachsen als Zierpflanzen in vielen Gärten.
Unten: Der Feigenkaktus trägt Früchte.

Insel hervorragende Lebensbedingungen vorfanden und sich so auch in dieser »schwindelnden Höhe« ansiedeln konnten.

Ein Tunnel für Dromedare

Ein ziemlich großes Tier, das einem auf Lanzarote früher oder später über den Weg läuft, ist das Dromedar. Es kann auf der LZ 67 von Mancha Blanca Richtung Yaiza passieren: Wenn die Karawane von der Dromedar-Reitstation in den Feuerbergen abends zurück zu ihren Ställen nach Uga geführt wird, reiben sich viele Autofahrer die Augen. Doch dies ist keine Fata Morgana. Also lehnt man sich zurück, genießt den Anblick und wartet ab, bis das letzte Tier die Straße überquert hat. Um die Wege zu verkürzen, wurde ein mit Solarzellen beleuchteter Dromedartunnel eingerichtet.

Dromedare arbeiteten auf Lanzarote wahrscheinlich bereits im 16. Jahrhundert als Reit- und Lastentiere. Sie zogen die schweren Mahlsteine der Getreidemühlen und die Ackergeräte zur Bewirtschaftung der Felder. Auch für den Transport von Weintrauben und anderen Gütern wurden einfallsreiche landwirtschaftliche Geräte entwickelt. Sie können im Museo Tanit in San Bartolomé und im Museo Agricola El Patio in Tiagua besichtigt werden.

Trockenfeldbau mit ›Picón‹

Weil Wasser auf Lanzarote rar ist und die Folgen der Vulkanausbrüche die Nutzung der Böden einschränken, sind die Bedingungen für die Landwirtschaft erschwert. Umso mehr erstaunt es, dass doch so vieles wächst auf den Feldern und in privaten Gärten: Hellgrüne Pflanzen und bunte Blüten brechen aus dem schwarzen Boden hervor. Wer genauer hinsieht, erkennt das Geheimnis. Das Lavagranulat *Picón* wird vor dem Anbau schicht-

Oben: Der Vulkan Monte Corona im Norden Lanzarotes.
Mitte: Giftige Tiere gibt es auf Lanzarote nicht, dafür niedliche wie dieses.
Unten: Bei einem Tauchgang lernt man noch ganz andere Bewohner der Region kennen.

weise auf dem Mutterboden verteilt. Er verfügt über die Eigenschaft Wasser zu speichern. So kann der Tau, den das Granulat nachts aufnimmt, tagsüber an die Erde abgegeben werden. Zugleich schützt es den Boden vor Austrocknung durch intensive Sonneneinstrahlung.

Picón ist ein Substrat, das aus der Vulkanasche der Ausbrüche gebildet wurde. Es befindet sich in verschiedenen Erdschichten der Vulkane und wird in Steinbrüchen abgetragen. Diese Methode des Trockenfeldbaus wird auch als *Enarenado* bezeichnet – *enarenar* heißt auf Spanisch »mit Sand bestreuen«.

Halbkreisförmige Steinmäuerchen (»Zocos«) reihen sich aneinander und verleihen manchen Feldern ein Aussehen, das an Grafiken oder abstrakte Kunst erinnert. Die Aufgabe der Mäuerchen ist es, empfindliche Pflanzen vor Wind zu schützen. Sie werden insbesondere im Weinbau eingesetzt. Unbedingt sollte man durch das Anbaugebiet La Geria fahren: Schon der Anblick der ungewöhnlichen Weinberge ist den Ausflug wert. Außerdem bieten sich in den Bodegas viele Gelegenheiten, die guten Inselweine zu probieren.

Die Majos, Lanzarotes Ureinwohner

Über die Frühgeschichte Lanzarotes ist wenig bekannt. Zu viele Zeitzeugnisse fielen Vulkanausbrüchen oder Plünderungen durch Piraten zum Opfer. Archäologische Ausgrabungsstätten liegen brach, sodass es mit neuen Erkenntnissen schleppend vorangeht. Lange nahm man an, dass die ersten Siedler erst um Christi Geburt auf die Kanarischen Inseln kamen. Bei Ausgrabungen in der Nähe von Teguise wurden jedoch Fundstücke entdeckt, die aus der Zeit um das 10. Jahrhundert vor Christus stammen. Sie deuteten auf Gegenstände

Oben: Geduldiges Last- und Arbeitstier: Das Dromedar half bei der Bewirtschaftung der Böden. **Unten:** Besonders im Frühjahr wird es grün auf der Insel.

hin, die vom damaligen Volk der Andalusier verwendet wurden. Anderen Quellen zufolge könnte es sich bei den Ureinwohnern aber auch um Berber aus der Sahara gehandelt haben. Darauf deuten u.a. gleichlautende Silben in Ortsnamen hin, wie z.B. Te, Ta und Ti, die sich auf Lanzarote in Teguise, Tao, Tinajo und Tiagua finden. Auch auf Lanzarote hießen die Altkanarier Majos (auch Mahohs), auf Fuerteventura nennen sich die Einheimischen noch heute so. Auf den anderen Kanarischen Inseln hingegen spricht man von den Guanchen.

Die Viehzucht und der Anbau von Gerste dienten den Majos als Hauptnahrungsquelle. Am Meeresufer errichteten sie Steindämme, um Fische zu fangen, die sie mit dem Saft von Wolfsmilchgewächse betäubten. Sie beherrschten das Töpfern und lebten in Stämmen. Auf Lanzarote heißt ein kleiner Krater zwischen Tahíche und San Bartolomé »Montaña de Zonzamas«. Der Name bezieht sich auf einen Stamm bzw. dessen Oberhaupt namens Zonzamas.

Tyteroygatra

Ab dem Mittelalter, als sich Europa zunehmend Richtung Atlantik erweiterte, lag Lanzarote auf den Reiserouten von Seefahrern und Abenteurern; zunehmend geriet es auch ins Visier von Eroberern, Händlern und Piraten. Lange Zeit hieß die Insel Tyteroygatra, was einerseits mit »die Verbrannte, Glühende«, aber auch mit »der rötliche Berg« übersetzt wurde. Ihren heutigen Namen erhielt sie wahrscheinlich durch den Seefahrer Lancelotto Malocello aus Genua, der 1312 eine erste Festung auf Lanzarote errichtete. Möglicherweise klang sein Name jedoch nur zufällig ähnlich. Einer anderen Deutung zufolge war eine *lanza rota* ausschlaggebend, eine »zerbrochene Lanze«, die der spätere Eroberer Jean de Béthencourt bei seiner Ankunft

Oben: Die »zocos« verleihen dem Weinanbaugebiet ein nahezu grafisches Aussehen.
Mitte: Der Eroberer Jean de Béthencourt kam 1402 nach Lanzarote.
Unten: In den Museen gewinnt man Einblicke in die Tradition Lanzarotes.

(1402) gezeigt haben soll, um seine friedliche Absicht zu bezeugen.

»Du alte Süßkartoffel!«

Über viele Jahrhunderte sicherten Landwirtschaft und Fischerei das Überleben der Insulaner. Was hat das eine mit dem anderen zu tun? Nichts, fanden auch die Bauern und Fischer. Und nahmen es zum Anlass, dies wortreich und mit Farbe zu unterstreichen. So hat das Geplänkel Tradition, die jeweils anderen als »Batateros« beziehungsweise »Caleteros« zu bezeichnen. Wörtlich bedeutet dies so viel wie »die mit den Süßkartoffeln« und »die aus den Buchten«, abgeleitet von *batata* (»Süßkartoffel«) und *caleta* (»Bucht«). Süßkartoffeln gedeihen in der Wüstenebene besonders gut und zählten daher zu den Produkten, die auf Lanzarote am meisten angebaut wurden.

Auch die Häuser ließen keinen Zweifel daran, ob eine *batata* oder ein *caletero* darin wohnte: Traditionell sind die Fensterläden und Türen in den ländlichen Regionen grün gestrichen, während Blau auf Küstennähe hinweist. Das ist auch heute noch weitgehend so, oder vielmehr: wieder. César Manrique setzte sich im Zuge der Inselverschönerung für die Wiederbelebung dieser Tradition ein.

Der Großteil der Inselbevölkerung lebt heute vom Tourismus. Es zeigt sich dabei weniger die offene Herzlichkeit, wie sie in anderen Regionen Spaniens verbreitet ist, sondern ein Lächeln, das in den Augenwinkeln steckt. Als Besucher sollte man dies würdigen und wenigstens die gängige spanische Begrüßung über die Lippen bringen. Ein freundliches *Hola, que tal?* (»Hallo, wie geht's«) öffnet Türen und zeugt von Respekt, zumal nicht alle Einwohner Englisch und die wenigsten Deutsch sprechen.

Oben: In leuchtendem Weiß kontrastierte die Inselarchitektur eindrucksvoll mit den Vulkanlandschaften.
Unten: Traditionelles Gericht: papas arrugadas mit rotem Mojo

Oben: In den Tapas-Bars kommt man zusammen.
Mitte: Türen und Fensterläden sind in ländlichen Regionen traditionell grün gestrichen.
Unten: Reges Treiben auf dem Markt

Die geografische Lage und die eigene Geschichte bringen es mit sich: Trotz der Landeszugehörigkeit und der gemeinsamen Sprache sehen sich viele Insulaner eher als *Lanzaroteños* (bzw. *conejeros* – »Kaninchenjäger« – oder *canarios*) und weniger als Spanier. Traditionelle *fiestas* werden in den Dörfern gefeiert, der kanarische Ringkampf »lucha canaria« in eigens errichteten Arenen ausgetragen.

Gofio und Mojo

In typischen Restaurants kommen kanarische Gerichte auf den Tisch, z.B. *papas arrugadas*. Die kleinen runzeligen Kartoffeln mit Salzkruste werden in Mojo getunkt, eine scharfe grüne oder rote Soße. Einfach, aber köstlich! Grundlage für viele Gerichte bildet Gofio, hergestellt aus geröstetem Getreidemehl. Schon die Ureinwohner sollen diese sättigende wie wohlschmeckende Speise zubereitet haben. Und wer als Dessert *bienmesabe* bestellt, spricht ein paar Worte Spanisch, ohne sie gelernt zu haben: Übersetzt bedeutet der Name der kanarischen Mandel-Honigcreme so viel wie »Schmeckt mir gut«.

Vor dem Essen wird *pan y aioli* (Brot mit Knoblauchmayonnaise) gereicht, als Hauptgang gibt es typisch spanische Fleisch- und Fischgerichte. Mit dem spanischen Festland teilt Lanzarote auch die Tradition der Tapas-Bars und auch Paella kommt hier und dort auf den Tisch.

Wie in allen Urlaubsregionen gilt: Je weiter vom Trubel entfernt, desto authentischer. In den touristischen Ballungszentren trifft ein internationales Publikum auf ein oft ebenso wenig kanarisches Personal. Auch wenn es in asiatischen Restaurants, Fast-Food-Tempeln und Irish Pubs mal gut schmecken kann, sollte man nicht vergessen: Lanzarote ist eine ganz besondere Insel, die zu entdecken sich lohnt. *Bienvenido!*

Steckbrief Lanzarote

Lage: Lanzarote ist die nordöstlichste der Kanarischen Inseln. Die Entfernung zum spanischen Festland beträgt rund 1200 km. Bis zur afrikanischen Küste sind es nur ca. 115 km.

Zeitzone: MEZ minus 1 Std.

Landesflagge:

Währung: Euro

Hauptstadt: Arrecife (ca. 57 000 Einwohner).

Einwohner: ca. 149 000

Entstehung: Die Insel ist vulkanischen Ursprungs und entstand vor rund 16 Millionen Jahren. Damit ist sie nach Fuerteventura die älteste Insel des Archipels.

Zahl der Vulkane: Rund 100 Vulkane bzw. 300 Vulkankegel prägen die Landschaft.

Letzte Vulkanausbrüche: Zwischen 1730 und 1736 sowie 1824. Seither sind ca. 170 km^2 der Insel mit junger Lava bedeckt, also gut 20 Prozent.

Gesamtfläche: 850 km^2, davon entfallen ca. 45 km^2 auf den Archipel Chinijo.

Ausdehnung: 62 x 21 km

Höchste Erhebung: Peñas del Chache (671 m) im Risco de Famara.

Verwaltung: Die Kanarischen Inseln sind innerhalb Spaniens eine autonome Region, die wiederum in zwei Provinzen unterteilt ist. Lanzarote, Fuerteventura und Gran Canaria bilden die Provinz Las Palmas de Gran Canaria. Dazu zählen die kleineren Inseln des Chinijo-Archipels (nördlich von Lanzarote) sowie das südlich gelegene Eiland Los Lobos. Die zweite Provinz, Santa Cruz de Teneriffe, besteht aus den Inseln Teneriffa, La Gomera, La Palma und El Hierro.

Gemeinden: Jede der sieben großen Kanareninseln hat ihren *Cabildo*, den »Inselrat«, dem wiederum die Gemeinden und deren »Regierungen« – *Municipios* – untergeordnet sind. Auf Lanzarote gibt es sieben: Arrecife, Haría, San Bartolomé, Teguise, Tías, Tinajo und Yaiza.

Religion: vorwiegend römisch-katholisch

Naturschutz: 1993 wurde Lanzarote zum UNESCO-Weltschutzgebiet der Biosphäre erklärt. Neben dem Nationalpark Timanfaya gibt es zwei Naturparks, zwei Landschaftsschutzgebiete, fünf Naturdenkmäler sowie zwei Gebiete von wissenschaftlichem Interesse. Gut die Hälfte der Insel steht unter Naturschutz. Die Insel Montaña Clara sowie die beiden Felsen Roque del Este und Roque del Oeste sind als Reserva Natural Integral de los Islotes besonders geschützt und dürfen nicht betreten werden.

Geschichte im Überblick

1000–500 v. Chr. Ab etwa diesem Zeitraum gibt es vermutlich erste Besiedlungen. Einige archäologische Funde, die auf die Ureinwohner (Majos) hindeuten, werden dem 1. Jahrhundert n. Chr. zugeordnet. Doch diese Thesen sind nicht hinreichend belegt.

1312 Der Seefahrer Lancelotto Malocello aus Genua gründet eine erste Festung auf Lanzarote. Zu diesem Zeitpunkt leben rund 1500 Menschen auf Lanzarote.

15. Jh. Das spanische Königreich Kastilien beginnt mit der Eroberung der Kanarischen Inseln.

1402 Im Auftrag der spanischen Krone nehmen die Normannen Jean de Béthencourt und Gadifer de la Salle Lanzarote ein. Sie errichten die Festung Fort Rubicón und führen das Feudalsystem mit Lehnsherren und Vasallen ein. Die Eroberung erfolgt laut Überlieferungen weitgehend friedlich, manche Quellen berichten jedoch von Aufständen der Urbevölkerung, die niedergeschlagen wurden.

1404 Papst Benedikt XIII. erklärt die Kirche des Fort Rubicón zum Bischofssitz.

1407 Maciot de Béthencourt, Neffe des Eroberers, wird erster Gouverneur von Lanzarote. Der für seine Grausamkeit und regen Sklavenhandel bekannte Herrscher nimmt sich Prinzessin Teguise von Lanzarote zur Frau, die Tochter des unterworfenen Oberhaupts der Altkanarier. Nach ihr nennt er die damalige Hauptstadt Teguise.

ab 1433 Im Zuge des kastilischen Erbfolgekriegs fallen die Kanaren zeitweise an Portugal.

1479 Die Inseln gehen wieder in spanischen Besitz über. Dies regelt der Vertrag von Alcáçovas, der im kastilischen Toledo unterzeichnet wird.

ab dem 16. Jh. Dörfer wie Yaiza entstehen. Besonders der Anbau von Weizen bildet zu dieser Zeit die Lebensgrundlage der Bevölkerung.

1514 Eine neue Rechtsgrundlage gewährleistet die Gleichstellung von Altkanariern und spanischen Siedlern.

ab 1550 Bei heftigen Piratenattacken werden ganze Dörfer verwüstet. Auch die Hauptstadt Teguise fällt den Überfällen und Plünderungen zum Opfer. Viele Bewohner werden verschleppt und versklavt. Es sind Rachefeldzüge der nordafrikanischen Seefahrer, deren Volk zuvor selbst der Sklaverei der Feudalherren unterworfen war.

17. Jh. Erste Pfarreien werden gegründet. Sie bilden die Grundlage für die spätere verwaltungspolitische Einteilung. Die Piratenangriffe gipfeln im Überfall von 1618, bei dem die Angreifer Jabán und Solimán fast zwei Drittel der Bevölkerung in ihre Gewalt bringen. Sie entern auch den Unterschlupf in der Cueva de los Verdes, in der viele Familien sich versteckt haben. Zum Schutz werden militärische Befestigungsanlagen errichtet, die z. T. noch heute zu sehen sind (z. B. bei Teguise).

18. Jh. Die Bevölkerung umfasst rund 7000 Einwohner. Die meisten Menschen leben auf Bauernhöfen.

1730–1736 Die Vulkanausbrüche rund um das Dorf Timanfaya brennen sich in die Geschichte Lanzarotes ein. Die Lavaströme begraben fast ein Viertel der Insel unter sich. Dörfer wie Maretas und Sta. Catalina auf dem Gebiet des heutigen Nationalparks Timanfaya werden komplett zerstört.

19. Jh. In Spanien endet die Herrschaft der Feudalherren. Damit wird auch Lanzarote unmittelbar der spanischen Krone unterstellt. Aus den Pfarreien bilden sich die heutigen Gemeinden.

1824 Weitere Vulkanausbrüche prägen das Gesicht der Insel. Es sind die jüngsten Ausbrüche der Geschichte Lanzarotes.

10. August 1852 Aufgrund des Freihafengesetzes ist Teguise nicht mehr das politische und wirtschaftliche Zentrum der Insel. Arrecife wird zur Hauptstadt erklärt.

1936 General Francisco Franco, zu der Zeit auf Teneriffa stationiert, löst mit dem Putsch gegen die Regierung in Madrid den dreijährigen Spanischen Bürgerkrieg aus. Mit dem Sieg der faschistischen Partei wird Spanien für 36 Jahre zu einem diktatorischen Staat. Auf die Kanarischen Inseln wirkte sich der Krieg zwar nicht unmittelbar aus, sie waren jedoch durch wirtschaftliche Einbußen und daraus resultierende Armut indirekt betroffen.

ab 1960 Lanzarote wird touristisch erschlossen. Der Bau einer Meerwasserentsalzungsanlage sichert die Trinkwasserversorgung. Nach dem Tod Francos (1975) setzt ein touristischer Boom ein.

1986 Aufnahme Spaniens in die Europäische Gemeinschaft. Die Kanarischen Inseln werden zur Freihandelszone erklärt.

25. September 1992 César Manrique stirbt bei einem Autounfall, was große Bestürzung auslöst. Auf unvergleichbare Weise trug der Künstler zur Gestaltung und zum Schutz der Insel bei.

1993 Mit der Ernennung zum UNESCO-Biosphärenreservat setzt Lanzarote einen Meilenstein in Sachen Naturschutz. Diese Auszeichnung hätte die Insel beinahe wieder verloren, weil die geltenden Bebauungsbeschränkungen wiederholt missachtet wurden.

1998 Die Kanarischen Inseln werden zunächst für zehn Jahre zur Freihandelszone ZEC (Zona Especial Canaria) erklärt. Spanien war bereits 1986 der Europäischen Union beigetreten, die Kanaren konnten mit dieser Maßnahme jedoch ihren bereits seit 1852 bestehenden Sonderstatus behalten. Der ZEC-Status wurde inzwischen bis 2019 verlängert.

1999 Nach umfassenden Sanierungsmaßnahmen wird der neue Flughafen von Arrecife eingeweiht.

2013 Rund 140000 Einwohner leben auf Lanzarote.

DER SÜDOSTEN

1 Arrecife 28

2 Playa Honda 36

3 Fundación César Manrique 40

4 Museo Internacional de Arte Contemporáneo 46

5 Monumento al Campesino 48

6 San Bartolomé 52

7 San Bartolomé: Museo Tanit 56

8 A Casa José Saramago 62

9 Puerto del Carmen: Die Strände 66

10 La Tiñosa 70

S. 26/27: Am Charco de San Gines in Arrecife
Oben: Der Charco San Ginés
Unten: Markt auf dem Kirchplatz

1 Arrecife

Die Idylle in der Hauptstadt entdecken

Kaffeetrinken auf dem alten Stadtmarkt, romantische Gassen, Tapas-Bars, ein malerischer Kirchhof – doch, es gibt idyllische Ecken in Arrecife. Wie kleine Inseln verteilen sie sich im Alltagsgeflecht der oft als schmucklos beschriebenen Hauptstadt. Wer das Ganze von oben betrachten möchte, fährt in den 17. Stock des Gran Hotel. Der Panoramablick ist überwältigend. Zum Durchatmen lädt die Playa del Reducto ein.

So einiges an Kritik musste Arrecife sich schon gefallen lassen. Als »hässliches Entlein« wurde es beschrieben, als Ort, den man gesehen haben muss, allerdings nur einmal. Nun, Lanzarotes Hauptstadt ist zunächst eins: Die Hauptstadt Lanzarotes. Hier lebt mehr als ein Drittel der Inselbevölkerung, es gibt große Straßen, zahlreiche Bürokomplexe, und

MAL EHRLICH

ZU WENIG FÖRDERGELDER

Das Engagement Arrecifes, sich zu verschönern, wird oft lobend erwähnt. Leider jedoch fehlt das Geld an allen Ecken und Enden. Viele Einrichtungen, die das kulturelle und touristische Leben bereicherten, mussten inzwischen schließen. Dazu gehören das Archäologische Museum und das von Cesár Manrique etablierte Kulturzentrum »El Almacen« (Calle La Alacena) mit der Bar Picasso. Oftmals handelt es sich um vorübergehende Maßnahmen, sodass die Hoffnung besteht, diese Einrichtungen bald wieder besuchen zu können.

zur Rushhour entsteht ein Verkehrschaos. Dann aber biegt man um eine Ecke und steht unerwartet in einem idyllischen Hinterhof, vor historischen Fassaden oder einem schön gelegenen Café. Umso reizvoller ist es, diese Seite der Stadt zu entdecken, die ihre Chance verdient hat. Wer in der Fußgängerzone shoppen und in das kanarische Leben eintauchen möchte, ist in Arrecife ohnehin genau richtig.

Vom Hafen zur Hauptstadt

Während Städte wie Palma de Mallorca einen historischen Kern haben, besteht Arrecife größtenteils aus modernen Bauten. Das Altstadt-Flair ist Teguise vorbehalten, dem früheren politischen und wirtschaftlichen Zentrum der Insel. Arrecife erfüllte damals die Funktion des zugehörigen Hafens, denn mit den vorgelagerten Klippen und Lagunen war es dafür wie geschaffen. Die Rolle der Hauptstadt übernahm Arrecife erst im Jahr 1852. Rund 100 weitere Jahre dauerte es, bis die Stadt dank des zunehmenden Tourismus zu ihrer heutigen Größe (fast 57 000 Einwohner) anwuchs.

Die historischen Highlights und schönen Plätze liegen recht nah beieinander. Um sie zu erreichen, haben sich in Arrecife zwei Methoden bewährt: das Auto stehen lassen und mit dem Bus in die City fahren oder klug parken.

Klug parken

Wer lieber selbst das Steuer in der Hand hat, sollte einen kleinen Umweg in Kauf nehmen, anstatt sich in das Geflecht der kleinen Einbahnstraßen zu stürzen. Vom Flughafen kommend, ist der große Parkplatz am westlichen Stadtrand schnell erreicht. Über den Ring der Vía Medular gelangt man auch recht bequem zum Fischereihafen auf der Ostseite: Kurz vorher am letzten Kreisverkehr rechts abbie-

AUTORENTIPP!

DER ALTE STADTMARKT LA RECOVA

Nahe dem Castillo de San Gabriel verbirgt ein unscheinbarer Eingang an der Avenida Olof Palme den alten Stadtmarkt, der wieder zum Leben erweckt wurde. Das Schild »Ayuntamiento« weist darauf hin, dass es sich um ein Gebäude der Regierung handelt. Im Innenhof die Überraschung: ein Café unter hohen Ficus-Bäumen, rundherum kleine Läden mit Kunsthandwerk, Schmuck, Brot und anderen regionalen Produkten. Samstags ist Flohmarkt (11–15 Uhr). Ein Aushang aus dem Stadtarchiv informiert über die Geschichte. Im 19. Jahrhundert gehörte zum Markt ein weiterer Hof, in dem sich u. a. eine Krippe, ein Schlachthof, Weidefläche, Warenbörsen und Wassertanks befanden. Das Gebäude war Privatbesitz, wurde aber am 18. April 1871 an das Rathaus verkauft - für 45 000 Peseten, zu zahlen innerhalb von 14 Jahren.
Der Stadtmarkt ist über die Calle de la Liebre auch direkt von der Kirche San Ginés aus zu erreichen.

La Recova. Mo–Sa 9–14 Uhr. Av. Olof Palme/Calle de la Liebre.

AUTORENTIPP!

ARRECIFES SCHÖNSTE GASSE
Rund um die Plaza de las Palmas schimmert das historische Stadtbild durch. Details wie der Erker am Gebäude gegenüber der Kirche vermitteln einen Eindruck davon, wie dieses Viertel früher einmal ausgesehen haben muss. Hier befindet sich auch der wohl idyllischste Ort in Arrecife: das Callejón del Aquaresio, ein überaus schmuckes Gässchen. So klein, dass es in vielen Stadtplänen nicht eingezeichnet ist. Umso großartiger wirken die liebevolle Gestaltung der Fassaden und das Leuchten der violetten Bougainvilleablüten. Dieser verschwiegene Ort liegt links hinter dem Gotteshaus San Ginés. Wie schmal und verwinkelt die Gasse ist, macht auch die Bezeichnung *callejón* deutlich, die man im Gegensatz zu *calle* (Straße) selten liest. Hier ist sie auf einer großen Tafel aus Keramikkacheln in die Mauer eingelassen. Dem Verlauf folgend, gelangt man über die Calle San Juan und die Calle Guatifay zurück zum Charco San Ginés.

gen und dann immer geradeaus bis in die Calle Juan de Quesada. Dort befindet sich ein großer öffentlicher Parkplatz (gebührenpflichtig). Von hier sind es nur wenige Schritte bis zum Naturhafen Charco San Ginés. Die Lagune ist von einer Promenade umgeben, die gleich hinter dem Restaurant Casa Ginory beginnt (hier gibt es übrigens leckere Bocadillos!).

Am Charco San Ginés entlang

Beim Bummel entlang des Charco San Ginés zeigt sich Arrecife von seiner Schokoladenseite. Schaukelnde Boote, kleine Brücken, himmelblau gestrichene Geländer und Fensterrahmen werten die Promenade auf. Vom Fischereihafen aus geht es rechts ab in die Calle Ribera del Charco. Dort liegen die Cafés meist im Windschutz und bieten einen besonders schönen Blick.

Bullaugen-Fenster und Piratenköpfe neben dem Schriftzug »Casa del Miedo« sind am Haus Nr. 16 zu entdecken. Das »Haus der Angst«, so die Übersetzung, ist eine *Sociedad*, also ein Gemeinde- bzw. Vereinshaus.

Einrichtungen wie die »Casa del Miedo« sind auf Lanzarote Mittelpunkt des sozialen und kulturellen Lebens. Die Einheimischen nennen sie auch *teleclub*, weil es hier früher oft den einzigen Fernseher des Dorfs gab. Man trifft sich, um ein Schwätzchen zu halten, einen Kaffee oder ein Bier zu trinken, Domino oder Karten zu spielen.

Auch Besucher sind willkommen. So kann man in der »Casa del Miedo« in authentischem Ambiente gut und günstig einkehren (s. S. 31). Am Ufer gegenüber lugt der Kirchturm der Iglesia San Ginés zwischen den Häusern hervor. Auf dem Weg dorthin bietet sich ein kleiner Schlenker in die City an.

Rundgang durch Arrecife

A Charco San Ginés – Der kleine Naturhafen ist einer der schönsten Plätze Arrecifes. Mit lauschigen Cafés, Restaurants und dem Wochenmarkt zieht die Seepromenade viele Gäste an.

B »Casa del Miedo« – Das »Haus der Angst« lehrt nicht zum Fürchten, sondern lädt zum geselligen Beisammensein ein. Es beherbergt eine *sociedad*, ein soziokulturelles Zentrum, in dem auch Gäste willkommen sind.

C Calle León y Castillo – Arrecifes Fußgängerzone bietet sich für einen ausgiebigen Shoppingbummel an.

D Iglesia San Ginés – Die Kirche wurde zu Ehren des Schutzheiligen der Stadt errichtet und liegt in einem idyllischen Hof abseits des Trubels.

E Callejón del Aquaresio – Das schönste Gässchen der Stadt führt durch verschwiegene Ecken.

F Castillo de San Gabriel – Die kleine Festung mit der Kugelbrücke ist ein lohnendes Fotomotiv und entführt in Piratenzeiten.

G Alter Stadtmarkt »La Recova« – Hier wurde der historische Marktplatz wieder zum Leben erweckt. Es lockt ein Innenhof mit Café, kleinen Läden, Kunsthandwerk und anderen regionalen Produkten.

H Arrecife Gran Hotel – Den Panoramablick über die Stadt sollte man sich nicht entgehen lassen.

I Playa El Reducto – Der Stadtstrand bietet sich für ein Sonnenbad nach dem Stadtbummel an.

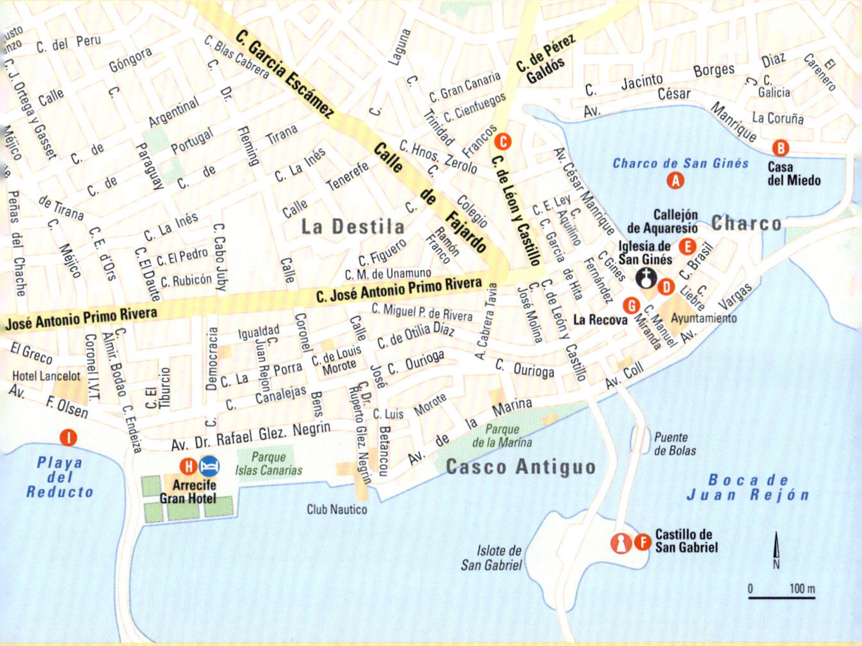

Oben: Iglesia San Ginés
Mitte: Ruhepause am Stadtstrand El Reducto
Unten: Piratenschutz bot das Castillo de San Gabriel.

An der Binnenseite des Charco dominiert ein wuchtiges Gebäude. Es ist das Multiplex-Kino von Arrecife. Gleich dahinter verläuft die Einkaufsmeile Calle León y Castillo. Entlang der Fußgängerzone reihen sich Geschäfte mit Markenkleidung; Stadtbewohner eilen zur Arbeit oder in die Mittagspause. Und doch geht es in der recht schmalen und schön begrünten Straße vergleichsweise lauschig zu. Und während der Siesta zwischen 14 und 17 Uhr geht hier außer Essen gar nichts.

Iglesia San Ginés

Von der Fußgängerzone aus führt die Calle Otilia Díaz zum nahen Kirchhof, einer Oase der Ruhe. Bänke unter Lorbeerbäumen und Palmen sowie die schlichte Schönheit des sakralen Bauwerks laden zum Durchatmen ein. Ab dem späten 16. Jahrhundert stand hier eine schlichte Kapelle, die französische Seefahrer zu Ehren von San Ginés, dem Heiligen Genesius von Arles und ersten Bischof von Arrecife, errichten ließen. Nach einer Überschwemmung wurde die Kapelle neu erbaut und im Jahr 1747 vergrößert. Weitere Um- und Anbauten erfolgten im 18. und 19. Jahrhundert. Der Turm kam erst 1842 hinzu. Im Altarraum lohnt es, sich die Ölgemälde und die für Lanzarote charakteristische Kassettendecke im Mudéjar-Stil anzusehen.

Der Gedenktag des katholischen Schutzheiligen San Ginés ist der 25. August. Er wird in Arrecife gebührend gefeiert, mit Regatten auf dem Charco, gespielten Seeschlachten, einem Volksfest und einem Feuerwerk.

Das Castillo de San Gabriel

Auf der südlichen Seite des Binnensees angekommen, beginnt rechts die Küstenpromenade. Nach etwa 250 Metern ist das Castillo de San Gabriel

Folkloregruppe in der Calle Leon y Castillo

erreicht. Es steht seit dem 16. Jahrhundert auf der kleinen Insel, die über die Puente de las Bolas (»Kugelbrücke«) mit dem Festland verbunden ist. Die Vorrichtung der Zugbrücke und Kanonen vor dem Kastell erinnern an die Bedeutung der einstigen Verteidigungsanlage, die zum Schutz vor Piraten errichtet wurde.

Panoramablick und Strand

Unübersehbar ist an der Promenade ein – nun ja – Klotz, der hoch über dem Häusermeer aufragt. Die einen sehen ihn als das Wahrzeichen Arrecifes, die anderen schimpfen noch heute darüber. Es ist jedenfalls das einzige Hochhaus, das trotz der Baubeschränkungen auf der Insel errichtet wurde. Das Gebäude aus den 1970er-Jahren brannte 1994 aus. Im Jahr 2004 wurde es als Fünf-Sterne-Hotel wiedereröffnet. Den Ausblick vom 17. Stockwerk dürfen auch Tagesgäste genießen.

Von dem Hotel aus erstreckt sich in westlicher Richtung der Stadtstrand Playa del Reducto mit hellem Sand, kleinen Klippen und Palmen. Parallel zur Promenade geht es zurück durch die Stadt. Schöne Tapas-Bars gibt es in der Calle Inspector Luis Martín. Freunde der spanischen Literatur sollten dort die Buchhandlung »Libreria El Puente« besuchen.

AUTORENTIPP!

BUSFAHREN MIT DEM GUAGUA

Auf den Kanaren fährt man nicht wie in Spanien mit dem *autobús*, sondern die Busse heißen hier *guaguas*. Das Wort stammt aus Lateinamerika und soll sich einer gängigen Deutung zufolge von »Wagon« ableiten. Auf Lanzarote verkehren die Guaguas auch zwischen den touristischen Zentren der Insel. So geht es direkt von Playa Blanca, Puerto del Carmen oder Costa Teguise nach Arrecife. Auch in anderen Orten gibt es Haltestellen – *paradas de guaguas*.

Die Guaguas sind recht preisgünstig und es gibt auch Angebote für Vielfahrer. Gutscheine für vergünstigte Fahrten kauft man im zentralen Busbahnhof Estación de Guaguas de Arrecife an der Hauptverkehrsachse Vía Medular gegenüber dem Einkaufszentrum (mit Parkplatz). Weitere Guagua-Haltestellen sind an der Promenade und in der Innenstadt (Calle Portugal).

Estación de Guaguas de Arrecife. Vía Medular s/n, Tel. 928 81 15 22, 35 500 Arrecife, www.intercitybuslanzarote.es

Infos und Adressen

SEHENSWÜRDIGKEITEN

Iglesia San Ginés. Zu erreichen von der Fußgängerzone (Calle Leon y Castillo) aus über die Calle Otilla.

Castillo de San Gabriel. Derzeit nur von außen zu besichtigen, da die Ausstellungsräume geschlossen sind. Doch auch dies lohnt sich! Av. La Marina s/n

ESSEN UND TRINKEN

Bar Andalucia. Diese urige Tapas-Bar gibt es seit 1960. Calle Inspector Luis Martín 7.

Einkaufsstraße Leon y Castillo

Casa Ginory. Die leckeren Bocadillos machen den fehlenden Seeblick wett. Im Restaurant werden kanarische Spezialitäten serviert, besonders empfehlenswert sind die Grillgerichte.
Calle Juan de Quesada 9, Tel. 928 81 56 42, www.ginorylanzarote.com

Gran Hotel Arrecife. Sagenhafter Ausblick aus dem Café Star City und Restaurant Altamar: Letzteres steht im Guide Michelin, Küche und Preise sind entsprechend. Calle Parque Islas Canarias s/n, Tel. 928 80 00 00, www.restaurantealtamar.com

Lilium. Feinste kanarische Küche mit kreativem Touch. Ausgefallene Tapas, Wok-Gerichte und andere kulinarische Überraschungen. (So geschl.) Calle José Antonio 103, Tel. 928 52 49 78, www.restaurantelilium.com

La Miñoca/Café des Charco. Das Café-Restaurant am Charco San Ginés bietet einen schönen Ausblick. Im Hintergrund laufen Oldies und Rockmusik. Abends sitzt man mit seinem Weinglas auch auf der Promenadenmauer gut. Av. César Manrique 22 (alter Name: Calle Ribera del Charco), Tel. 66 07 55 64.

Museo del Vino. Anders als der Name vermuten lässt, ist es kein Weinmuseum, sondern ein lohnendes Restaurant mit Vinothek und Weinhandlung. Calle García de Hita, Tel. 928 80 63 44.

ÜBERNACHTEN

Arrecife Gran Hotel. Residieren im Luxus-Hotel mit Pool, großem Spa und Panoramablick.
Calle Parque Islas Canarias s/n, Tel. 928 80 00 00, www.arrecifehoteles.com

Lancelot. Drei-Sterne-Hotel direkt an der Playa del Reducto. Av. Mancomunidad 9, Tel. 928 80 50 99, www.hotellancelot.com

Diamar. Ein weiteres drei-Sterne-Hotel am Stadtstrand. Av. Fred Olsen 8, Tel. 928 81 56 56, www.hoteldiamar.es

Miramar. Wie der Name übersetzt schon sagt: Ein Hotel mit schönem Meerblick. Es hat drei Sterne und 85 Zimmer. Av. Coll 2, Tel. 928 81 26 00 Email: reservas@hmiramar.com, www.hmiramar.com

AUSGEHEN

Die Calle José Antonio Primo de Rivera ist eine der beliebtesten Straßen für Nachtschwärmer. Viele nette Bars und kleinere Clubs haben hier bis weit nach 1 Uhr geöffnet.

La Biosfera-Terraza. In der großen Disco an der Playa del Reducto legen internationale DJs auf. Fünf Bars und Platz für rund 2500 Gäste. Fr/Sa ab ca. 22 Uhr. Av. Fred Olsen s/n, Tel. 928 82 41 98.

EINKAUFEN

Die Fußgängerzone Arrecifes in der Calle León y Castillo lädt zum Bummeln ein.

Libreria El Puente. Buchhandlung mit großer Auswahl an kanarischer Literatur. Calle Inspector Luis Martín 11, Tel. 928 81 51 07.

Pastelería Lamontagne. Die erste Adresse für Naschkatzen. Hausgemachte Schokolade, Pralinen und feinstes Gebäck. Calle José Antonio 80, Tel. 928 80 11 30, www.ludoviclamontagne.com

Markt am Charco San Ginés. Ein Bummel entlang der Stände am Ufer lohnt sich. Angeboten werden regionale Produkte, Kunsthandwerk und Souvenirs (Mi/Do 9–14 Uhr)

INFOS UND ADRESSEN

Touristeninformation. Mo–Fr 10–14 Uhr. Im Holzpavillon an der Av. La Marinera (nahe dem Castillo San Gabriel)

Restaurant mit Weinladen: Museo del Vino

Oben: Playa Honda bietet ruhige Plätze.
Unten: Markt an der Uferpromenade
S. 38 oben: Museo aeronautico
S. 38 unten: In Playa Honda

2 Playa Honda

Entspannter Promenadenbummel

Im Westen von Arrecife beginnt der Vorort Playa Honda. Sein kleiner Strand wird unterschätzt, wohl auch wegen des nahen Flughafens. Doch es lohnt sich, vorbeizuschauen, allein schon, um in den Genuss einer original-asturischen Sidrería zu kommen. Auch das Flughafenmuseum ist einen Besucht wert. Playa Honda ist über die Autovía Arrecife-Tias zu erreichen oder zu Fuß über die Promenade.

An der Promenade mit den kleinen weißen Häusern herrscht weniger Trubel als in den touristischen Hochburgen. Keine großen Hotels, allenfalls Apartmenthäuser; viele Einheimische verbringen hier ihre Freizeit. Anstelle wummernder Karaoke-Bars und Fast-Food-Tempel gibt es gute Restaurants mit kanarischer oder spanischer Küche. Samstag vormittags ist Markt.

Zu Fuß nach Playa Honda

Ab der Playa del Reducto sind es ungefähr 2,5 Kilometer von Arrecife nach Playa Honda. Eine gepflegte Promenade führt durch teils unbebaute Gebiete. Gleich hinter dem Stadtstrand bietet sich eine Gelegenheit zum Minigolfspielen: An der kleinen Landspitze Punta de Camello liegt ein *Parque Temático* mit Skulpturen, viel Grün und einem Schatten spendenden Pavillon. Auch Teile eines Schiffswracks sind dort aufgebaut.

An den stillgelegten Salinen La Bufona und der von Villen geprägten Urbanisation El Cable vorbei, geht es durch die Bucht La Concha (»die Muschel«). Hier

Blick auf Playa Honda

bietet ein kleiner Strand Gelegenheit zum Baden. Bald darauf weist ein Schild an der Promenade die Grenze zur Gemeinde San Bartolomé aus. Damit sind auch die ersten Häuser von Playa Honda erreicht. Mit dem weißen Mäuerchen, Palmen und netten Möglichkeiten zum Kaffeetrinken oder Tapasessen beginnt nun der lohnendere Abschnitt der Flaniermeile. Sie führt bis zu einem mal schmaleren, mal breiteren Strand, der Playa de Guacimeta. Heller Sand und ein Saum aus Felsen machen ihn an sonnigen Tagen zu einem schönen Ziel. An der nahen Start- und Landebahn darf man sich allerdings nicht stören.

Kostenlose Flugschau

Unmittelbar vor dem Flughafen erstreckt sich die Playa Guasimeta. Dies ist ein beliebter Treffpunkt für *Planespotter*. Flugzeugbegeisterte warten mit der Kamera vor der Nase auf den perfekten Moment, um ein startendes oder landendes Flugzeug abzulichten. Auch von der westlich gelegenen Playa de Matagorda lassen sich Flugzeuge aus nächster Nähe beobachten. Sie bildet den Übergang zu Puerto del Carmen, einem der beliebtesten

AUTORENTIPP!

SIDRERÍA LAS VIÑAS

An einem ganz besonderen Restaurant von Playa Honda läuft man leicht vorbei, weil es in einer Seitenstraße liegt: In der Sidrería Las Viñas wird der Apfelwein Sidra so dekantiert, wie es im nordspanischen Asturien üblich ist. Dazu hält der Kellner *(el escanciador)* ein Glas so tief wie möglich in einer Hand und gießt den Sidra aus einer Flasche mit erhobenem Arm ein, sodass er auf den oberen Glasrand plätschert. So perlt das Getränk, und der geringe Gehalt an Kohlensäure wird ausgeglichen. Dass es dabei ziemlich spritzig zugeht, wird mit großem Hallo in Kauf genommen. Im »Las Viñas« gibt es sogar ein Gerät, das auf den Tisch gestellt wird und diese Funktion übernimmt. Auf eine Speisekarte verzichtet Wirt Carlos. Er kommt persönlich an den Tisch und gibt darüber Auskunft, welche Spezialitäten er heute kocht.

Sidrería Las Viñas.
Tgl. 13.30–23 Uhr. Calle Princesa Ico 1, Tel. 928 81 98 00.

AEROPUERTO-LANZAROTE

Touristenzentren der Insel. Am Ende des Strands beginnt die Promenade wieder. Man könnte also noch weiter laufen. Bis nach Puerto del Carmen sind es ca. drei Kilometer.

Erholung vor dem Einchecken

Die Nähe zum Flughafen hat auch noch andere Vorteile: Wer vor dem Flug nach Hause noch einen letzten Blick auf das Meer genießen möchte, findet in Playa Honda die Gelegenheit. Dazu biegt man – aus Richtung Puerto del Carmen kommend – kurz hinter den Terminals rechts ab in die Calle Mastil. Am Ende gibt es einen Parkplatz direkt am Strand.

Museo Aeronáutico

Flugzeuginteressierte sind im Flughafenmuseum richtig. Das Museo Aeronáutico wurde 2006 im ehemaligen Terminalgebäude des Flughafens eröffnet. Es präsentiert die Luftfahrtgeschichte Lanzarotes. Ein regelrechtes Museumsstück ist auch das historische Abfertigungsgebäude aus den frühen 1940er-Jahren. In der Haupthalle hängt das von dem belgischen Maler Jean P. Hock kreierte Original-Wandbild von 1959 noch an seinem ursprünglichen Platz.

In Raum 3 des Museums befindet sich eine Reproduktion von César Manriques bekanntem Werk »Lanzarote«. Das 1953 angefertigte Werk (Acryl auf Mauer) zeigt Metaphern und Bezüge zum damaligen gesellschaftlichen und kulturellen Leben auf der Insel. Es wurde im Jahr 1994 von der Fundación César Manrique hierher überführt.
In insgesamt neun Räumen dokumentieren Exponate u. a. die ersten Flüge auf Lanzarote, die Luftfahrtgeschichte im Allgemeinen sowie Tourismus und Meteorologie. Die Besichtigung ist frei oder mit Führung in drei Sprachen möglich.

Die Playa Honda ist bei Einheimischen beliebt.

Infos und Adressen

SEHENSWÜRDIGKEITEN

Museo Aeronautico. Luftfahrtmuseum. Di–So 10–14 Uhr, Calle Guacimeta, T 4, Tel. 928 84 63 65, acemuseo@aena.es

ESSEN UND TRINKEN

Cervecería Goliath. In der typisch kanarischen Bar an der Promenade bekommt man auch Fast Food, aber vom Feinsten! Außergewöhnliche Riesenburger und mehr. Tgl. 12–1 Uhr. Av. Playa Honda 124, Tel. 928 82 13 59, www.cerveceriagoliath.com

ÜBERNACHTEN

Villa Vik. Luxus-Hotel in einer ehemaligen Privatvilla. Neben elf Doppelzimmern gibt es ein Superior-Doppelzimmer sowie zwei Suiten mit Whirlpool auf der Terrasse. In La Bufona nahe der Salinen. Calle Hermanos Diaz Rijo 3, Urbanización La Bufona, Tel. 928 39 15 17, www.vikhotels.com

3 Fundación César Manrique

Wohnen in Lavablasen

Eines Tages beobachtete César Manrique in der Nähe von Tahíche etwas Seltsames: grüne Zweige mitten im schwarzen Gestein des Lavastroms. Es war die Krone eines Feigenbaums, die aus einer großen, unterirdischen Luftblase herauswuchs. Der Künstler kam auf die Idee, diese und vier weitere Hohlräume zu seinem Wohnhaus auszubauen. Heute ist es ein Museum, Sitz seiner Stiftung und eine Ode an sein Lebenswerk.

César Manrique hatte stets ein Auge für die Schönheit seiner Umgebung und setzte sich für den Schutz der Insel ein. So war es wohl selbstverständlich für ihn, auch der Naturgewalt die Hand zu reichen, deren zerstörerische Kraft für Schrecken sorgte: Mitten in den Lavastrom, der sich im

Oben: Fundación César Manrique
Unten: Blickfang: Der Lavapool
S. 42 oben: Das Atelier von César Manrique
S. 42 unten: Wohnraum in einer Lavablase

MAL EHRLICH

LANZAROTE CORRUPTA

Immer wieder gelang es Spekulanten auf Lanzarote, die Bebauungsverbote zu unterlaufen. Seit dem Tod César Manriques, der sich maßgeblich für eine niedrige und geringe Bebauung eingesetzt hatte, gab es bereits zahlreiche Ausnahmegenehmigungen. Den Protest der Bevölkerung dokumentieren Videos der Organisation »Lanzarote corrupta«, die eine eigene Homepage eingerichtet hat. Auch die Fundación César Manrique ist aktiv. Sie erwirkte im Jahr 2008 einen Gerichtsbeschluss in letzter Instanz, der bewirkte, dass einige Genehmigungen zum Bau von Hotels nachträglich aberkannt wurden.

18. Jahrhundert über diesen Teil Lanzarotes ergoss, ließ er sein Wohnhaus bauen. So geschehen im Jahr 1966, als sich der Künstler nach seiner Rückkehr aus New York für das Leben in seiner Heimat entschied.

Höhlenwohnung mit Pool

Für sein Domizil wählte Manrique ein 30000 Quadratmeter großes Grundstück rund um fünf Lavablasen aus. Die Hohlräume integrierte er in das Untergeschoss des Gebäudes. Er verband sie durch Gänge im Basalt und gestaltete sie zu Wohnräumen. Weiße Böden und Sitzgruppen, nur wenige Möbel und gezielte Farbakzente betonen die kraftvolle Wirkung des dunklen Vulkangesteins. In einer der Blasen wächst der legendäre Feigenbaum. Eine gläserne Kuppel in der Höhlendecke versorgt ihn mit Licht.

Im Obergeschoss des Hauses waren Wohnzimmer, Salon, Schlafzimmer, Gästezimmer, Küche und Bad untergebracht. Bei der Gestaltung ließ sich der Künstler von der traditionellen Architektur Lanzarotes inspirieren. Er verwob sie mit modernen Elementen wie ausladenden Räumen und großen Fenstern, die beeindruckende Blicke auf das Lavafeld erlauben. In einem der Säle ragt ein Stück des Lavastroms wie eine Zunge in den Raum, oberhalb des Gesteins schließt sich unmittelbar die Glasscheibe des Panoramafensters an.

In das Lavagestein integriert wurde auch ein offener Bereich mit Swimmingpool, einer kleinen Tanzfläche und Grillplatz, auf den man von oben hinunterschauen kann. César Manriques Atelier befand sich im hintersten Raum des Untergeschosses. Es wurde zu einem Ausstellungsraum erweitert, in dem heute die Bilder des Künstlers zu sehen sind. Von diesem Raum aus geht es in den Garten mit

AUTORENTIPP!

AUF DEN SPUREN VON CÉSAR MANRIQUE

Schon im Flughafengebäude sind Manriques große Wandplastiken zu bewundern. In mehreren Kreisverkehren stehen seine Kunstwerke. Windspiele grüßen am Ortseingang von Arrieta und an der Straße von Tias nach San Bartolomé. Bei Mazdache (s. S. 48) steht das *Monumento al Campesino* (»Bauerndenkmal«). Manrique entwarf das Lanzarote-Symbol für die touristischen Einrichtungen und den »Feuerteufel« für den Nationalpark. Wer die Augen aufhält, entdeckt auch seinen Sinn für Humor. Man achte auf die Hinweisschilder in den Toiletten bei vielen Sehenswürdigkeiten. Im Kaktusgarten etwa weist ein eindeutiger *macho* den Herren den Weg.
Manrique wirkte auch auf den anderen Kanarischen Inseln und auf dem spanischen Festland. Auf El Hierro und La Gomera errichtete er Miradoros, Meerwasserschwimmbäder auf Teneriffa und in Madrid das Einkaufszentrum »La Vaguada«.

Teich. Auf einer Mauer prankt dort ein großes Wandmosaik, das Manrique im Jahr 1992 gestaltete, nachdem das Haus zum Sitz seiner Stiftung geworden war.

Vom Wohnhaus zum Museum

Bereits im Jahr 1988 zog sich Manrique in den Inselnorden in ein schlichtes Haus in Haría zurück. Das Haus im Lavastrom diente fortan als Sitz der privaten Kulturstiftung Fundación César Manrique, die er 1982 zusammen mit Freunden gegründet hatte. Im März 1992 wurde sie offiziell eingeweiht. Um sein Haus an seine neue Funktion eines Museums anzupassen, legte der Künstler selbst mit Hand an und leitete die Umbaumaßnahmen. Der Garten entstand, ebenso wie ein Rundgang für Besucher. Dazu wurden die beiden Stockwerke mit einer Außentreppe aus Basalt miteinander verbunden. Die heutige Gesamtfläche von Innenräumen, Terrassen und Garten beträgt 4000 Quadratmeter.

Grafiken von Picasso und Miró

Im ehemaligen Wohnzimmer ist nun die Privatsammlung Manriques ausgestellt. Sie umfasst Werke zeitgenössischer Künstler wie Modest Cuixart, Gerardo Delgado, Francisco Farreras und der Künstlergruppe Equipo Crónica. Ein Teil der grafischen Sammlung, u.a. mit Arbeiten von Picasso und Miró, ist neben der Eingangstür untergebracht, wo sich zuvor die Küche befand.

Im »Umweltraum« sind Skizzen, Fotografien und Konstruktionspläne einiger Werke von Manrique zu betrachten, deren zentrales Thema die Einbindung der Kunst in die Natur ist. Gleich dahinter, im ehemaligen Schlafzimmer, gewährt ein Saal mit dem Namen *bocetos* (»Entwürfe«) u.a. Einblick in

AUTORENTIPP!

LOS ALJIBES DE TAHÍCHE

Im Juli 2012 wurde in Tahíche ein Lokal wiedereröffnet, das perfekt zum künstlerischen Thema des Ortes passt. Dazu biegt man am Kreisverkehr bei der Fundación César Manrique in Richtung Costa Teguise ab und fährt noch ca. 500 Meter, bis die letzten Häuser erreicht sind. Auf der rechten Seite weist das Schild »Aljibes« zum Restaurant.
César Manrique gestaltete das Gelände in den 1970er-Jahren gemeinsam mit dem Architekten Fernando Higueras. Es ist eine wunderschöne Anlage mit einer Galerie in einer Zisterne (*kaljibek*), in der regionale Künstler ausstellen. Die neuen Pächter Hernán Fondado und José Azaola machten das »Aljibes« wieder für Besucher zugänglich. Es gibt Fisch und Fleisch vom Grill oder aus dem Steinofen, Quiches, handgearbeiteten Käse, frisch gebackenes Brot und andere Spezialitäten. Gegessen wird im gemütlichen Innenraum oder auf den Holzbänken der Terrasse.

Los Aljibes de Tahíche. Tgl. 13–16 und 19–22 Uhr. Calle Bravo Murillo 6, Tahíche, Tel. 650 42 43 85.

Windspiel von César Manrique

Oben: Ein Besuch in der Fundación lohnt sich sehr.
Mitte: Blick in die Lavablasen
Unten: Ein Tunnel verbindet die Räume.

Manriques Notizen, Skizzen seiner Wandgemälde, Skulpturen, Zeichnungen und Keramiken. Von dort führt eine Basalttreppe in den unterirdischen Teil des Hauses.

In den früheren Garagen sind heute eine Bar und der Museumsshop untergebracht. Der Erlös dient, genauso wie die Einnahmen aus dem Verkauf der Eintrittskarten, der Finanzierung künstlerischer, kultureller und umweltschützerischer Aktivitäten der Stiftung. Vor dem Museum steht ein Windspiel von César Manrique. Es heißt *La energía de la pirámide* – »Die Energie der Pyramide«.

Tragischer Tod an der Kreuzung

Die Fundación César Manrique ist auch als *Taro de Tahíche* (»Hütte von Tahíche«) bekannt. Sie liegt (von Arrecife aus gesehen) kurz vor Tahíche, hinter dem Kreisverkehr mit silberfarbenem Windspiel. Hier, wo die Landstraße LZ 34 auf die LZ 1 trifft, befand sich zuvor eine Straßenkreuzung, an der sich häufig Unfälle ereigneten. Es traf auch César Manrique. Kurz nach der Einweihung der Stiftung am 25. September 1992 stieß sein Jaguar mit einem Geländewagen zusammen. Der Künstler verstarb um 15.20 Uhr in der Klinik von Arrecife an einem Herzstillstand. Die Inselregierung verhängte eine dreitägige Trauer. Manrique wurde auf dem Friedhof von Haría beerdigt (s. S. 224).

Fundación César Manrique

Die tückische Kreuzung wurde inzwischen zu einem Kreisverkehr umgebaut. Manrique soll immer wieder darauf hingewiesen haben, wie gefährlich die Stelle war. Ihm zu Ehren wurde in der Mitte des Kreisels eines seiner Windspiele aufgestellt. Weil der Künstler wegen seines Engagements für die Umwelt auch so manchen Widersacher hatte, munkelt man auf Lanzarote, sein Tod sei kein Zufall gewesen.

Ein Leben für die Vulkaninsel

An allen touristischen Highlights der Insel war César Manrique maßgeblich beteiligt. Er gestaltete u.a. den legendären Aussichtspunkt Mirador del Río, die Jameos del Agua, den Kaktusgarten bei Guatiza, das Restaurant »El Diablo« im Nationalpark Timanfaya und das Museum für zeitgenössische Kunst im Castillo de San José in Arrecife. Das Landgut »La Era« in Yaiza baute er zu einem Restaurant um, in dem die kanarische Esskultur erwachte. Und auch dass der Charco San Ginés in Arrecife heute kein unansehnlicher Tümpel mehr ist, geht auf Manriques Initiative zurück.

Stets strebte der Künstler danach, das ursprüngliche Lanzarote zu bewahren. Als seien sie dort gewachsen, betten sich die von ihm geschaffenen Attraktionen in die Landschaft. Fassungslos, was die Bausünden in anderen spanischen Tourismusgebieten angeht, setzte der Künstler Bebauungsverbote durch. Aus diesem Grund sieht man auf Lanzarote z.B. keine großen, blinkenden Reklametafeln. Zusammen mit seinen Mitstreitern fuhr er über die Dörfer und betrieb Aufklärungsarbeit, indem er den Einwohnern Fotos der anderenorts verunstalteten Regionen zeigte. »Bei uns nicht!«, lautete seine Botschaft.

Mit dem Museum wurde auch César Manrique ein Denkmal gesetzt.

Infos und Adressen

SEHENSWÜRDIGKEITEN

Fundación César Manrique. Juli–Okt. tgl. 10–19 Uhr, Nov.–Juni Mo–Sa 10–18 und So 10–15 Uhr. Calle Jorge Luis Borges 10, 35507 Tachíche, Tel. 928 84 31 38, www.fcmanrique.org

ESSEN UND TRINKEN

Panadería Geissler. Hier kaufen Residenten mit Heimweh deutsches Brot und Torten. Mo–Sa 10–14 und 15.30–20 Uhr. Av. Nestor Torre 20, Tahíche, Tel. 928 84 33 16.

AKTIVITÄTEN

Tierheim Sara. In dem privat geführten Tierheim an der Straße von Tahíche nach San Bartolomé werden u. a. Flohmärkte veranstaltet und Flugpatenschaften vermittelt: Gesucht sind Reisende, die bereit sind, Medikamente mitzunehmen oder ein Tier zu begleiten. Dabei entstehen weder Umstände noch Kosten. Mo–Sa 10.30–13 Uhr, an der LZ 34 zwischen Tahíche und San Bartolomé, Tel. 928 17 34 17, saraprotectora@hotmail.com

4 Museo Internacional de Arte Contemporáneo

Zeitgenössische Kunst im Castillo de San José

Gegenüber der Containerterminals im Osten von Arrecife steht eine kleine Burg. Das Castillo de San José beherbergt Lanzarotes Museum für zeitgenössische Kunst und ein von César Manrique gestaltetes Restaurant. Es bietet einen weiten Blick auf den Containerterminal von Arrecife und die Kreuzfahrtschiffe. Der Gewölbekeller der Burg bildet eine stimmungsvolle Kulisse für Ausstellungen und Klanginstallationen.

Das Castillo de San José ähnelt dem rund drei Kilometer weiter westlich gelegenen Castillo de San Gabriel (s. S. 32). Es wurde jedoch erst ab 1776 unter dem spanischen König Carlos III. errichtet, also gut 200 Jahre später. Der schmale Burggraben mit Zugbrücke, Schießscharten und Runderker entführen in die Vergangenheit, doch die Skulpturen vor dem Eingang stimmen auf das Museum für zeitgenössische Kunst ein.

Das Museo International de Arte Contemporáneo (MIAC) eröffnete 1976. César Manrique initiierte und leitete die Umgestaltung des seinerzeit baufälligen Objekts. Die modernen Anbauten, vor allem das Restaurant, tragen unverkennbar seine Handschrift, während die Festung selbst ihren historischen Charakter behielt. Fast dramatisch wirken die Ausstellungen in den dunklen Gewölben, besonders wenn sie von Klanginstallationen begleitet werden. Auch im zugehörigen Restaurant brachte Manrique seine Vorliebe für geschwungene Linien und die Symbiose aus Tradition und Moderne ein.

Oben: Festung mit Blick auf Kreuzfahrtschiffe
Unten: Zeitgenössische Kunst in mittelalterlichem Ambiente

Abstrakte Kunst im Gewölbekeller

Im MIAC vereinen sich die künstlerischen Strömungen der geometrischen, formalen und figurativen Abstraktion. Die Museumssammlung spiegelt zu großen Teilen die Künstlergeneration der 1950er- und 1970er-Jahre wider. Die Eröffnung des Museums stieß auf ein enormes Echo. Rund 180 ausgewählte Künstler nahmen teil, darunter insbesondere Antoni Tàpies, Amadeo Gabino, Eusebio Sempere, Manuel Hernández Mompó, die Künstlergruppe El Paso, Juana Francés, Gastón Orellana, José Luis Gómez Perales sowie Größen aus Belgien und Frankreich, wie Pierre Alechinsky, André Beaudin und Julio Le Parc.

Skulpturen von Pancho Lasso

Am Museumseingang links und rechts führen schmale Treppen in den Gewölbekeller, wo wechselnde Sonderausstellungen gezeigt werden. Zu den visuellen Höhepunkten im Obergeschoss zählen Werke Manriques, u.a. Darstellungen vulkanischer Fossilien. Über die Hochgalerie gelangt man in einen Saal, der dem ebenfalls aus Lanzarote stammenden Künstler Pancho Lasso gewidmet ist. Er wurde 1904 in Arrecife geboren. Dort studierte er an der heute nach ihm benannten Kunstgewerbeschule, der Escuela de Arte Pancho Lasso. In jungen Jahren ging er nach Madrid, wo er 1973 verstarb. Sein Werk entwickelte sich vom Neokubismus in Richtung Surrealismus mit volkstümlichen Wurzeln. Es manifestieren sich darin Werte der Gemeinschaft und Natur.

Restaurant mit Hafenpanorama

Das Restaurant mit Bar im Untergeschoss bietet Hafenblick und kann auch unabhängig von der Ausstellung besucht werden.

Die Gewölbe unterstreichen eindrucksvoll die Wirkung der Kunstobjekte.

Infos und Adressen

SEHENSWÜRDIGKEITEN

Museo Internacional de Arte Contemporáneo (MIAC). Tgl. 11–21 Uhr. Av. de Naos, s/n, Tel. 928 81 23 21, www.centrosturisticos.com

ESSEN UND TRINKEN

Restaurant im MIAC. Fisch- und Fleischspezialitäten sowie eine große Auswahl an Salaten, Desserts und Milchshakes. Das von César Manrique gestaltete Gourmetrestaurant lohnt allein schon wegen des Ambientes. Es steht Gästen auch unabhängig vom Museum offen, angemessene Kleidung erwünscht. Tgl. 13–16 und 19–23 Uhr, Bar bis 24 Uhr. Av. de Naos, s/n, Tel. 928 81 23 21, www.centrosturisticos.com

Oben: Das Fruchtbarkeitsdenkmal
Unten: Tonkunst von Juan Brito Martín

5 Monumento al Campesino

Fruchtbarkeitsdenkmal und Bauernmuseum

Die Landwirtschaft ist eine der größten Herausforderungen Lanzarotes. Um der harten Arbeit der Bauern ein Denkmal zu setzen, widmete Manrique ihnen diesen Ort. Die Skulptur die »Fruchtbarkeit« ist schon von Weitem zu sehen. Man sollte auch anhalten, um das zugehörige Museum zu besuchen. Der Eintritt ist frei.

Bei der Ortschaft Mozaga treffen drei verschiedene landwirtschaftliche Gebiete aufeinander: der Vulkansandanbau, die künstlich angelegten Sandriffe und die natürlichen Sandfelder von La Geria. Genau an diesem Platz steht das Monumento al Campensino. Wer nicht weiß, worum es sich bei der abstrakten Skulptur inmitten des Kreisverkehrs handelt, wird jedoch kaum ihren Sinn erfassen.

Denkmal der Fruchtbarkeit

Auf den ersten Blick hat das 15 Meter hohe Konstrukt aus geometrischen Elementen reichlich wenig mit bäuerlicher Tradition zu tun. Doch dieser Eindruck täuscht. César Manrique verwendete ausrangierte Wassertanks von Segelschiffen als Symbol der Fruchtbarkeit. Um den Menschen auf dem Lasttier zu erkennen, den die Skulptur darstellt, ist Fantasie erforderlich – oder einfach nur der richtige Blickwinkel. Auf dem Weg, der – in eine Treppe mündend – ein Stück auf das Monument heraufführt, sind der nach rechts weisende Kopf des Tiers und die nur teilweise angedeuteten Beine klar zu erkennen. Auf dem Hügel unterhalb erinnern halbkreisförmige Mauern an die traditionelle Methode des Weinbaus.

Das *Monumento al la Fecundidad* (»Denkmal der Fruchtbarkeit«), wie das Bauerndenkmal auch genannt wird, soll eine avantgardistische Sicht auf die Architektur der Insel ermöglichen, die den Übergang des Traditionellen zur Moderne betont. Es wurde zusammen mit dem Bauernmuseum Casa-Museo del Campensino im Jahr 1968 errichtet. Die Ausführung von Manriques Entwürfen übernahm sein einheimischer Mitstreiter Jesús Soto, der ihn bei allen Raumkunstwerken auf Lanzarote unterstützte. Aufgrund der Komplexität, der beträchtlichen Höhe des Bauwerks und dem Widerstand, den es dem Wind entgegenbringt, galt es mehrere technische Probleme zu überwinden.

Das Bauernmuseum

Durch ein Tor im schlichten weißen Hofgemäuer geht es in das Museum, dessen Gebäude einen offenen Platz im Zentrum säumen. Die wunderschöne, gepflegte Anlage vereint charakteristische Elemente verschiedener geografischer Gebiete der Insel. Ein Streifzug führt vorbei an einem hölzernen Pflug, einem Heuhaufen, Dromedarsätteln, Kaminen, Gemüsebeeten, Brunnen, Weinpressen und anderen Zeugnissen des traditionellen Landbaus.

Ein Gehöft voller Geschichte

Hinter dem Hauptgebäude führt eine Treppe hinab zu einem unterirdischen Restaurant, das über einen Lavatunnel mit einem weiteren Gebäude verbunden ist. Es befindet sich im hinteren Teil der Anlage und ist wie ein in sich geschlossenes Gehöft gestaltet. Um einen quadratischen Platz gruppieren sich Ateliers und Ausstellungsräume. Traditionelle Geräte und Materialien gewähren Einblicke in

AUTORENTIPP!

JUAN BRITO MARTÍN

Juan Brito Martín ließ die traditionelle Keramikkunst wieder aufleben. Er war an wesentlichen archäologischen Ausgrabungen und Studien beteiligt. Sein Ziel war es, »als Erster die Geschichte Lanzarotes in Ton zu schreiben, so ab dem 14. Jahrhundert«, erklärte der Künstler in einem Interview für das Inselmagazin Lanzarote 37°. Aus der Zeit davor gebe es zu wenig Informationen.
Juan Brito Martín, 1919 in Tinajo geboren, arbeitete in jungen Jahren als Ziegenhirte und Bauer. Das Töpfern brachte ihm die Kunsthandwerkerin Doña Dorothea aus Muñique bei. Eines seiner bekanntesten Werke ist der aus 25 Figuren bestehende Zyklus »Die Mythologie der Prinzessin Ico«, basierend auf einer Legende der Altkanarier unter König Zonzamas. Im Jahr 1972 gründete der Künstler das archäologische Museum im Castillo de San Gabriel (derzeit geschlossen).

Oben: Werkstatt mit Webstuhl
Mitte: Auch Inselweine werden verkauft.
Unten: In dem Gehöft blüht und sprießt es.

die Tradition der Stickerei, des Korbflechtens, der Lederverarbeitung und des Töpferns. In einem Raum steht ein Webstuhl. Große kunstvolle Fotografien zeigen Lanzaroteños bei der Ausführung der traditionellen Techniken, die zu (unregelmäßigen) Zeiten auch in den Werkstätten vorgeführt werden. Ein weiterer Raum mit Verkaufsfläche informiert über sämtliche Bodegas der Insel. Auch viele Inselbewohner kommen hierher, um die Gelegenheit zum Weinkauf zu nutzen. Hier werden auch Sorten und Jahrgänge verkauft, die man sonst in Läden weniger findet.

Auf der oberen Galerie sind zwei Räume der religiösen Architektur gewidmet. In den Vitrinen stehen Modelle der Kirchen und Kapellen Lanzarotes. Sie wurden von Schülern der Kunstgewerbeschule Pancho Lasso im Auftrag der Inselregierung gefertigt. *Mil años de Molienda* (»Tausend Jahre Mahlen«) heißt ein Raum links nebenan. Hier kann der Besucher anhand von Tonkunst die Geschichte der Getreidemühlen und die Herstellung von Gofio kennenlernen. Die Tonfiguren schuf der Künstler Juan Brito Martín, genauso wie die Objekte, die im Raum *Monumento historico* gleich daneben zu sehen sind. Er ist einer der bedeutendsten Tonkünstler der Insel (siehe Autorentipp) und hat sein Atelier in Mozaga. Zum Abschluss des Rundgangs schmeckt schmeckt ein »Café con leche« im Museumscafé. Es liegt schön geschützt im Innenhof.

Infos und Adressen

SEHENSWÜRDIGKEITEN

Monumento al Campesino. Tgl. 10–18 Uhr. Am Kreisverkehr bei Mozaga (Verbindung der Straßen LZ 20 und LZ 30), Tel. 928 52 01 36.

ESSEN UND TRINKEN

Casa Museo del Campesino. Im Bauernmuseum kann man auch gut Essen. Das malerische Café im Innenhof bietet leckeres Frühstück, Tapas und andere kleine Gerichte.
Ein visuelles Erlebnis ist das großräumige Restaurant im Lavatunnel (wenn es auch eher für Veranstaltungen und Feiern geeignet ist). Bar/Cafetería 10–18 Uhr, Restaurant 13–16 Uhr.

Caserío de Mozaga. Stilvoll Speisen im ehemaligen Stallgebäude des Finca-Hotels. Auch asiatische Gerichte und Küche mit Produkten aus biologischem Anbau. Calle Malva 8, 35562 Mazdache.

Bodega Mozaga. Die östlichste Bodega des Anbaugebiets. Familientradition seit 1880. Vielfach ausgezeichnete Spitzenweine mit Prädikat. Mo–Fr 8.30–18 Uhr. Carretera Arrecife–Tinajo, km 8, 35562 Mozaga, Tel. 928 52 04 85.

Kellner im Restaurant Casa Museo del Campesino

ÜBERNACHTEN

Caserío de Mozaga. Wohnen im Landhausstil mit viel Charme. Die Zimmer sind entsprechend eingerichtet. Calle Malva 8, 35562 Mazdache, Tel. 928 52 00 60, www.caseriodemozaga.com

Finca Isabel. In dem liebevoll restaurierten Herrenhaus gibt es zwei Appartements und ein Studio. Sonnenterrasse und zwei Pools sind in eine Lavagrotte integriert. Großes Grundstück mit Weinreben, Obstbäumen und Gemüseanbau. Calle Malva 11 35561 Mozaga, Tel. 609 74 21 63.

Die Treppe führt in den Lavatunnel im Museo del Campesino.

Oben: San Bartolomé
Unten: Das schmucke Ortszentrum gefällt.

6 San Bartolomé

Dorf mit kleinen Überraschungen

An San Bartolomé fährt wohl jeder Inselgast früher oder später vorbei. Hier kreuzen sich Straßen, die nach Arrecife, Puerto del Carmen und in den Norden führen. Der lang gezogene Ort mit 6000 Einwohnern hat ein hübsches Zentrum mit eigenem Stadttheater und ein Kulturzentrum in einem früheren Herrenhaus. Zwei kleine Museen erweisen sich als Schatzkästchen der Inselgeschichte.

Umgeben von Feldern und mit seinen traditionellen weißen Häusern macht San Bartolomé einen unschuldigen Eindruck. Reichlich keck geht das Städtchen jedoch mit autofahrenden Gästen um, besonders mit ortsunkundigen. Als wollte es einen mit seinen vielen Einbahnstraßen gefangen nehmen, damit man auch wirklich jeden Winkel kennenlernt. Selbst Inselbewohner verfahren sich hier

MAL EHRLICH

DAS ERBE DER DIKTATUR

Die Calle General Franco in San Bartolomé ist ein Beispiel dafür, wie zögerlich es mit der Umbenennung von Straßen vorangeht, die aus der Zeit des spanischen Diktators stammen. Auch auf Gran Canaria und Mallorca wurden erst zu Beginn der 2000er-Jahre entsprechende Maßnahmen ergriffen. Auf Lanzarote wurden immerhin einige Straßen und Plätze umbenannt. So heißt der zentrale Platz in Haría nun auch nicht mehr Plaza de Calvo Sotelo nach José Calvo Sotelo, dem damaligen Führer der Monarchisten.

immer wieder. Da bleibt nur spanische Gelassenheit – *tranquilo* – immer mit der Ruhe.

Idylle vor dem Rathaus

Um die Plaza León y Castillo zu finden, kann man auch den vergleichsweise zahlreichen Hinweisschildern zum Museo Tanit (s. S. 56) folgen. Parkplätze gibt es in der daran vorbeiführenden Calle Constitución. Wer schließlich auf der Plaza León y Castillo steht, sieht bereits den ungewöhnlich hohen Turm des Rathauses (*ayuntamiento*) durch die Palmblätter blitzen. Er ist um einiges höher als der Kirchturm. Nach der Überquerung einer Straße ist der leicht erhöhte Vorplatz mit seinem schönen Brunnen erreicht. Rechts liegen das Stadttheater und die Kirche Iglesia de San Martin (18. Jh.), deren hübsches Portal mit viel Basalt gestaltet wurde. Hinter dem Museo Tanit führt eine Gasse zur Casa Cerdeña, einem historischen Gebäude, in dem die Touristinformation zu finden ist.

Casa Mayor Guerra

An der Straße Richtung Tías (LZ 35) zweigt, kurz vor dem Ortsausgang, rechts die Calle Serpiente ab. Dort steht, zurückgesetzt hinter Gärten, die schmucke Casa Mayor Guerra. Das herrschaftliche Anwesen wurde Ende des 18. Jahrhunderts errichtet und diente zuletzt als Domizil des Bürgermeisters. Historisch eingerichtete Räume vermitteln Eindrücke der damaligen Lebensweise. Die Dauerausstellung im Saal links neben dem Eingang offenbart zudem die Entwicklung San Bartolomés von einem *ajej* (»Weiler«) der Majos bis in die heutige Zeit. Auf den Schautafeln wird auch das Thema »Landwirtschaft versus Tourismus« behandelt. Ein Blickfang ist die große Rundzisterne neben dem Hauptgebäude. Das Museum ist derzeit nur nach telefonischer Anmeldung zu besichtigen.

Infos und Adressen

SEHENSWÜRDIGKEITEN

Casa Ajej. Ein weiteres auffälliges Haus befindet sich in der Calle General Franco. Das ockerfarbene Herrenhaus im Kolonialstil wurde 1720 erbaut und weist mediterrane und amerikanische Einflüsse auf. Die Ziegel auf den Satteldächern sind arabischen Ursprungs. Centro Cultural Ajej, Ecke Calle Brisas/ Calle Arrecife.

Casa Mayor Guerra. Herrschaftliches Haus mit Museum zur Stadtgeschichte. Besichtigung nach Anmeldung unter Tel. 928 52 23 41 von 8–13.30 Uhr (oder in der Touristinformation nachfragen). Calle Serpiente 1, (Ctra. San Bartolomé – Tías),
Tel. 928 52 25 93.

ESSEN UND TRINKEN

Bodegas Barreto. Familie Barreto widmet sich seit mehr als 100 Jahren dem Weinbau auf Lanzarote. Ausgezeichnet u. a. für die besten Likörweine der Kanarischen Inseln. Weinprobe und Verkauf. Tgl. 10–18.30 Uhr. Calle Guadarfía 2, eine neuere Zweigstelle befindet sich in Masdache, Crta. del Centro 64, 35 572 Masdache/Tías.

ÜBERNACHTEN

Casa Claddagh B & B in einem historischen Haus in Guime. Geschmackvoll eingerichtete Zimmer, Terrasse und Innenhof in traditionellem Stil. Frank and Trish Foye. Tel. 928 52 22 44, Calle El Barranco s/n, Guime,
www.casacladdagh.com

INFORMATION

Oficina de Turismo de San Bartolomé. Okt.–Juni Mo–Fr 8–15 Uhr, Juli–Sept. Mo–Fr 8–14 Uhr. Casa Cerdeña, Dr. Cerdeña Bethencourt 17, Tel. 928 52 23 51.

S. 54/55: Plaza León y Castillo
Oben: Historisches und Skurriles
Unten: Der Innenhof des Museums

7 San Bartolomé: Museo Tanit

Eine sehr persönliche Zeitreise

Dieses kleine, privat geführte Museum ist in gewisser Hinsicht eines der spannendsten auf Lanzarote – und wahrscheinlich das skurrilste. Ein wenig wirkt es wie ein Speicher voller Erinnerungsstücke. Während die großen touristischen Einrichtungen oft Busladungen von Besuchern anziehen, kann man hier ganz in Ruhe in zahlreichen, teils magischen Geschichten versinken.

Das Museum bezeichnet sich als »Museum für Völkerkunde Tanit« oder als »Ethnologisches Museum«. Wer es jedoch mit dem gleichen Anspruch besucht wie ein staatliches Völkerkundemuseum, wird ziemlich verwundert sein, vielleicht gar empört den Kopf schütteln. Es gibt weder Archäologen noch andere Wissenschaftler, die die Auswahl und Pflege der Exponate betreuen, noch eine klare thematische Gliederung. Dafür wird hier auf sehr persönliche Weise deutlich, mit welchem Einfallsreichtum die Menschen auf der kargen Insel überlebten, vermengt mit Einblicken in den privaten Fundus der Hausbesitzer.

Antikes mit Humor präsentiert

Seinen Namen verdankt das Museum der Göttin Tanit (auch: Tinit/Tinnit), der Hauptgöttin Karthagos. Rund um das Mittelmeer fand man ihr Bildnis in Form von Statuetten und ihr Symbol: ein liegendes Dreieck, häufig mit einem Querbalken auf der Spitze, darüber ein Kreis, teils mit Mondsichel. Diese Entdeckung machte man auch auf Lanzarote. Eduardo Aznar Allejo, Professor für Prähistorische und Mittelalterliche Geschichte, stieß in unterirdischen Gängen der Rubicon-Ebene auf das Tanit-Symbol. Die in den 1970er-Jahren vorgenommenen Ausgrabungen wurden nicht fortgesetzt.

José Ferrer Perdomo und seine Frau Remedios »Remy« de Quintana Reyes gründeten und führen das Museum in einem Haus mit eigener Bodega, das seit rund 200 Jahren ihrer Familie gehört. Es wurde im 18. Jahrhundert errichtet. Mit dem Ziel, das Andenken an die kanarischen Traditionen zu bewahren, sammelte das Ehepaar alles, was es dazu an Gegenständen und Informationen nur finden konnte.

Es bereitet Vergnügen, hier die skurrilen Dinge aufzustöbern, die sich zwischen den historisch bedeutsamen Exponaten verstecken. So liegt auf einem Teller des Kaffeeservice aus dem 19. Jahrhundert ein Croissant, als hätte hier gerade jemand gefrühstückt. Wer es näher betrachtet, erkennt die Imitation aus Plastik. Es gibt eine Gießkanne, die aus einer alten Olivenöl-Dose hergestellt wurde, und auf der Terrasse »leben« übergroße Marienkäfer.

Vom Volkstanz bis zum Mörser

Zum Teil ist die Ausstellung kunterbunt zusammengewürfelt, teils aber auch nach Themen geordnet. Ein Großteil ist im Hauptgebäude untergebracht, das zur Hälfte mit einem offenen Zwischenstockwerk ausgestattet ist. So lassen sich die Exponate im unteren Bereich auch von oben betrachten. Gleich nach dem Eingang links gibt es eine Musikecke mit Instrumenten, darunter eine kanarische Timple, und Infos zum Volkstanz auf Lanzarote. Im selben Raum steht der große Mühlstein, den die Familie und ihre Dienerschaft zum Mahlen nutzte, bis im Dorf die erste Mühle errichtet wurde. Auch der Riegel dieser

AUTORENTIPP!

MUSEUMSSHOP UND TRACHTENFOTO

So bunt und skurril wie das Museum selbst ist auch der kleine Souvenirladen. Er versteckt sich ein wenig in einem der zahlreichen Ausstellungsräume (am Innenhof schräg gegenüber dem Haupteingang). Natürlich gibt es hier Lanzarote-Andenken wie an anderen Orten, aber auch Dinge, die Hausherrin »Remy« selbst angefertigt hat, z. B. Gemälde und Basteleien.

Eine unverwechselbare Erinnerung ist auch ein Foto in »echter« lanzarotenischer Tracht: Jeweils eine Besucherin und ein Besucher können sich zusammen hinter die Holzattrappe eines Bauernpärchens stellen, die im Vorhof aufgebaut ist. Anstelle der Gesichter bieten zwei Löcher Raum für das Antlitz der Besucher. Schön lächeln – und die Daheimgebliebenen werden auch einen Grund zum Schmunzeln haben.

Brunnen im Museum

AUTORENTIPP!

ZONZAMAS: VERSTECKTE ARCHÄOLOGISCHE FUNDSTÄTTE

Ein kleinerer Krater zwischen Tahíche und San Bartolomé heißt Montaña de Zonzamas. Der Name bezieht sich auf einen Stamm der Ureinwohner, der von einem »König Zonzamas« regiert worden sein soll. Unterhalb des Kraters liegt eine archäologische Ausgrabungsstätte, die man leicht übersieht. Hier befindet sich inzwischen eine Mülldeponie, und die Fundstücke wurden zum Schutz abgedeckt, u. a. Wohnhöhlen und Vorratsgruben. Ein als *quesera* bezeichneter, großer Basaltblock, der von breiten, nahezu parallel verlaufenden Rinnen durchzogen ist, gibt den Forschern Rätsel auf. Einige sehen darin einen Kultplatz, denn in den Rinnen könnte Tierblut geopfert worden sein. Einer anderen Theorie zufolge liefen darin große Mahlsteine, etwa um Getreide für die Herstellung von Gofio zu zerreiben. Noch ein Objekt dieser Art (*quesera de bravo*) befindet sich an der Straße Arrieta-Órzola, etwa 300 Meter westlich der Jameos del Agua, an der LZ 34 zwischen Tahíche und San Bartolomé (ca. 3 km. vor San Bartolomé).

Historische Sättel und Reitutensilien

Mühle mitsamt hölzernem Schlüssel ist erhalten. Zu sehen sind archäologische Fundstücke, u.a. ein steinerner Mörser, der unter Vulkansand im Tal von Uga gefunden wurde, und ein Trog mit Rillen aus Vulkanstein, der dem Fund von Zonzamas ähnelt (s. Autorentipp).

Uralte Weinfässer und Dromedarkörbe

Vom Hauptraum aus führt der mittlere Durchgang in das älteste Lager des Hauses. Es wurde ab 1780 als Weinkeller genutzt. Zu dieser Zeit begann man auf Lanzarote, die mit Vulkanasche bedeckten Flächen für den Weinanbau zu entdecken. Der Raum ist noch originalgetreu mit teilweise uralten Fässern eingerichtet. Manche enthalten immer noch Wein. An den Wänden hängen Winzerutensilien. Das ursprüngliche Dach mit Balken aus Tea-Holz ist noch erhalten. »Tea« heißt das Kernholz der kanarischen Fichte. Es ist reich an Harz und damit weniger anfällig für den Holzwurm. Original sind auch noch die Wände aus Stein und Lehm, die mit Kalk- und Sandmörtel verputzt wurden.

Gegenüber dem Weinkeller sind in einem offenen Bereich alte Weinpressen und andere Geräte zu sehen. Hier wurden einst Weine gekeltert, ab 1959 maschinell. Eindrucksvoll sind auch die Wandbilder der Weinlese auf Lanzarote. Von der Decke hängt eine Vorrichtung mit zwei Netzen, in denen Dromedare Trauben transportierten.

Trachten im ehemaligen Salzkrautlager

Der hinterste Raum ist das ehemalige Salzkrautlager. Für Lanzarote war der Handel mit dieser Pflanze, die u.a. zu Seife verarbeitet wurde, eine wesentliche Einnahmequelle. In diesem Teil des

Hauses lagerte es als Pulver oder in Form von Steinen geknetet. Als die Nachfrage nachließ, nutzte die Familie den Raum als Wein- und Vorratskeller. Dazu wurden entlang der Wände die noch vorhandenen Abteile gemauert, in denen das Museum heute verschiedene Themen präsentiert, etwa die inseltypische Küche, Haushaltsgeräte, Stickereien, Webarbeiten und Spiele.

Zudem sind in diesem Raum u. a. alte Sättel und Geschirre, Trachten, Körbe sowie viele alte Fotos und Malereien ausgestellt. Einige der alten Tücher sollen noch mit der Färberflechte Orchilla gefärbt worden sein, die im Famara-Massiv wächst. Man erfährt von der »achten Kanarischen Insel« San Borodó, die zeitweise auftauchen und wieder verschwinden soll. Auf Gemälden unbekannter Künstler entdeckt man den Kanarischen Ringkampf oder die Krebse aus der Jameos del Agua.

Das Trillo: Traditionelles Dreschbrett

An mehreren Stellen fällt im Museum Tanit ein trapezförmiges Holzbrett auf, mit vielen kleinen Löchern, in denen spitze Steine stecken. Es handelt sich dabei um ein *trillo*, ein »Dreschbrett«, wie es auf Lanzarote anno dazumal verwendet wurde, um die Spreu vom Weizen zu trennen. Das Brett wurde, mit den Steinen nach unten, vom

Oben: Die Betreiber des Museums wurden im Gemälde verewigt.
Mitte: Tonkunst und …
Unten: … ein Plastikcroissant als Scherz
S. 60: Trachten im Museo Tanit

Vieh über die Tenne gezogen, auf der der Weizen ausgebreitet lag. Über einem Türbogen im Hauptraum hängt z. B. ein klassisch mit Flintsteinen bestücktes Brett, während ein Dreschbrett im Außenbereich aus Holz und Lavasteinchen gefertigt wurde.

Aus vermutlich vorrömischer Zeit stammt die Amphore in der kleinen Vitrine an der Stirnseite des Raums.

In der »Kunstgalerie« links neben dem Museumseingang wurden früher die Weine in Flaschen abgefüllt. Über eine kleine Treppe an der Seite geht es hinunter in einen Wassertank. Dort offenbart ein Blick nach oben eine Steindecke und Bögen – charakteristisch für die traditionelle Bauweise dieser Häuser.

Hinab in die Zisterne

Mindestens 1000 und eine weitere Geschichte stecken in all den anderen Exponaten des Museums, die sich auch auf das Obergeschoss und die Nebengebäude des Anwesens verteilen. Es gibt noch einen »Prinzessin Ico«-Saal, ein Originalkostüm der Karnevalstruppe »Los Diabletes« aus Teguise (s. S. 211) und einen Raum, der den *chinijos*, den kleinen Kindern von Lanzarote, gewidmet wurde.

Zum Gebäudekomplex gehört die Kapelle Nuestra Señora de Pino. Sie wurde 1735 aus dem ehemaligen Dromedarstall errichtet. Ganz hinten links führt eine fast verborgene Wendeltreppe hinab in die ehemalige Zisterne. Dort hängen Gemälde der Besitzerin, die zum Verkauf angeboten werden. Remys Fantasie erblüht auch auf dem Hof: Die Besitzerin hat die ehemalige Tenne liebevoll mit Mosaiken und anderen Hinguckern dekoriert.

Oben: Die Familie hat ihren kompletten historischen Hausstand verwahrt und …
Unten: … stellt ihn nun der Nachwelt zur Verfügung.

Infos und Adressen

SEHENWÜRDIGKEITEN

Museo Etnográfico Tanit.
Im Museum gibt es auch ein Café.
Öffnungszeiten: Mo–Sa 10–14 Uhr.
Calle Constitución 1,
35 550 San Bartolomé de Lanzarote,
Tel. 928 52 06 55,
www.museotanit.com

8 A Casa José Saramago

Zu Gast beim Literaturnobel-preisträger

»Der weiseste Mann, den ich in meinem Leben kannte, konnte weder lesen noch schreiben«. So begann José Saramago seine Rede, als ihm 1998 der Nobelpreis für Literatur verliehen wurde. Der weise Mann war sein Vater. Die letzten 18 Jahre seines Lebens verbrachte der Schriftsteller auf Lanzarote. Seit 2012 ist sein Wohnhaus in Tías zu besichtigen.

Oben: Alle Zeiger stehen auf vier Uhr.
Unten: Saramagos Wohnzimmer

Ein Mann sitzt am Steuer vor einer roten Ampel. Er wartet auf Grün, doch plötzlich ist er blind. Sein Augenarzt steht vor einem Rätsel. Noch am gleichen Abend erblindet auch er. Wie eine Seuche breitet sich die Blindheit in der ganzen Stadt aus ... *Die Stadt der Blinden* ist einer der berühmtesten Romane José Saramagos. Er wurde im Jahr 1995 veröffentlicht und 2008 von Fernando Meirelles für das Kino verfilmt.

Ein gut informierter Optimist

José Saramago wurde 1922 in Azinhaga nahe Lissabon geboren, als Sohn eines Landarbeiters und späteren Polizisten. Bevor er das Schreiben für sich entdeckte, arbeitete er als Maschinenschlosser, technischer Zeichner, in einer Sozialbehörde, in einem Verlag und als Journalist. 1966 erschien sein erstes Buch mit dem Titel *Os poemas possíveis* (»Die möglichen Gedichte«). Der Schriftsteller war Kommunist, legte sich mit dem Vatikan an und wird aufgrund seiner teils düsteren Darstellungen oft als Pessimist beschrieben. Er selbst bezeichnete sich als lediglich »gut informierten Optimisten«.

Auch die Bibliothek zeugt vom reichen, bewegten Leben José Saramagos.

Alle Zeiger auf vier Uhr

Der schlichte, weiße Wohnsitz steht am südlichsten Kreisverkehr von Tías, dort, wo die LZ 505 (Puerto del Carmen–Tías) auf den Camino Los Topos trifft. Hier lebte José Saramago bis zu seinem Tod am 18. Juni 2010. Museumsbesucher betreten zunächst das Gebäude, an dem ein Schild auf die »Biblioteca de José Saramago« hinweist, denn dort meldet man sich auch für den Rundgang an.

Die privaten Räume des Schriftstellers wirken, als habe er sie nur eben verlassen, um eine Zeitung zu kaufen. Die komplette Einrichtung – Möbel, Gemälde, Sammlungen, Liebhaberstücke, Terrasse und Garten – wurde so belassen, wie er es gewohnt war und liebte. Die Zeiger aller Uhren stehen genau auf vier. Um diese Zeit hatte José Saramago seine Ehefrau zum ersten Mal getroffen. Fortan sollten seine Uhren nichts anderes mehr anzeigen.

Im Arbeitszimmer

Im Eingangsbereich hängen Werke von Joan Miguel Ramirez, César Manrique und anderen Künstlern. Die Tür rechts neben dem Spiegel führt in das Arbeitszimmer. An einem schlichten Pinientisch, dessen Beine seine Hunde Pepe, Greta und Camões angenagt hatten, verfasste José Saramago die ersten Zeilen von *Die Stadt der Blinden.* Sein

AUTORENTIPP!

IN RUHE LESEN

»Ein Haus aus Büchern – Ein kleiner Museumsführer«, lautet der bescheidene Titel des Hefts, das Besucher der Casa José Saramago erhalten. Doch es ist viel mehr als das. Die Texte stammen von Pilar del Río, der Witwe des verstorbenen Nobelpreisträgers, die selbst eine angesehene Journalistin ist. Sie verfasste einen Rundgang durch das Haus, reich an Hintergründen und bewegenden Momenten. Die Zeit, es zu lesen, sollte man sich nehmen. So hätte es gewiss auch José Saramago gefallen.

Im Bibliotheksgebäude hängt ein modernes Gemälde, das das Ehepaar gemeinsam bei der Buchpräsentation von *As pequeñas Memórias* (»Kleine Erinnerungen«) zeigt. Der tschechische Künstler Jiří Georg Dokoupil gestaltete es nach einem Zeitungsfoto mit Kerzenruß und gelber Farbe. José Saramago fühlte sich auf dem Bild besonders gut getroffen.

Oben: Der Schreibtisch des Schriftstellers
Mitte: Werke Saramagos
Unten: In der Bibliothek

PC, an dem er bis zuletzt schrieb, steht noch dort. Auf dem Regal reihen sich seine Wörterbücher und CDs mit seiner Lieblingsmusik. Fotos der geliebten Großeltern stehen neben weiteren Familienbildern auf einer Anrichte gegenüber. Daneben, sorgfältig eingerahmt, eine Kopie der Urkunde anlässlich des Literaturnobelpreises. An die Preisverleihung erinnern Fotos auf der Art-Déco-Kommode neben dem Fenster.

Der Duft der Bücher

Im Salon liegt aufgeschlagen auf dem Tisch ein Faksimile von *Der Beatus von Liébana*, ein Werk das José Saramago besonders verehrte. Er berührte es häufig, berichtet seine Frau, und sog seinen Geruch ein wie ein Parfüm. In der Küche nebenan saß er gern mit Freunden und Persönlichkeiten aus der Kulturszene. Auch der Regisseur Pedro Almodóvar und der ehemalige spanische Ministerpräsident José Luis Rodríguez Zapatero waren bei den Saramagos zu Gast.

Ein wenig zögert man, das Schlafzimmer ganz links zu betreten, in dem der Schriftsteller starb. Im reich bepflanzten Garten hinter der Terrasse steht eine Ulme. Gepflanzt hat er sie für seinen Neffen Olmo, der auf Lanzarote geboren wurde. Nein, ein Pessimist kann José Saramago nicht gewesen sein. Er war allenfalls ein gut informierter Optimist.

Infos und Adressen

SEHENSWÜRDIGKEITEN

A Casa José Saramago. Ein Mitarbeiter führt auf Spanisch durch das Wohnhaus des portugiesischen Nobelpreisträgers. Für Erklärungen in anderen Sprachen gibt es einen Audioguide. Zu erreichen mit den Buslinien 5, 19, 34, 60. Von der Haltestelle Tías Centro sind es 300 m.
Anfahrt mit dem Auto über die LZ 2 Arrecife-Playa Blanca, Ausfahrt Tías. Ab Puerto del Carmen über die LZ 505.
Mo–Sa (auch an Feiertagen) 10–14.30 Uhr (letzter Einlass 13.30 Uhr). Calle los Topes 2, 35572 Tías. Tel. 928 83 30 53 (vormittags), Tel. 629 34 80 84 (nachmittags), www.acasajosesaramago.com

ESSEN UND TRINKEN

La Cabaña. Genießen im nahe gelegenen Mácher. Der britische Koch Darren Spurr kreiert u. a. Sirloin-Steak, karamellisiertes Schweinefilet und Tintenfisch aus dem Wok. Di–Sa ab 19 Uhr, Ctra Mácher-Tías 84 (LZ 2), Tel. 650 68 56 62, www.lacabanamacher.com

La Ermita. Café und Tapas-Bar neben der Kapelle Ermita de San Antonio. Serviert werden auch

In Saramagos Wohnhaus

pinchos, besondere Tapas mit Spießchen. Mo–Sa 14–24 Uhr. Av. Central de Tías 63, Tel. 928 52 40 76, www.cafelaermita.com

ÜBERNACHTEN

Casa Tegoyo. Drei-Sterne-Hotel in einem restaurierten Herrenhaus aus dem 18. Jh. Camino de Callao III 26, 35572 Conil. Tel. 928 83 43 85.

EINKAUFEN

Andybrot. Die Bäckerei unter deutscher Leitung verkauft Schwarzbrot, Sauerteigbrot und Brezeln, auch Biobrot. Calle Gabriel Diaz 9, Tel. 628 01 53 36.

Café und Tapas-Bar »La Ermita«

Oben: Die Promenade von Puerto del Carmen
Unten: Live-Musik in der Bar

9 Puerto del Carmen: Die Strände

Rundum-Sorglos-Badeurlaub

Sechs Kilometer Promenade, davor Strände mit feinem, dunkelgoldenem Sand, Liegestühle und Wassersport, Kneipen, Restaurants und Partys – für viele Urlauber sind dies Gründe genug, Puerto del Carmen zu buchen. Individualreisende machen eher einen Bogen um den Badeort. Dabei hat er durchaus Charme. Für viele ist es das schönste der drei großen touristischen Zentren auf Lanzarote.

Eines fällt gleich auf in Puerto del Carmen: Die geringe Höhe der Häuser. Während sich in anderen kanarischen Urlaubsorten, etwa an der Playa del Inglés auf Gran Canaria, Hotelkomplexe türmen wie Bauklötze, wirkt das Straßenbild hier schon beinahe dörflich.

Vom Fischerdorf zur Touristenhochburg

Der von César Manrique durchgesetzte Bebauungsplan spiegelt sich auch in Puerto del Carmen

MAL EHRLICH

SHOPPING

In Puerto del Carmen ist vieles geboten. Wer jedoch beispielsweise ein originales Kunsthandwerk aus Lanzarote kaufen möchte, kann hier lange suchen. Aufgrund der Souvenir-Schwemme ist selten Authentisches zu finden, auch auf Märkten wird oft nur Ramsch angeboten. Schöner ist das Einkaufen in den kleinen Läden von Teguise oder auf dem Kunsthandwerkermarkt in Haría.

wider. Es gibt vergleichsweise wenig große Hotels und keine riesigen, blinkenden Reklametafeln. Weil sich der Tourismusboom nicht aufhalten ließ, wuchs der einst kleine Fischerort allerdings trotzdem: nach Nordosten in die Länge, bis er an Arrecife stieß, und auch in die Breite. Ähnlich verhält es sich in den beiden anderen, jedoch gesichtsloseren Ferienzentren Playa Blanca und Costa Teguise.

Auch wenn es auf den ersten Blick überall gleich aussieht entlang der von weißen Häusern gesäumten Promenade, die verschiedenen Ortsteile und Strände ziehen ein unterschiedliches Publikum an. Wer hier also nur einen Strandtag verbringen möchte, sollte genau wissen, wo. Es hat aber auch etwas, bei einem Rundgang alle Seiten von Puerto del Carmen auf sich wirken zu lassen.

Playa Matagorda

Die Siedlung Matagorda am östlichen Ortsende besteht ausschließlich aus Hotels und Apartmentanlagen. So ist sie eher ein Mekka für Pauschalurlauber als eine Gegend, die mit lauschigen Cafés zum Flanieren einlädt. Für einen Spaziergang bietet sie sich dennoch an. Ungefähr ab dem Hotel »Jameos Playa« verläuft die Durchfahrtsstraße nicht mehr direkt an der Küste. Abgesehen von der kleinen Zufahrtstraße zu den Hotels ist die Strecke nun Fußgängern und Radfahrern vorbehalten und mündet schließlich in einen komplett autofreien Weg. Am Strand muss man hier ab und zu beinahe den Kopf einziehen, besonders im hinteren Bereich: Er liegt bereits in der Einflugschneise des Flughafens. Viele kommen aber auch aus diesem Grund hierher: zum Schauen und Staunen. Wer mag, kann weiter bis nach Arrecife laufen. Die Route ist in umgekehrter Richtung unter Playa Honda (s. S. 36) beschrieben.

AUTORENTIPP!

VERSCHWIEGENE BUCHTEN

Auch wenn viele Tische an der Straßenseite stehen: Zwischen den beiden großen Hauptstränden von Puerto del Carmen lohnt es sich, mal einen Blick hinter die Restaurants zu werfen: Einige überraschen mit einer hübschen meerseitigen Terrasse. Auch die kleinen Sandbuchten zwischen den Felsen vermutet man hier kaum, denn von der Straße aus sind sie nicht zu sehen. Eine schöne Bademöglichkeit bietet sich hinter dem Restaurant »Terraza Playa«, das über entsprechend schöne Außenplätze verfügt: Die kleine Playa de la Peñita ist ein öffentlicher Badestrand. Der Rücksicht halber sollte man allerdings nicht durch das Restaurant spazieren, sondern den seitlichen Zugang suchen, beispielsweise über den Camino del Cascayo. Eine nette Bucht ist auch die weniger versteckte Playa del Barranquillo beim »Hotel San Antonio«.

Restaurante Terraza Playa. Avenida de Las Playas 28, Tel. 928 51 54 17.

Oben: An der Playa de los Pocillos …
Mitte: … lohnt auch der Blick für das Kleine.
Unten: Playa Grande

Playa de Los Pocillos

In der Gegenrichtung schließt sich die breite Playa de Los Pocillos an. Der Fluglärm ebbt ab und die Zone mit dem größten Trubel beginnt erst weiter westlich. Entsprechend gediegen ist das Publikum, auch Familien fühlen sich hier wohl. Am südlichen Ende ragt ein buchtförmiger Platz in den Strand. Dies ist die »Plaza de Las Naciones«, und meist wird hier Unterhaltsames geboten. Es gibt Konzerte und andere Veranstaltungen, im Winter sogar einen Weihnachtsmarkt mit Glühwein und Thüringer Bratwurst. Ab dem Hotel »Jameos Playa« bis zum Hafen verläuft die einspurige Avenida Las Playas entlang der Strände. Mit dem Verkehr hält es sich in Grenzen, dafür sorgen eine neue Gestaltung und Geschwindigkeitsbeschränkungen. Die Parkplatzsuche kann allerdings Geduld erfordern.

Playa Grande

Im mittleren Bereich führt die Avenida Las Playas durch eine strandlose Zone mit vielen Geschäften und Bars. Es gibt eine Apotheke, viele Autovermietungen und einen Friseur, außerdem eine Minigolfanlage und einen Spielplatz. Besonders schön sitzt man im »La Ola« einer Lounge-Bar mit Pool. Eine groovige Adresse ist auch die nahe »Hawaiian Bar«. Auch für Gays gibt es einige Treffpunkte, besonders in den Szene-Bars des Centro Atlántico.

Schließlich ist auf der Wasserseite das Touristeninformationsbüro zu sehen. Hier beginnt die Playa Grande, ein sehr beliebter und belebter Strand mit Liegen und Sonnenschirmen, Tretbootverleih und einer schön bepflanzten Promenade. Auf einigen Karten ist der Strand noch als »Playa Blanca« eingezeichnet. Um Verwechslungen mit dem Ferienort im Süden zu vermeiden, wurde der Name geändert.

Infos und Adressen

ESSEN UND TRINKEN

Terraza Playa. Wundervoll sitzt man an der kleinen mit Mosaiken verzierten Terrasse direkt am Meer und hat die Wahl zwischen Fisch- und Fleischgerichten. Av. de las Playas 28, Tel. 928 51 54 17.

Café La Ola. Lounge-Bar mit chilliger Musik, Live-Piano und Pool. Auch Events wie Flamenco-Abende. Av. de las Playas 10, Tel. 928 51 21 32 www.cafelaola.com

ÜBERNACHTEN

Las Costas. Im Bungalowstil erbautes Vier-Sterne-Hotel mit direktem Zugang zum Sandstrand Playa de Los Pocillos. Av. de las Playas 88, Tel. 928 51 43 46, www.hotellascostas.com

Los Fariones. Alteingesessenes Vier-Sterne-Hotel mit wunderschönem Palmengarten direkt am Meer. Calle Timanfaya 8, Tel. 928 51 00 10 www.farioneshotels.com

Jameos Playa. Das Vier-Sterne-Hotel liegt in der ruhigen Gegend von Playa de los Pocillos unmittelbar am Strand. Calle de Marte,2, Tel. 928 51 17 17 www.los-jameos-playa.de

EINKAUFEN

Biosfera Plaza. In diesem Einkaufszentrum gibt es (fast) alles. Avenida Juan Cárlos I. 15.

Restaurant im Hafen

The Book Swop. Lektüre »auf Zeit«, ideal für den Urlaub. Nach Rückgabe gibt es 50 Prozent des Werts zurück. Mo–Fr 9.30–20, Sa bis 17 Uhr. Calle Timanfaya (neben dem Hotel Fariones), Tel. 928 51 49 31 und Mo–Fr 9.30–18, Sa bis 13.30 Uhr. Costa Luz, (beim Hotel San Antonio) Tel. 928 51 35 63.

AKTIVITÄTEN

Rancho Texas Park. Tiershows, eine Goldmine und Country-Partys ziehen jährlich rund 100 000 Besucher an. Tgl. 9.30–17.30 Uhr. Calle Alcalde Cabrera Torres s/n (Ausfahrt Puerto del Carmen/ Playas), Tel. 928 84 12 86, www.ranchotexaslanzarote.com, Eintritt: Erw. 18 €, Kinder 13 €.

Restaurant Terraza Playa

10 La Tiñosa

Hafenflair in Puerto del Carmen

Boote werden flott gemacht, es duftet nach gebratenem Fisch, eine kleine Kapelle erinnert an dörfliche Zeiten. Abends versammeln sich Einheimische zu Wettkämpfen an der Bola-Bahn. Wenn man irgendwo das Herz Puerto del Carmens schlagen hört, dann hier, im kleinen Hafen La Tiñosa. Zu einigen Stränden geht es zu Fuß, andere sind mit Ausflugsbooten zu erreichen. Auch Taucher fühlen sich hier wohl.

Oben: Hafen La Tiñosa
Unten: Fischerboote sieht man hier noch heute.
S. 72 oben: La Tiñosa im Abendlicht
S. 72 unten: Auf der Bola-Bahn

Der von Lavafelsen eingerahmte Fischerhafen vor der Kulisse des Ajache-Gebirges hat seinen Charme bewahrt. Nur die Fassadengestaltung des am Platz dominierenden Steakhouse-Restaurants erinnert ein wenig an Disneyland. Mit viel Mühe haben die Bewohner den alten Ortskern verschönert. Ansprechend sind die mit Kakteen bepflanzten Lavaterrassen und die neue Holzpromenade.

Fischer und Ausflugsboote

Der Name des Hafenviertels wird oft mit »die Schäbige« übersetzt, im Hinblick auf die harten Bedingungen, unter denen die Fischer hier einst lebten und arbeiteten. Das spanische Wort *tiñoso* bedeutet jedoch auch »knauserig«. Möglicherweise zeugt es von der damals erforderlichen Sparsamkeit. Man könnte es aber auch auf den Handel beziehen, der hier in Zeiten betrieben wurde, als noch niemand an Tourismus dachte. Erhalten sind ehemalige Lagerhallen, in denen sich nun Restaurants befinden. Die Stimmung des alten Hafens ist noch immer spürbar.

Zentrum aller Geschäftigkeit ist damals wie heute die Plaza del Varadero, benannt nach dem ehemaligen Stapelplatz. Morgens kommen die Fischerboote mit dem frischen Fang an. Häufig geht es lebhaft zu, weil kleine Kräne (sogenannte Travellifte) umherfahren, mit denen Boote zu Wasser gelassen und wieder herausgeholt werden. Im Hafen liegen auch viele Ausflugsboote, die u.a. Touren zu den Papagayo-Stränden (s. S. 112) anbieten.

Traditionslokale für Fisch

Ein knallrotes Haus über dem Wasser ist der Blickfang am Platz: Die »Casa Roja«, wurde im Jahr 1850 errichtet. Das Hauptgebäude diente noch bis Mitte des 20. Jahrhunderts als Lager für gehandelte Tiere, insbesondere Hühner, Ziegen und Dromedare. Der vordere Bereich entwickelte sich zu einem Treffpunkt der Händler. Fischer brachten ihren Fang, der vor Ort getrocknet, gesalzen und verkauft wurde, meist Heringe, Sardinen, Makrelen und Brassen. Heute ist die »Casa Roja« ein bei Touristen beliebtes Restaurant.

Authentischer geht es gegenüber im »La Lonja« zu, einem alteingesessenen Lokal mit Tapas-Bar und eigenem Fischgeschäft. Das Gebäude gehört zum Kulturzentrum »El Fondeadero«, dessen Eingang um die Ecke liegt (Calle Lanzarote 1). Es lohnt ein Blick in den Innenhof, wo ein Wal in Form einer Skulptur aus dem Boden lugt, als würde er gerade aus der Tiefe auftauchen. Auf der gegenüberliegenden Straßenseite erinnert die Kapelle Nuestra Señora del Carmen an dörfliche Zeiten.

Playa Chica: Bei Tauchern beliebt

Die Badesachen sollte man für den Hafenbesuch ruhig einpacken, möglichst auch eine Schnorchelausrüstung, und der Küstenpromenade etwa

AUTORENTIPP!

BOLA CANARIA

Vor der Terrasse des Restaurants »La Ancla« geht es besonders abends hoch her. Grund ist das rechteckige, in der Mitte unterteilte Betonfeld unmittelbar davor: An der Bola-Bahn liefern sich Einheimische heiße Wettkämpfe in der kanarischen Variante des italienischen Boccia bzw. französischen Boule (auch: Pétanque). Die Kugeln sehen allerdings anders aus: Sie sind größer und schwerer. Und während die Franzosen Metall kullern lassen, verwenden die Kanarier rote und grüne Holzkugeln.
Es gilt, mit seinen Kugeln so dicht wie möglich an eine kleinere Setzkugel heranzukommen und die Kugeln der Gegner dabei möglichst weit wegzuschießen. Weil es dabei oft um Millimeter geht, gehört ein Messstab zur Standardausrüstung. Hitzige Debatten und Fiesta-Stimmung sind garantiert, und alle haben riesig viel Spaß, auch die Zuschauer! (siehe Bild auf S. 72 unten)

Restaurante El Ancla. Av del Varadero 2, Tel. 928 51 36 39.

Fischernetze

CAÑAS & TAPAS
CERVECERIA
PIZZA & PASTA

Glücklich dem Meer entstiegen

Das Restaurant La Lonja im Hafen

500 Meter Richtung Playa Grande folgen. Der von Lavasteinmauern begleitete Weg bietet einen herrlichen Hafenblick und mündet schließlich in den Paseo de la Parilla. Am Restaurant »Bar Playa« weist ein großes Schild zur Playa Chica. Die kleine Traumbucht mit ihren Lavariffen ist ein Taucherparadies, schon an der Straße sieht man Menschen, die Druckluftflaschen montieren oder ihren Neoprenanzug zum Trocknen aufhängen. Im zugehörigen Wassersportzentrum sind die entsprechende Logistik und sanitäre Anlagen vorhanden.

Die Playa Chica ist eine Doppelbucht, deren westliches Becken auch als Playa de la Barilla bezeichnet wird. Auf der Ostseite liegt der Strand des »Los Fariones«, einem alteingesessenen Hotel mit prachtvollem Palmengarten. Über die flachen Felsen ist er auch Tagesgästen zugänglich.

Zu Fuß zum Mirador del Puerto

Zu einem schönen Spaziergang lädt die Holzpromenade ein, die im Hafen an der »Casa Roja« beginnt. Der Weg führt vorbei an verfallenen Gemäuern mit ausrangierten Fischerbooten. Über Treppen geht es hinauf zum Aussichtspunkt Mirador del Puerto. Im Westen glänzt bereits der Jachthafen Puerto Calero, der über diesen Küstenweg auch zu Fuß zu erreichen ist.

Infos und Adressen

ESSEN UND TRINKEN

Blooming Cactus. Vegetarisch-vegane Küche mit griechischen Akzenten. Di–So ab 18 Uhr. Calle Teide 35, Tel. 608 29 38 73, www.bloomingcactus.co.uk

La Cascada del Puerto. Hier hängen die Schinken von der Decke. Rustikales Ambiente mit Bodega und Tapas-Bar. Calle Roque Nuble 5, Tel. 928 51 22 53, www.restaurante-lacascada.com

Casa Roja. Restaurant in ehemaliger Lagerhalle. Kanarische Küche, verschiedene Menüs mit Spezialitäten wie Iberisches Schwein und Schwarze Paella. Tgl. 12–24 Uhr. Tel. 928 51 58 66, www.casarojalanzarote.com

La Lonja. Hier gehen Einheimische gern essen. Restaurant mit guter, preisgünstiger Küche, Tapas-Bar, eigenem Fischgeschäft und geschützter Terrasse mit Blick auf den alten Hafen. Tgl. 9–14 und 16–1 Uhr. Calle El Varadero, Tel. 928 51 13 77.

DER SÜDEN

11 Puerto Calero	76
12 Playa Quemada	80
13 La Geria	84
14 Uga	92
15 Yaiza	98
16 Femés	104
17 Monumento Natural de Los Achajes	108
18 Playas de Papagayo	112
19 Playa Blanca	118
20 Fuerteventura	124
21 Los Lobos	132

S. 74/75: Ein traumhafter Ausblick eröffnet sich auf die Strände Playa del Pozo und Playa Papagayo.
Oben: Paseo de la Moda
Unten: Kunst auf der Modemeile

11 Puerto Calero

Jachthafen mit Modemeile

Ungefähr sechs Kilometer westlich von Puerto del Carmen führt die Straße hinab nach Puerto Calero. Mitten in dieser kleinen mondänen Welt mit Luxusjachten, Modemeile, exklusiven Hotels und Restaurants fühlt man sich an die Beatles erinnert: Neben anderen touristischen Ausflugsbooten liegt hier das U-Boot »Yellow Submarine« vor Anker. Skipper finden eine Rundum-Sorglos-Infrastruktur vor.

Von der Landseite aus ist Puerto Calero über zwei Nebenstrecken erreichbar. Eine zweigt von der LZ 2 von Arrecife nach Tías ab, die andere ist eine küstennahe, direkte Verbindung ab Puerto del Carmen. Durch den Ort geht es recht steil hinab in den geschützten Hafen, ein kuscheliges Nest für Sportboot-Freunde. Sehr viel mehr gibt es in dem neu gewachsenen Ort nicht. Dafür ist der Hafen mit allem ausgestattet, was zu einem schicken Bummel gehört. Auch ein großer, bislang gebührenfreier Parkplatz ist vorhanden, an der offenen Schranke kann man getrost vorbeifahren.

Anlegeplätze für Superjachten

Benannt ist der Hafen nach dem Unternehmer José Calero Rodríguez, der den Bau in den 1980er-Jahren initiierte und vorantrieb. Weil er den »ersten Sportboothafen auf der Vulkaninsel« ermöglichte und als Mäzen auch die Kunst unterstützte, ehrte der Rotary Club Lanzarote ihn im Mai 2008 mit dem *Galardón de Conejero*. Der »Preis der Kaninchenjäger«, so die wörtliche Übersetzung, wird jährlich an Lanzaroteños verliehen, die der Insel besondere Dienste erwiesen haben.

Sportboote und Superjachten steuern Puerto Calero an.

Die architektonische Gestaltung des Jachthafens übernahm Luis Ibáñez Margalef, ein langjähriger Freund von César Manrique. Im Jahr 1989 war der Hafen fertig. Zehn Jahre später wurde die Zahl der Liegeplätze auf 420 verdoppelt, 2006 kamen 20 weitere Plätze hinzu, darunter auch Anlegestellen für Superjachten mit einer Kiellänge von bis zu 75 Metern. Im hinteren Teil des Hafens gibt es ein Trockendock mit 90-Tonnen-Hebelift, Kran und Segelreparaturservice. An der Mole fällt der Kontrollturm mit seiner weiß-roten Spitze auf, in dem sich das Hafenbüro befindet.

Meeres- und Modemeile

Für Bootsbesitzer und Landratten gleichermaßen interessant ist der zentrale Hafenbereich. Entlang des Paseo Marítimo reihen sich Cafés, Restaurants, Bars und Pubs. Vertreten ist ein breites Spektrum internationaler Küche von kanarisch bis indisch in verschiedenen Preisklassen. Leider verwehrt die hohe Mole den Blick auf das Meer, dafür liegen die Boote gut geschützt. Wer Wert auf Panorama legt, sollte auf die Lokale im Edificio Antiguo Varadero ausweichen: Auf den Terrassen im ersten Stock hat man eine schöne Aussicht; teils im Imbiss-Ambiente mit Take-Away-Möglichkeit.

AUTORENTIPP!

FAHRT MIT DEM UNTERSEEBOOT

Das knallgelbe Unterseeboot ist ein Blickfang im Hafen von Puerto Calero. Es erinnert an das zehnte Album der legendären Beatles, die Musik zum gleichnamigen Film Yellow Submarine (1968). Regelmäßig fährt es mit Gästen hinaus, um auf bis zu 30 Meter Tiefe abzutauchen. Ein besonderer Ausflug und auch eine Gelegenheit für alle, die z. B. aufgrund von Ohrenproblemen nicht selbst tauchen können: Im U-Boot herrscht der gleiche atmosphärische Druck wie auf Meereshöhe.

Ein Tauchgang dauert mit Ab- und Aufstieg ca. eine Stunde. Zu sehen gibt es – je nach Route und Umgebungsbedingungen – viele Fische, kleinere Wracks, Riffe und einen Taucher, der durch die Bullaugen hineinwinkt. Man kann sich aber auch einfach eine sonnige Bank vor der Hafeneinfahrt suchen und der »Yellow Submarine« beim Ab- und Auftauchen zusehen.

Sub Marine Safaris. Modulo C, Local 2, Puerto Calero, 35571 Yaiza, Tel. 928 51 28 98, www.submarinesafaris.com, Erw. 55 €, Kinder 32 €. 15 % Rabatt bei Online-Buchungen.

Oben: Auf der Promenade kann man gemütlich durch den Hafen bummeln.
Mitte: Ein Ausflugsboot kehrt zurück.
Unten: In Puerto Calero gibt es Restaurants für jeden Geschmack.

Im selben Stockwerk befindet sich das Museo de Cetáceos (»Walmuseum«), das 2012 allerdings vorübergehend geschlossen wurde. Gleich daneben zeigt die Galería del Arte wechselnde Ausstellungen einheimischer Künstler.

Auf der Rückseite des Paseo Marítimo verläuft parallel der Paseo de la Moda. Hier kann man sein Geld für bekannte Designermarken, aber auch etwas günstigere Szenemode ausgeben. Gegenüber ziert moderne Kunst von Andrés Allí die Wände, einem viel beachteten Künstler Lanzarotes. Es handelt sich um maritime Werke wie *Nudos* (»Seemannsknoten«) oder *Regata*, die abstrahierte Darstellung eines Segelschiffrennens.

Promenade mit Weitblick

Oberhalb des Hafens lädt eine Promenade mit Palmen zu einem Spaziergang durch das lauschige Grün ein. Nach etwa zehn Minuten sind eine kleine Badebucht und der Beachclub »La Caleta« mit Gourmet-Restaurant erreicht. Der Club gehört zum Hotel »Hesperia« und ist auch von der Promenade aus zugänglich. Hinter der Bucht schwingt sich der Weg über sandige Hügel bis ins benachbarte Playa Quemada, ein Spaziergang von einer Welt in eine andere. Während anderenorts alte Dörfer Nobelherbergen weichen mussten, liegen hier moderner Luxus und ein traditionelles Fischerdorf nahe beieinander.

Infos und Adressen

ESSEN UND TRINKEN

Sushi Bar Minato. Sashimi, Nigir und Magri vom Feinsten mit Blick über den Hafen. Di–So 14–23 Uhr. Edificio Antiguo Varadero, Local 9 B, 1a Planta, Tel. 928 94 21 90, www.sushibarminatolanzarote.com

Puro gusto. In dieser italienischen Focacceria gibt es zu Pizza und ligurischen Fladenbroten eine schöne Aussicht. Edificio Antiguo Varadero, Stockwerk 1a, Tel. 689 08 26 45 www.purogusto.es

Restaurante La Caleta. Gourmetrestaurant mit Beach Club und Meerblick. An der Promenade beim Hotel Hesperia/Urbanisation Cortijo Viejo, Tel. 828 08 08 00 www.hesperia.com

ÜBERNACHTEN

Hotel Hesperia. Fünf-Sterne-Hotel mit Spa und Sportclub, Urbanisation Cortijo Viejo, Tel. 828 08 08 00, www.hesperia.com

Iberostar Costa Calero. Vier-Sterne-Hotel nahe dem Jachthafen mit Spa und Pools in tropischer Gartenanlage. Urbanisation Puerto Calero s/n, Tel. 928 84 95 95, www.hotelcostacalero.com

Gegrillter Tintenfisch

AKTIVITÄTEN

Informationen zum Hafen bietet die Website www.puertocalero.com. Bootsskipper erreichen die Marina unter Tel. 928 51 12 85 oder per Mail unter reservas@puertocalero.com

Catlanza. Mit dem Segelkatamaran zu den Papagayo-Stränden, Tel. 928 51 30 22, www.catlanza.com

Lanzarote a caballo. Regelmäßig Ausritte, auch Dromedarreiten. An der LZ 2, nahe der Ausfahrt Playa Quemada. Tel. 928 83 00 38, www.lanzaroteacaballo.com

Restaurant am Hafen

Oben: Restaurant El Pescador
Unten: Überall blüht die Bougainvillea.

12 Playa Quemada

Fisch essen am »verbrannten Strand«

Auf Stühlen im Lavagestein sitzen und ein kühles Bier oder einen Café con leche trinken. Hinüberklettern zu versteckten Badebuchten mit einem der schönsten Strände der Insel. Fisch essen, während die Abendsonne das heranrollende Meer golden färbt. In Playa Quemada kann man noch träumen und den Rest der Welt dabei vergessen. Braucht es mehr zum Leben? Über diese Frage haben hier schon einige sinniert.

Nach einigen Kilometern Sand- und Felspiste taucht das Dorf auf – weiße Häuserwürfel in der kargen Landschaft. Dahinter weitet sich der Atlantik, im Westen erhebt sich schützend das Ajaches-Gebirge. Playa Quemada liegt an der Küstenlinie nur rund zweieinhalb Kilometer von Puerto Calero entfernt, und doch bietet sich ein völlig anderes Bild. Die wenigen kleinen Boote gehören Fischern, die ihren Fang meist zur Selbstversorgung einfahren. Das Mauerwerk mancher Häuser ist abgeblättert, der schwarze Strand rau. Steinig und fast verkohlt sieht er aus. So kam der Ort zu seinem Namen: Playa Quemada – »verbrannter Strand«. Den Anblick hinterließ die Lava, die ihn im 18. Jahrhundert überströmte.

Fisch vom Feinsten

Der Strand verläuft direkt vor den Häusern der Einheimischen, dazwischen liegen die Terrassen einiger Restaurants, die Grund genug sind, hierher zu kommen: Es gibt Fisch vom Feinsten und dazu eine Kulisse, in der es gleich doppelt gut schmeckt.

Blick auf Playa Quemada

Das Meer spürt man hier, wie es ist, einfach und doch reich. Vor der großen Terrasse des Restaurants »El Pescador«, die hinter der Mauer liegt, stehen drei Tische mit Plastikstühlen, davor gurgelt die Brandung. Ein wunderbarer Ort. Die Küche ist solide. Wenige Häuser weiter liegen das stilvoll eingerichtete »Salmarina« und etwas verborgen im hinteren Ortsteil das bei Inselkennern beliebte Restaurant »7 Islas«.

Playa de la Arena

Mit seinem groben Kies und rutschigen Steinen eignet sich der Strand von Playa Quemada nur bedingt zum Baden. Es gibt jedoch eine wunderschöne Alternative: Hinter den Felsen am östlichen Ende des Strands verbirgt sich die benachbarte Playa de la Arena mit feinerem schwarzen Sand. Geschützt durch das Ajaches-Gebirge zählt sie zu Lanzarotes schönsten Stränden. Beim Schnorcheln gibt es viel zu sehen. Wegen der versteckten Lage kommen vor allem Einheimische an ihren freien Tagen hierher.

AUTORENTIPP!

7 ISLAS

Weil es nicht unmittelbar am Wasser liegt wie die anderen Fischrestaurants in Playa Quemada, geht das »7 Islas« ein wenig unter. Dabei hat man von der erhöhten Terrasse auch einen schönen Blick über das Meer, und in dem familiengeführten Restaurant fühlt man sich schnell wie zu Hause. Auf der Karte stehen neben frischem Fisch kanarische Spezialitäten, z. B. verschiedene *arrozes* (»Reisgerichte«).

Im kleinen Innenraum mit Bar ist es gemütlich, an den Wänden hängen Aquarelle mit Vulkanlandschaften von Sigrid Braun-Umbach. Die Berliner Künstlerin gibt auf Lanzarote regelmäßig Kurse und Workshops (Kontakt www.artou.de/kuenstler/sigrid-braun-umbach).

7 Islas. Tgl. außer Fr 12–21 Uhr, Av Marítima 4, Tel. 928 17 32 49.

Bei Ebbe ist die Playa de la Arena entlang der Küste zu erreichen, ein Stück geht es über vorspringende Basaltfelsen. Bei Flut ist dieser Weg nicht passierbar. Eine Alternative ist der Weg über den Hügel: Ab dem vorletzten Haus am Strand von Playa Quemada folgt man dem Schotterweg hinauf zu den höher gelegenen Häusern und hält sich an der kleinen Straße links. In der Ecke einer Steinmauer kennzeichnet ein Schild mit der Aufschrift »Monumento Natural Los Ajaches« die Grenze des geschützten Gebirgszugs. Hier beginnt der Wanderpfad, der über den Hügel und dann hinab zum Strand führt.

Wandern bis zu den Papagayo-Stränden

Oberhalb der Playa de la Arena führt der Wanderweg im Zickzack weiter über die Berge. Von der Anhöhe bietet sich ein fantastischer Ausblick über die Küste und die Playa Quemada bis nach Puerto del Carmen. Nach insgesamt etwa einer Dreiviertelstunde entdeckt man eine weitere kleine Strandbucht, die Playa del Pozo. Sie liegt an der Mündung der Schlucht Barranco del Higueral. Eine mystisch anmutende Gegend, die Esoteriker und Parawissenschaftler zu den wildesten Theorien inspiriert hat. An einer Stelle soll von oben ein gut 100 Meter langes, pfeilförmiges Bodenbild erkennbar sein, dessen Ursprung ungeklärt ist. Am Barranco de la Casita führt der Weg auch an einem kleinen Garten und einer »Opferstätte« vorbei, an der schon zahlreiche Wanderer eine Gabe hinterließen. Wer von all den Eindrücken wie gebannt ist und auch gut zu Fuß, kann die Küstenwanderung durch mehrere weitere Schluchten fortsetzen: Es geht noch weiter bis an die Papagayo-Strände vor Playa Blanca (rund vier Std. Wanderzeit). Von dort gibt es eine regelmäßige Busverbindung zurück Richtung Arrecife.

Wanderer mit Hunden
S. 82 oben: Restaurant am Strand
S. 82 unten: Die Fenster nahe dem Meer sind sonst blau lackiert.

Infos und Adressen

ESSEN UND TRINKEN

7 Islas. Tgl. außer Fr 12–21 Uhr, Av. Marítima 4, Tel. 928 17 32 49

Casa Tino. Spezialität ist Dorade im Salzmantel. Playa s/n, Tel. 928 17 73 07

El Pescador. Solide und gemütlich. Der Fisch ist frisch, wie es sich für Playa Quemada gehört. Tipp: Die Paella probieren. Av. Marítima 21, Tel. 648 17 30 40.

Salmarina. Vom Ambiente her das schickste Restaurant am Platz. Auch ausgefallene Fischgerichte sowie eine Auswahl kanarischer Fleischgerichte. Av. Marítima 13, Tel. 928 17 35 62, www.salmarinarestaurante.com

Oben: Landschaftskunstwerk La Geria
Unten: Besonders die Weißweine überzeugen.

13 La Geria
Weinanbau in der Lavalandschaft

Wohl jeder, der zum ersten Mal die Gegend zwischen Mozaga, Uga und Mancha Blanca durchfährt, gerät ins Staunen. Tausende trichterförmige Mulden reihen sich an den schwarzen Flanken der Vulkankegel, symmetrisch angeordnet, mit Grün im Zentrum. Wahre Kunst, die den Weinbauern ihre Existenz sichert und manch preisgekrönten Tropfen beschert.

Die Vulkanausbrüche von 1730–1736 verwandelten die fruchtbare Region in ein Land aus Stein und Asche. Es schien, als sei hier kein Anbau mehr möglich. Eine dicke Schicht aus Lapilli bedeckte den Boden – so heißen die kleineren Lavakiesel, -brocken und Schlacken, die bei den Vulkaneruptionen herausgeschleudert werden. Das Substrat wird auf Lanzarote auch als Picón bezeichnet.

Lapilli: Eine besondere Anbaumethode

Die Lanzaroteños haderten nicht lange mit ihrem Schicksal. Sie gruben Trichter in die Lapilli-Schicht, bis sie den Mutterboden erreichten, der die Wurzeln der Pflanze mit Nährstoffen versorgen konnte. Dabei machten sie eine besondere Entdeckung: Das darüber liegende Vulkansubstrat speichert die Feuchtigkeit, die sich nachts mit dem Tau über das Land legt, und gibt sie dann allmählich an das Erdreich ab. So wird eine konstante Bewässerung sichergestellt. Zugleich schützt der Picón den Boden vor dem Austrocknen. Die Bedingungen für den Weinbau waren also besser als zuvor.

Bereits wenige Jahrzehnte nach der Katastrophe gediehen die ersten Reben in den Trichtern, die zum Schutz vor Wind mit halbkreisförmigen *zocos* (kleine Steinmauern) umgeben wurden. Um die Vertiefungen zu graben, wurden traditionell Dromedare eingesetzt, die im Kreis liefen und eine Schaufel hinter sich herzogen. Immer mehr Bodegas entstanden. Das 1994 unter Naturschutz gestellte La Geria verwandelte sich in ein Landwirtschaftsgebiet von ausgesprochener Schönheit. Weil die Bedingungen keinen Einsatz von Maschinen erlauben, werden bis heute alle Arbeiten manuell ausgeführt.

Lanzarotes Winzer hatten doppeltes Glück, denn aufgrund der abgeschiedenen Lage im Atlantik blieben die Kanarischen Inseln an der Wende vom 19. zum 20. Jahrhundert von der Reblausplage verschont. Für die Winzer hat es den Vorteil, dass ihre Reben wurzelecht sind, also auf ihren eigenen Wurzeln angebaut werden. Anders als ihre Kollegen vom Festland brauchen sie nicht auf die amerikanische Pfropfrebe zurückgreifen, die gegen die Reblaus resistent ist. Die Reben auf Lanzarote sind daher langlebiger und reiner, was ihre önologischen Eigenschaften verbessert. Preisgekrönt sind insbesondere viele der Malvasía-Weine der ansässigen Bodegas.

Weinstraße von Mozaga nach Uga

Weine aus La Geria gelten als die besten der Kanarischen Inseln. Ganz besonders die Weißweine, die bereits vor Jahrhunderten auf Lanzarote angebaut wurden, während Rosé- und Rotweine erst wesentlich später hinzukamen. Angebaut wird vor allem die Rebsorte Malvasía, die zu trockenen, halbtrockenen und süßen Weinen gekeltert wird. Fast golden leuchtet das Ergebnis im Glas und der

AUTORENTIPP!

MODERNE UND HISTORISCHE BODEGAS

Wer genügend Zeit mitbringt, sollte die Gelegenheit nutzen, verschiedene Weingüter zu besichtigen. So haben die alteingesessenen Bodegas einen ganz eigenen Charme, während etwa die moderne Kellerei Stratvs in architektonischer Hinsicht etwas Besonderes ist. Verwundert sieht der Besucher zunächst kaum mehr als eine Finca mit windschiefen Bäumen davor. Der Großteil der Bodega versteckt sich dahinter. Die Produktionsanlagen und alle anderen Einrichtungen wurden in einen Vulkanstollen hineingebaut. Im Kontrast dazu stehen moderne Technologien mit computergesteuerten Gärprozessen.
In den traditionellen Bodegas wiederum sind alte Weinpressen und andere Gerätschaften ausgestellt, und in den Gemäuern weht der Wind vergangener Jahrhunderte. Auch um die Vielfalt der Inselweine kennenzulernen, sind mehrere Stopps an der Weinroute zu empfehlen.

Bodega Stratvs. Crta. de La Geria, LZ 30, Km18. Tel. 928 80 99 77, www.stratvs.com

AUTORENTIPP!

ESSEN IN DER BODEGA EL CHUPADERO

Wer einfach nur genießen möchte, sollte schon vor den Weingütern des Weilers La Geria links abbiegen: Dahinter liegt etwas verborgen das Lokal »Bodega El Chupadero«, geführt von Barbara Hendriks aus Deutschland. Hier werden keine eigenen Weine produziert, doch man sitzt wunderschön auf der Terrasse mitten im Anbaugebiet. Auf den Tisch kommen Weine aus der Nachbarschaft (z. B. von Rubicón und Stratvs) und besondere Tapas, darunter auch Crêpes mit Kaktusmarmelade. Es gibt ein kleines Gästehaus und manchmal Live-Musik (Jazz, Funk, Soul, Weltmusik und Klassik).

Bodega El Chupadero. Di–So ab 11 Uhr (Küche 12–22.30 Uhr). La Geria 3 (Abzweigung der LZ 30 nahe der großen Bodegas Rubicón und La Geria), Tel. 928 17 31 15, www.el-chupadero.com

Geschmack zeugt von ewiger Sonne. Auch den Dessertwein Moscatel, gewonnen aus Muskateller-Trauben, findet man in vielen Kellereien.

Rund 50 Quadratkilometer groß ist die Kulturlandschaft, in der sich zahlreiche Bodegas angesiedelt haben. Die meisten befinden sich an der auch »Weinroute« genannten Straße zwischen Mozaga und Uga. Weitere sind zwischen Mancha Blanca und Tiagua zu finden.

Bodega mit Museum und Bibliothek

Wer die älteste Bodega der Kanarischen Inseln sucht, braucht nur nach der höchsten Palme Ausschau zu halten. Sie steht bei einem Gehöft am östlichen Ende des Anbaugebiets, nahe dem Dorf Masdache. Auf dem Stück Steinmauer, das als Schild an der Einfahrt dient, weist ein Greif (*grifo*) den Weg. Das Wappentier, das auch auf den Weinflaschen schnell ins Auge fällt, gestaltete César Manrique als Symbol des Familienbetriebs.

Die Bodega El Grifo wurde 1775 gegründet. Mindestens genauso alt ist die besagte Palme, die auch die Restaurierungsarbeiten in den 1990er-Jahren überlebte. Das alte Anwesen hat seinen Charakter bewahrt, mit dicken Wänden aus Lavasteinen, Lehmverputz und Holzbalken, die zum Teil von Schiffswracks stammen. Wie gewachsen integriert sich die Weinkellerei in die Vulkanlandschaft. Rund 400 000 Liter werden hier jährlich abgefüllt. Die Brüder Juan José und Fermín Otamendi Rodríguez-Bethencourt betreiben das Geschäft in fünfter Generation. Sie gehören zu einer der beiden Familien, denen die Bodega bereits im 18. Jahrhundert gehörte. Einblicke in die Tradition des Anbaus gewährt ein kleines Weinmuseum, das im Jahr 1995 eröffnet wurde.

Bodegas an der Weinstraße

Ⓐ **Bodega Mozaga** – Mit einem Abfüllvolumen von 1,2 Millionen Litern ist die Bodega von 1880 die wohl größte Weinkellerei Lanzarotes.

Ⓑ **El Grifo** – Die älteste Bodega der Kanaren bietet urige Atmosphäre und Kostproben vielfach preisgekrönter Weine. Sehenswert ist auch das Weinmuseum.

Ⓒ **Bodegas Barreto** – Zweigstelle in Masdache, an der Weinstraße seit 1959. Das Stammhaus besteht bereits seit mehr als 100 Jahren und befindet sich in San Bartolomé. Schlicht, aber lohnend. Eine der alteingesessenen Bodegas. Das Anwesen stammt aus dem 19. Jahrhundert.

Ⓓ **Castillo de Guanapay** – Eine noch junge Bodega in La Asomada (bei Macher), gegründet 1997 in den ehemaligen Kellereien von Nicholás de Paiz. Abfüllvolumen: 160 000 Flaschen.

Ⓔ **Bodega Stratvs** – Die Edelbodega lohnt wegen ihrer einmaligen Architektur und bildet mit High-Tech-Anlagen einen Kontrast zur Tradition der alteingesessenen Weingüter.

Ⓕ **Bodegas Rubicón** – Eine der bekanntesten Kellereien Lanzarotes in herrlicher Lage. Stilvolles Restaurant mit Terrasse unter Eukalyptusbäumen.

Ⓖ **Bodega La Geria** – Direkt gegenüber Rubicón. Besichtigung und Direktverkauf. Kapazität 450 000 Liter.

Ⓗ **Bodega El Chupadero** – Ausflugslokal mit Gästehaus unter deutscher Leitung. Man sitzt wunderschön auf der Terrasse mit Blick auf das Anbaugebiet.

Ⓘ **Bodegas Reymar** – Nicht direkt an der Weinstraße, sondern im nahen Dorf Mancha Blanca (gegenüber der Kirche). Sie wurde 1995 von den Gebrüdern Perdomo gegründet und hat bereits mehrere Preise gewonnen. Mit einem Abfüllvolumen von rund 30 000 Flaschen eine der kleineren Kellereien.

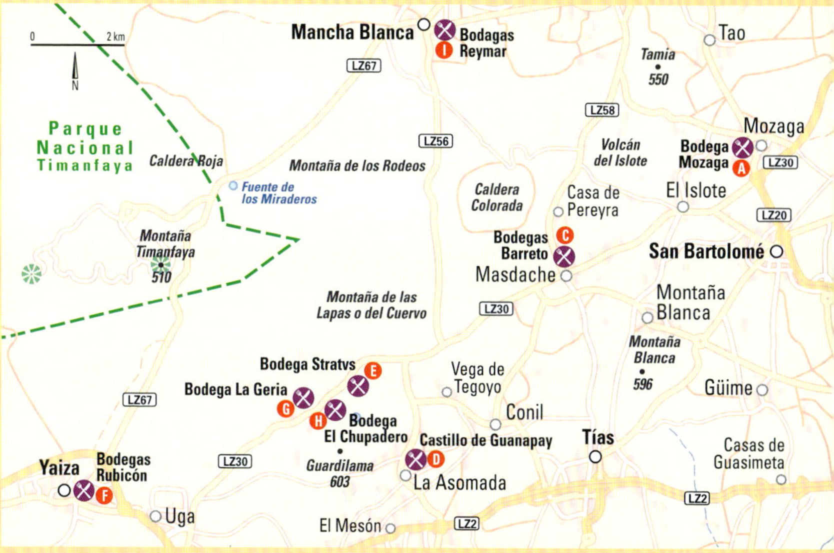

Oben: Bodega La Geria
Mitte: Eine alte Weinpresse
Unten: Korken im Weinmuseum El Grifo
S. 90 oben: Weinanbaugebiet La Geria
S. 90 unten: Weinmuseum El Grifo

Im Museum sind Gerätschaften aus dem 19. Jahrhundert ausgestellt, darunter Pumpen, Erntekörbe, Weinpressen, Destillierkolben sowie eine stillgelegte Abfüllanlage. Etwas ganz Besonderes ist die hauseigene Bibliothek mit rund 5000 Werken zum Thema Wein. Der Schriftsteller José Hierro eröffnete sie 1998. Zum 225. Jubiläum der Weinkellerei trug sich der Literaturnobelpreisträger José Saramago ins Gästebuch ein.

Stratvs: Hightech im Lavastollen

Zwischen den vielen Traditionsbetrieben fällt der Name Stratvs (gesprochen »Stratus«) auf. Die Weine der erst im Mai 2008 eröffneten Bodega sind schon in vieler Munde, sicherlich auch, weil der Gründer viel Geld in die Kellerei investierte. Sie gehört dem Tourismusunternehmer Juan Francisco Rosa. Die gut betuchte Familie betreibt das Luxushotel Princesa Yaiza in Playa Blanca und unterhält u.a. eine Meisterzucht andalusischer Rennpferde. Rosa investierte mehr als 18 Millionen Euro, um die Bodega Stratvs zur neuen Touristenattraktion und modernsten Weinkellerei Europas zu gestalten.

Nicht alle Inselbewohner sind den Aktivitäten des mächtigen Wettbewerbers wohlgesonnen. Stratvs selbst betont, bei der architektonischen Gestaltung der Bodega Rücksicht auf den Landschaftswert der Region und des Naturschutzgebiets genommen zu haben. Die Bodega mit einer Produktionsfläche von 2500 Quadratmetern wurde an der Schlucht Barranco del Obispo errichtet, wobei man die Gemäuer eines alten Bauernhofes nutzte. Auf dem Gelände ist der Querschnitt eines Anbautrichters zu sehen, der die verschiedenen Bodenschichten zeigt.

Eindrucksvolle Trichterlandschaft

Besonders eindrucksvoll präsentiert sich die Weinstraße in den letzten Kilometern vor Uga. Zur rechten Seite grenzt sie unmittelbar an den Naturpark Los Volcanes, zur linken zeigen sich bereits die Ausläufer des Ajaches-Gebirges. Die Landschaft wird abwechslungsreicher, Vulkanhügel rücken an die Straße heran, die Flanken sind übersät mit Trichterfeldern. Bald lädt eine Parkbucht zum Anhalten ein: Hier bieten sich die schönsten Ausblicke.

Nach wenigen hundert Metern ist La Geria erreicht, der namensgebende Ort des Anbaugebiets. Der Weiler besteht im Wesentlichen aus zwei großen Bodegas, deren Parkplätze auch Reisebussen Platz bieten. Ihre Lage und ihr stilvolles Ambiente ziehen Lanzarote-Besucher magisch an. Die »Bodega Rubicón« zählt zu den ältesten Kellereien der Insel. Das Haupthaus besteht bereits seit dem 17. Jahrhundert, also noch aus der Zeit vor den letzten Vulkanausbrüchen. Auf der lauschigen Terrasse werden einfache Tapas serviert, trotz der Bekanntheit entsteht nicht der Eindruck von Massenabfertigung. Direkt gegenüber, vor dem Berg Guardilama, liegt die »Bodega La Geria« in einem hübschen Anwesen aus dem 19. Jahrhundert. Zwischen den beiden Bodegas verströmt die Kapelle Ermita de la Caridad etwas Dorfatmosphäre.

AUTORENTIPP!

WANDERUNGEN MIT WEINPROBE

Viele kommen allein wegen der Bodegas nach La Geria. Doch man sollte die Kellereien nicht einfach nur mit dem Mietwagen oder Reisebus ansteuern, um dann wieder ins Hotel zu fahren. Am schönsten lässt sich die kultivierte Lavalandschaft bei einer Wanderung erschließen. Überwältigend ist z. B. der Ausblick vom Gipfel der Montaña de Guardilama (603 m).
»Lanzatrekk« bietet geführte Touren durch das Anbaugebiet an, auf denen der Weinanbau auf Lanzarote erklärt wird. Zum Programm gehört eine Tour von Asomada nach Uga, die mit einer Strecke von fünf Kilometern und nur geringen Höhenunterschieden auch für Ungeübte leicht zu schaffen ist. Höhepunkte sind ein Besuch auf dem Bauernmarkt in Uga und die Einkehr in der Bodega Rubicón (mit Weinprobe). Alternativ gibt es auch eine Rundwanderung (3,5 Std.) mit Aufstieg auf den Guardilama.

Buchungen über
www.lanzatrekk.com

Nach der Wanderung schmeckt der Wein besonders gut.

EL GRIFO
MUSEO
DEL VINO

Infos und Adressen

ÜBERNACHTEN

Casa Tomarén. Finca-Hotel mit Pool und Wellness-Angebot (Yoga, Massagen). Calle El Parral 144, 35 555 San Bartolomé, Tel. 928 52 26 18, www.tomaren.com

Casa Calma y El Nido. Der Name ist Programm: Ruhiges Wohnen auf dem Campo, unter der Leitung von Claudia Driess. La Florida 18, 35 555 San Bartolomé, Tel. und Fax 928 52 20 47, info@casa-calma.com

El Chupadero. Die Finca-Bodega bietet auch schöne Übernachtungsmöglichkeiten in reizvoller Lage. La Geria 3, 35 570 Yaiza, Tel. und Fax 928 17 31 15, www.el-chupadero.com

ESSEN UND TRINKEN

Bodega El Chupadero. Das Lokal serviert Weine aus der Nachbarschaft und leckere Tapas. Crt. de la Geria 3 (Abzweigung der LZ 30 nahe den großen Bodegas Rubicón und La Geria), Tel. 928 17 31 15, www.el-chupadero.com

AKTIVITÄTEN

Folgende Bodegas an Lanzarotes Weinstraße (s. Karte) lohnen eine Besichtigung und bieten Weinproben an.

Bodega Mozaga. Familientradition seit 1880. Tgl. 8.30–18 Uhr. Ctra./Arrecife-Tinajo km 8.

El Grifo. Die urige Bodega gilt als älteste der Kanaren. Ein Weinmuseum erinnert an die Geschichte des Weinbaus. Tgl. 10.30–19 Uhr (Führung in den aktuellen Weinkeller nur Mo–Fr um 11.30 Uhr). Führungen Weinmuseum und Weingarten Mo–Fr 12 und 16 Uhr, Sa/So 11.30 und 16 Uhr. LZ 30, Km 11, San Bartolomé, Tel. 928 52 49 51, www.elgrifo.com

Bodega Barreto. Über 100 Jahre alte Bodega mit Zweigstelle in Masdache. Carreterra de la Geria, Km 11.3 (Masdache) Tel.: 687 88 15 09.

Castillo de Guanapay. Moderne Bodega aus den 1990er-Jahren mit großer Abfüllanlage. Calle La Asomada 39.

Bodega Stratvs. Crta. de La Geria, LZ 30, km 18. Tel. 928 80 99 77, www.stratvs.com

Bodega Rubicón. Seit 1979 stellt Familie Germán López hier Wein her. Lange nutzte sie noch die traditionellen Holzpressen, die nun in den Ausstellungsräumen zu bewundern sind. Crta. de La Geria, LZ 30, Km 19, Tel. 928 17 37 08, www.vinosrubicon.com

Bodega La Geria. Crta. de La Geria, LZ 30, Km 19, Tel. 928 17 31 78, www.lageria.com

Bodega Reymar. Moderne Kellerei mit kleinem Abfüllvolumen. Calle Virgen de los Dolores 19, Tel. 928 84 07 37.

Restaurant Bodega Stratvs

Oben: Iglesia de San Isidro Labrador
Unten: Blick auf Uga

14 Uga
Idylle mit Dromedar-Verkehr

Das Dorf am Ende der Weinstraße ist vor allem für zwei Dinge bekannt: Dromedare und Ringkämpfer. Die einen werden hier gezüchtet, die anderen für den Traditionssport ›Lucha Canaria‹ ausgebildet. Auch einige Künstler haben Uga gewählt, um sich in Ruhe dem kreativen Schaffen zu widmen.

Uga ist vor allem ein Wohnort, aber ein sehr hübscher. Viele der weißen Häuserwürfel sind nur auf den ersten Blick von schlichter Architektur, im Vorbeigehen entdeckt man zahlreiche Details wie marokkanisch anmutende Kamine, kleine Erker und schmucke Balkone. Dazwischen, wie kleine Oasen, bunt bepflanzte Gärten und die kleine Kirche Iglesia de San Isidro Labrador. Das Dorffest zu Ehren des Schutzheiligen wird jährlich am 15. Mai gefeiert. Den schön angelegten Kirchplatz gestaltete César Manriques langjähriger Freund und Mitstreiter Luis Ibáñez.

Vorsicht, Dromedare!

An der Hauptstraße Richtung Yaiza/Playa Blanca gab es lange ein besonderes Verkehrszeichen: »Vorsicht, Dromedare!«, mahnte das rote Dreieck mit dem Höckertier in der Mitte. Hier zieht die Karawane vorbei, die täglich die rund vier Kilometer lange Strecke zur Dromedar-Reitstation in den Feuerbergen zurücklegt. Lange Zeit überquerte sie die Straße. Um nicht unnötig den Verkehr zu blockieren, wurde inzwischen ein mit Solarzellen beleuchteter Tunnel für die Dromedare eingerichtet. Zuvor müssen die Tiere jedoch einmal die weniger stark befahrene LZ 67 überqueren, die

Die Karawane zieht vorbei.

Richtung Timanfaya führt. Am Knotenpunkt der beiden Straßen (Ortsausgang Yaiza Richtung Nationalpark) kommt der Autofluss daher noch immer regelmäßig zum Stillstand. Weil es so schön aussieht, beschwert sich in der Regel niemand. Von dort marschieren die Tiere gemächlich zu ihren Ställen in Uga.

Die Farm befindet sich am Ortsausgang Richtung Yaiza, in der Nähe der Fischräucherei. Dort ist übrigens frischer Lachs erhältlich, der allerdings nicht aus den küstennahen Gewässern stammt, sondern aus Ländern wie Norwegen importiert wurde. Weil er in der »Ahumaderia« von Hand geräuchert wird, ist sie dennoch eine beliebte Einkaufsadresse. Wer Produkte aus der Region kaufen möchte, sollte den Bauernmarkt in Uga besuchen (an den Vormittagen der Wochenenden).

Bodega Uga und Casa Gregorio

Auch die »Bodega Uga« befindet sich direkt an der Hauptstraße, was man allerdings kaum sieht, da

AUTORENTIPP!

CERÁMICA UGA

Das Label »Artesanía de Lanzarote« darf nur Kunsthandwerk tragen, das in Handarbeit auf der Insel gefertigt wurde. Zu erkennen ist es am Hand-Symbol und dem weißen Schriftzug auf schwarzen Grund. Inseltypische Töpferwaren verkaufen Mara und Tino in ihrer Keramikwerkstatt »Cerámica Uga«. Seit 25 Jahren lebt und arbeitet das Künstlerpaar in seinem Atelier in der Calle Agachadilla. Die Tür steht Besuchern meist offen. Ihre Keramik ist zwar auch in den Touristenzentren und auf einigen Märkten der Insel erhältlich, aber es lohnt, in ihrer Werkstatt vorbeizuschauen. Interessierte können bei der Arbeit zusehen und dürfen eigene Gestaltungswünsche äußern. Im Atelier hängen alte Fotos und Schautafeln mit Erklärungen (auf Spanisch) zur Handwerkstradition der Töpferei auf Lanzarote, die sich bis zu den Ureinwohnern zurückverfolgen lässt.

Cerámica Uga. Tgl. tagsüber geöffnet. Calle Agachadilla 1 (am südöstlichen Ortsausgang, nahe der Abzweigung von der Weinstraße La Geria – LZ 30), Tel. 928 83 01 11.

sie sich hinter einer Reihe Palmen verbirgt. Auch Prominenz kehrt gern hier ein. Sogar die spanische Königsfamilie soll hier schon gespeist haben. Das Essen wurde schon vielfach gelobt, über die hohen Preise jedoch auch viel geschimpft, vor allem, weil keine Karte ausliegt. Wer sich nicht zuvor nach dem Preis erkundigt, kann also eine Überraschung erleben. Um die Bodega schnell zu finden, sollte man nach dem Schild am Kilometer 19 Ausschau halten (nahe einer großen Kreuzung). Man kann aber auch in das Dorf abbiegen, um ein anderes empfehlenswertes Restaurant zu besuchen, die »Casa Gregorio«. Es befindet sich in einem Eckgebäude nahe der Kirche (eine Parallelstraße weiter). Hier erwartet die Gäste solide kanarische Küche zu günstigen Preisen.

Das »Pollo von Uga«

Bekannt ist Uga auch für seine Ringkampfschule. Hier wurden schon so einige Größen des Volkssports *Lucha Canaria* (s. S. 184) ausgebildet. In die Geschichte Lanzarotes ging Joaquín María de Los Remedios Rodríguez y Cabrera ein, der in den 1930er-Jahren zum ersten »Pollo von Uga« gekürt wurde. *Pollo* (»Hähnchen«) darf sich der jeweils beste *luchador* (»Ringkämpfer«) des Dorfs nennen. Joaquín María wurde am 17. Juli 1895 in Uga geboren und starb dort mit 64 Jahren. In den 1920er-Jahren war er einer der siegreichsten Kämpfer der Kanarischen Inseln.

Oben: Lucha Canaria
Unten: Hier schmeckt das Essen: Casa Gregorio
S. 94: Finca in Uga

Infos und Adressen

ESSEN UND TRINKEN

Casa Gregorio. Kanarische Küche. Beliebtes Traditionsrestaurant. Hausgemachtes Gofio und andere klassische Gerichte. Calle La Pardelera 1, Tel. 928 83 01 08

Bodega Uga. Herrliche Terrasse, aber nicht gerade preisgünstig. Carretera Gral de Uga, Tel. 928 83 01 47.

S. 96/97: Die Dromedarkarawane bei Uga lässt orientalische Stimmung aufkommen.
Oben: Centro de Artesanía
Unten: In der Kirche von Yaiza

15 Yaiza

Schmuckes Dorf am Rand der Feuerberge

Lanzarote hat viele schöne Dörfer, aber in Yaiza leuchten die Mauern noch weißer und die Farben kräftiger, so scheint es zumindest. Vielleicht ist es auch die Lage zwischen dem Ajaches-Gebirge und den Vulkanen des Naturparks. Einen Besuch in Yaiza sollte sich niemand entgehen lassen. Allein schon wegen des legendären Finca-Restaurants »La Era«.

Yaiza gilt als besonders schmuck und gepflegt und wird gar als »das schönste Dorf Spaniens« beschrieben. Nur: Auch Teguise in der Inselmitte und Haría im Norden sind attraktiv. Es ist also eine andere, besondere Art von Schönheit, die man in Yaiza vorfindet, wohl auch, weil es noch ein wenig ruhiger und dörflicher zugeht. Es ist Verwaltungsitz der südlichsten Inselgemeinde und beherbergt rund 700 Einwohner, darunter viele ausländische Residenten. Touristische Einkaufszentren oder Wochenmärkte gibt es nicht, dafür Kunstausstellungen und ländliche Gästehäuser für gehobene Ansprüche.

Plaza de los Remedios

Yaiza umgarnt Besucher auf den ersten Blick mit seinem Charme. Das kleine weiße Häusermeer mit viel Grün und stimmiger Symmetrie breitet sich einladend im Tal aus. Man möchte einfach nur anhalten und ein wenig herumspazieren oder einen Kaffee trinken, was sich als gute Idee erweist. Selbstverständlich gibt es auch einen zentralen Dorfplatz mit Kirche, auf dem häufig Kinder spielen: Die Plaza de los Remedios unterteilt sich in eine kleine lauschige *plazita* vor dem Rathaus und einen größeren Kirchvorplatz. Das Gotteshaus Nuestra Señora de los Remedios wurde ab 1670 errichtet und in den 1990er-Jahren restauriert, wobei zwei Ölgemälde aus den späten 18. Jahrhundert erhalten werden konnten, die sich im linken Seitenschiff befinden. Das Basaltgestein der tragenden Rundsäulen stammt aus dem Ajaches-Gebirge. Zu Ehren der gleichnamigen Schutzpatronin gibt es jährlich zum 8. September eine große Fiesta: Bereits die ganze Woche vorher wird gefeiert. Wer zu dieser Zeit auf der Insel ist, sollte sich dieses Ereignis nicht entgehen lassen.

Im 18. Jahrhundert schrieb ein Pfarrer von Yaiza wortwörtlich Geschichte: Andrés Lorenzo Curbelo dokumentierte den genauen Hergang der Vulkanausbrüche zwischen 1730 und 1736 in seinem Tagebuch. Das Dorf liegt am Rand des Gebiets, das damals unter den Lavamassen begraben wurde und den heutigen Nationalpark Timanfaya bildet. Eine Gedenktafel erinnert in Yaiza an den Pfarrer. Sie steht in der Avenida del Rubicón, am unteren Hang der Montaña de la Cinta. Auf diesen Berg war der Geistliche geflüchtet, um den Vulkanausbruch gefahrlos beobachten zu können (s. S. Autorentipp)

Kulturhaus und Kunstgalerie

Auf der anderen Seite des großen Kirchplatzes steht ein schönes Gebäude mit Ziegeldach und Innenhof. Es ist das Geburtshaus von Don Benito Pérez Armas, einem Politiker und Schriftsteller, der von 1871 bis 1937 lebte. Das Anwesen ist ein wunderbares Beispiel für die traditionelle Architektur der Insel. Nach der Restaurierung wurde es am 31. August 1990 offiziell als »Casa de la Cultura« von Yaiza eingeweiht. In den Innenräumen des Kulturzentrums gibt es wechselnde Ausstellungen und Veranstaltungen. Durch das meist offene

AUTORENTIPP!

AUF DEN HAUSBERG MONTAÑA DE LA CINTA

Eine schöne Wandermöglichkeit bietet sich am südöstlichen Ortsausgang von Yaiza. Man biegt am dem Kreisverkehr Richtung Uga/Puerto del Carmen in die Calle el Rincón ein und gelangt zum Hotel »La Casona«. Vom Kirchplatz aus ist es über die Avenida del Rubicón zu erreichen. Hinter dem Hotel führt ein Weg auf Yaizas Hausberg hinauf, die Montaña de la Cinta (439 m). Er ist (ungefähr 200 m weiter ortseinwärts) auch über eine hübsche Steintreppe erreichbar, dabei geht es zunächst durch einen kleinen Park mit Palmen, Schwertaloen und Bougainvillea. Hier steht der weiße Gedenkstein mit der Inschrift, die an die Vulkanausbrüche und den Pfarrer von Yaiza erinnert, der sie dokumentierte.
Durch Terrassenfelder gelangt man zu schönen Aussichtspunkten, die den Blick auf die Feuerberge und schließlich über die Ostküste bis nach Arrecife freigeben. Der letzte Anstieg zum Gipfel ist ziemlich steil und erfordert Trittsicherheit. Ungefähr in einer Stunde hat man ihn erreicht.

Anfahrt über die Avenida del Rubicón bis Hotel »La Casona«, dahinter beginnt der Wanderweg.

Bougainvillea

Portal kann man den schönen, großen Patio betreten, der mit Sitzbänken, einigen Pflanzen und Laternen ansprechend gestaltet wurde.

Ein Stück weiter Richtung Ortsausgang (Straße nach Playa Blanca) befindet sich die »Galería Yaiza«. Der deutsche Künstler »Veno« alias Wilfried Leitz gründete sie gemeinsam mit seiner Frau Friedel im Jahr 1984. Bis zu seinem Tod 1998 nutzte er das Haus auch als Atelier. Hier stellte er seine Werke aus und bot einheimischen Künstlern eine Gelegenheit, ihre zu präsentieren. Neben Malereien zeigt die Galerie plastische Arbeiten und ausdrucksstarke Landschaftsfotografien. Allerdings ist sie nur für zwei Stunden am späten Nachmittag geöffnet.

Tapas seit 1890

An der Durchfahrtsstraße im Dorfzentrum gibt es einige kleinere Geschäfte und Gelegenheiten zum Einkehren. Eine Reihe Barhocker zwischen zwei Türen stehen draußen vor der fensterlosen »Bar Stop«, einem kanarischen Unikum mit einem schlauchförmigen Innenraum. Er besteht im Grunde nur aus einem Tresen, natürlich mit dem in spanischen Kneipen obligatorischen Fernseher. Laut dem Holzschild zwischen den beiden Eingängen werden hier schon seit 1890 Tapas und Wein konsumiert. Wer es authentisch mag, hat nun also einen neuen Lieblingsplatz gefunden.

Yaiza zieht sich in Richtung Playa Blanca weiter in die Länge. Es geht vorbei am *centro de salud* (»Gesundheitszentrum«), einigen größeren Geschäften und dem Grill-Restaurant »El Campo«. Allmählich entfaltet sich das Meer-Panorama, das die Fahrt wert ist. In der Gegenrichtung führt die Straße, sofern man nicht wieder nach Uga abbiegt, direkt in die Feuerberge.

Oben: Skulptur auf dem Marktplatz
Mitte: Kunsthandwerk bietet das Centro de Artesanía
Unten: Casa de la Cultura
S. 101 oben: Bar Stop
S. 101 unten: Im Restaurant La Era

BAR STOP
TAPAS Y VINOS
DESDE 1890

AUTORENTIPP!

CAFÉ CON LECHE MIT PANORAMABLICK

Neben dem Supermarkt in Yaiza befindet sich eine ganz und gar unscheinbare Kneipe mit ein paar Tischen draußen. Sie nennt sich schlicht »Cafeteria Yaiza« und sieht aus wie viele kleinere Tapas-Bars auf Lanzarote. Um so mehr überrascht innen der herrliche Blick auf die Feuerberge, den die Panoramafenster freigeben. Über dem Tresen ist die Wand gepflastert mit Erinnerungsfotos. Die Stimmung ist herzlich, die Preise sind günstig und der *café con leche* schmeckt.

Cafeteria Yaiza. Calle Las Cuestas 3 (kurz vor dem Kreisverkehr Richtung Uga), gegenüber der Bushaltestelle »Supermercado de Yaiza«.

Centro de Artesanía

An der zentralen Kreuzung in Yaiza, dort, wo die Straße Richtung Timanfaya abzweigt, steht ein Haus mit einem großen roten Punkt über einem Fenster, das Centro de Artesanía (»Kunsthandwerkszentrum«). Früher lernten hier die Kinder aus Yaiza noch auf der Schiefertafel Lesen, Schreiben und Rechnen. Der bayerische Unternehmer Klaus Piesch aus Eggenfelden, der schon lange auf Lanzarote lebte, kaufte 1997 das verfallene Schulgebäude, um es zu restaurieren. Alte Fotos und Erzählungen halfen ihm dabei, die Schule so originalgetreu wie möglich wieder herzurichten. Drei Jahre später wurde das neue Kunsthandwerkszentrum eingeweiht, das Klaus Piesch nun zusammen mit seinem Sohn Christian betreibt.

Restaurant La Era

Mitten im modernen Ortsteil von Yaiza erwacht ein Stück altes Lanzarote, das keiner der Lavaströme auszulöschen vermochte. Ein mehr als 300 Jahre altes Landgut inspiriert zu einer Zeitreise ins frühe 18. Jahrhundert. César Manrique restaurierte es in den 1960er-Jahren und verwandelte es in ein Restaurant für traditionelle kanarische Küche.

Nach vorübergehender Schließung hat das »La Era« nun wieder geöffnet. Die Zimmer und der große Innenhof spiegeln die bäuerliche Vergangenheit des herrschaftlichen Wohnhauses wider. In historischen Schränken und an den Wänden sind alte Haushaltsgeräte und Geschirr ausgestellt, gekachelte Wandbilder thematisieren die Tradition des Weinbaus. Eine Ausstellung ohne staubigen Museumscharakter, in der man rustikal und gut essen kann. Serviert werden kanarische Spezialitäten wie geschmortes Zicklein, Gofio, Grillgerichte, Fisch und Meeresfrüchte. In der modern eingerichteten Bar hängen Zeichnungen von Manrique.

Infos und Adressen

ESSEN UND TRINKEN

Restaurante La Era. Original kanarische Küche in einem von Manrique gestalteten historischen Landsitz. Calle el Barranco 3, 35 570 Yaiza, Tel. 928 83 00 16, www.laera.com

El Volcan. Restaurant an der Durchfahrtsstraße (neben der Bar Stop). Plaza Remedios, 4, 35 570 Yaiza, Tel. 928 83 01 56.

Bar Stop. Die winzige Bar ist bei Einheimischen beliebt. Plaza Remedios, 2, 35 570 Yaiza.

ÜBERNACHTEN

Hotel Rural La Casona de Yaiza. Acht schmucke Zimmer im Landhausstil und ein uriges Restaurant. Calle el Rincón 11, 35570 Yaiza, Tel. 928 83 62 62 und 639 71 07 90, www.casonadeyaiza.com

Finca de las Salinas. Romantisches Vier-Sterne-Landhotel mit Spa in Yaiza, auch Suiten. Calle La Cuesta 17, 35570 Yaiza, Tel. 928 83 03 25, www.fincasalinas.com

Castillo-Schlaraffenland. Ferienhaus-Wohnlandschaft im Vulkanfelsen. Mit Pool und Panoramablick. In La Asomada. Buchung über Deutschland: Tel. (0931) 304 23 30, www.castillo-schlaraffenland.de

EINKAUFEN

Galería Yaiza (Mo–Sa 17–19 Uhr, Fei geschl.)

Centro de Artesanía Rund um eine Patio gruppieren sich kleine Läden für Kunsthandwerk, Schmuck, Mode etc. Eine Bar stellt Werke einheimischer Künstler aus. Auf der Caféterrasse im hinteren Innenhof sitzt man windgeschützt. Ortsmitte Yaiza an der Kreuzung (Straße Richtung Timanfaya) Tel.: 619 60 93 26.

Kunsthandwerk im Centro de Artesanía

Oben: Ermita de San Marcial
Unten: Das Dorf bettet sich ins Tal des Ajaches-Massivs.

16 Femés

Panorama, Wanderwege und eine Ziegenkäserei

Femés hat alles, was zu einem typischen Bergdorf gehört. In Spanien erlangte es durch den tragischen Roman ›Mararía‹ von Rafael Arozarena Berühmtheit, der 2009 ins Deutsche übersetzt wurde. Ein wenig spürt man noch den Wind der Einsamkeit, der durch diese Geschichte weht.

»Vor mir, in einiger Ferne, tauchten unversehens zwei höhere Berge auf. Ich glaube, der Atalaya und der Tinazor. Weiß und ockerfarben stiegen sie beide, wie irrtümlich, zum Himmel empor, wo ihnen, ähnlich dem Turm zu Babel, Einhalt geboten wurde. Ihre Flanken bilden ein V, in dem Femés wie in einer Hängematte zu schlafen scheint.« Mit diesen Worten beschreibt der kanarische Schriftsteller Rafael Arozarena das kleine Bergdorf im Süden Lanzarotes in seinem 1973 erschienene Roman *Mararía*. Es ist die Sicht eines ankommenden Reisenden, und obwohl die Geschichte in den 1930er-Jahren spielt, könnte man den Anblick des Dorfs noch heute genauso beschreiben. Es bettet sich in den höchsten Lagen des Ajaches-Gebirges, als habe es vor, dort für immer zu schlafen. Erst aus der Nähe erkennt man die Zeichen der heutigen Zeit: einige renovierte Gebäude und Restaurants, die auf Touristen eingestellt sind.

Las Casitas de Femés

Von Uga oder Tías aus führt die Straße zunächst durch den winzigen Vorort Casitas de Femés. Ein Privathaus auf der rechten Seite veranlasst zum Bremsen, man muss einfach die skurrile Dekoration auf sich wirken lassen. Wände und Garten sind über und über mit Fundstücken geschmückt, hinter dem Haus steht ein ausrangierter Militärhubschrauber. Der Besitzer hat offenbar Humor: Auf einem Holzschild steht der Name »Casa tipica«. Ein typisches Haus eben.

Auf der anderen Straßenseite wächst eine Reihe auffallend hoher Kiefern, ungewöhnlich für die fast baumlose Insel. Sie begrünen eine Anlage, die zum Herumspazieren einlädt, schön gestaltet mit Lavasteinmauern und einem Spielplatz. Hier kann man in der Sonne sitzen, ein mitgebrachtes *bocadillo* (Belegtes Brot) auspacken und sich ausruhen. In der nahen kleinen Kunstgalerie (tgl. 11–20.30 Uhr) stellen Luciano Martín und andere einheimische Künstler aus.

Balcón de Femés

Von Las Casitas sind es noch drei Kilometer bis Femés mit seinem kleinen sehenswerten Zentrum. Wobei von zentral nicht die Rede sein kann, denn hinter dem Kirchplatz bricht das Land schlagartig ab. Hier eröffnet der Aussichtspunkt Balcón de Femés einen traumhaften Blick über die Rubicón-Ebene bis nach Playa Blanca. Sogar die Nachbarinseln Los Lobos und Fuerteventura sind gut zu erkennen. Den Ausblick kann man auch in zwei Restaurants genießen, deren Küche allerdings vergleichsweise bescheiden ausfällt.

Ermita de San Marcial

In blitzblankem Weiß erstrahlt die Plaza de Femés mit der Dorfkirche Ermita de San Marcial de Rubicón, die einer Inschrift zufolge am 17. Februar 1733 eingeweiht wurde. Ungewöhnlich ist der Wandschmuck im Altarraum: Anstelle von biblischen Gemälden reihen sich zahlreiche Schiffsmodelle an den Wänden. Ein Symbol für die

AUTORENTIPP!

QUESERÍA RUBICÓN

Weithin bekannt ist Femés für seinen guten Ziegenkäse. Probieren und kaufen kann man ihn in der Quesería Rubicón direkt am Dorfplatz, einem kleinen netten Laden mit vielen Ziegenfotos über dem Verkaufstresen. Wer sich persönlich davon überzeugen möchte, dass der Käse hier hergestellt wird, braucht nur dem kleinen Wanderweg zu folgen, der gegenüber der »Bar Restaurante Femés« 400 Meter den Pico de la Aceituna (»Olivenberg«) hinaufführt. Mit etwas Glück ist man schon bald von braun- und schwarzweißen Zicklein umringt, die hier oft frei herumlaufen. In dem kleinen Gebäude sind Ställe und die Käserei untergebracht. Neben der Farm beginnen einige ausgeschilderte Wanderrouten.

Quesería Rubicón. Außer dem legendären Ziegenkäse werden andere regionale Produkte und Weine aus La Geria verkauft. Plaza de Femés 3, 35 570 Femés, Tel.: 649 91 12 89.

Oben: Aussichtspunkt Balcon de Femés
Unten: Galerie in Las Casitas de Femés

Gebete der Fischer, sicher durch die Klippen zurück in die Heimat zu gelangen. Über dem Altar stellt eine Statue den Schutzpatron dar, den Heiligen Marcial.

Dem französischen Bischof Martial von Limoges war bereits früher schon eine Kirche gewidmet worden, die der Eroberer Jean de Béthencourt an den nahe gelegenen Papagayo-Stränden errichten ließ. Der Papst weihte sie am 7. Juli 1404 zum ersten Bischofssitz der Kanarischen Inseln. Aus diesem Grund ist der 7. Juli auf Lanzarote ein besonderes Datum, das in Femés eine Woche lang mit einer großen Fiesta gefeiert wird.

Oberhalb der Kirche liegt der Friedhof, der in Arozarenas Roman eine Schlüsselrolle spielt. Übrigens ist sogar eine Straße in Femés nach der schaurig-schönen Geschichte benannt: Die Calle Mararía zweigt am Ortseingang (von Las Casitas aus) rechts ab und verläuft dann parallel zur Hauptstraße. Nördlich des Dorfs erhebt sich mit 608 Metern der zweithöchste Berg der Insel, der Atalaya de Femés.

Infos und Adressen

ESSEN UND TRINKEN

Casa Emiliano. Längst hat sich herumgesprochen, wie gut es bei Familie Duarte schmeckt. Auf den Tisch kommt traditionelle Küche, u. a. Gegrilltes von Lamm und Ziege. An der Straße nach Las Breñas (Abzweigung der Hauptstraße Richtung Playa Blanca). Calle la Vista 34, 35 570 Femés Tel. 928 83 02 23.

Balcón de Femés. Restaurant am Balcón de Femés. Die Küche entspricht dem Standdard touristischer Ausflugslokale. Plaza de San Marcial, 9, 35 570 Femés, Tel. 928 11 36 18.

El Mirador de Femés. Bei den Getränken kann man kaum etwas falsch machen. Das Essen ist in Ordnung, aber nicht überragend. Die Aussicht macht vieles wieder gut. Plaza de San Marcial, 8, 35 570 Femés.

Bar Restaurante Femés. Am Dorfplatz, typische Tapas-Bar mit günstigen Preisen. Plaza de San Marcial 1, 35 570 Femés.

Viele Häuser zeigen schmucke Details

ÜBERNACHTEN

Casa de la Caldera. In Las Casitas. Apartments in einer wunderschönen restaurierten Finca mit Pool. Las Casitas de Femes s/n, 35 570 Femés Tel. 00 44 23 80 28 36 82, ben@lacasacaldera.com www.lacasacaldera.com

Restaurant Casa Emiliano

Oben: Ziegen liefern die Milch für die Dorfkäserei.
Unten: Sonnenuntergang vor dem Gebirgszug Los Ajaches

17 Monumento Natural de los Achajes

Bergwandern im Inselsüden

Karg, schroff und mit einer Weite, die Freiheitsgefühle weckt, lädt der Gebirgszug im äußersten Süden Lanzarotes zum Bergwandern ein. Ein Netz teils markierter Wege führt durch Schluchten und über Hochplateaus, in kleine Buchten oder in die großen Ferienzentren.

Der Gebirgszug Los Ajaches entstand bereits vor rund 19 Millionen Jahren, damit sind es die ältesten Berge der Insel. Ihre höchste Erhebung, die Atalaya de Femés (608 m) wird nur noch vom Risco de Famara im Norden übertroffen. Steht man erst einmal oben, wirkt sie höher als sie eigentlich ist. Die Landschaft ist karg, oft regelrecht einsam und damit für viele Bergwanderer besonders reizvoll. Im Frühjahr überzieht ein grüner Flaum die Bergflanken, vorausgesetzt, es hat im Winter ausreichend geregnet. Seit 1994 steht das Bergmassiv als Naturdenkmal Monumento Natural de los Achajes unter Naturschutz. Von landwirtschaftlicher Bedeutung sind die Anbauflächen der Täler.

Kammweg zum Gipfel der Atalaya

Die einzige Durchfahrtsstraße über das Gebirge führt durch Fémes. Richtung Norden schlängelt sie sich in langen Windungen bis zur Hauptstraße Arrecife–Yaiza, im Süden bis nach Playa Blanca. Vor der weiten Rubicón-Ebene fällt das Ajaches-Gebirge steil ab und bildet mit dem Hacha Grande (561 m) eine eindrucksvolle Kulisse. Hier sollte man einen Moment innehalten, um das Panorama auf sich wirken zu lassen.

Fémes ist Ausgangpunkt vieler Wanderungen. Man kann sich das Bergdorf mit seinen schönen Einkehrmöglichkeiten aber auch als Ziel setzen und beispielsweise von Yaiza aus starten. Von dort führt ein herrlicher Kammweg zum Gipfel der Atalaya de Femés. Weil oben einige Sendemasten stehen, ist die höchste Erhebung des Ajaches-Gebirges leicht auszumachen. Die Tour beginnt in Yaiza am Hotel »La Casona«. Man folgt aber nicht der Route zum Hausberg Montaña de la Cinta (s. S. 99), sondern der Calle el Rincón in der entgegengesetzten Richtung. Sie mündet in einen Weg, der an den Ruinen einer alten Windmühle vorbeiführt. Dort hält man sich schräg rechts, um auf den Bergrücken zu gelangen, der nach rund einer Stunde Wanderzeit erreicht ist.

Nach und nach gibt der Kammweg zu beiden Seiten die Landschaft frei, rechts die Montaña de la Cinta und dahinter das Panorama der Feuerberge. Unten sind die weißen Häuser des Dorfs La Degollada zu sehen, die sich wie Zuckerwürfel im Tal Valle de Fenauso verteilen. Auf der linken Seite erscheint das Tal von Femés, auch das Bergdorf selbst rückt bald ins Blickfeld. Schließlich geht der Pfad in eine Schotterpiste über, die direkt von Femés in einigen Serpentinen zum Gipfel hinaufführt. Die Antennen sind weniger attraktiv, umso mehr fesselt der zauberhafte Blick über den Inselsüden.

Wer den direkten Weg ab Femés nehmen möchte, biegt z.B. an dem kleinen Kreisverkehr im mittleren Ortsbereich in die Calle a los Pozos ein (aus Las Casitas kommend ca. 250m vor dem großen Kreisverkehr am Kirchplatz). Die Straße mündet in den besagten Schotterweg. Diese Route ist kürzer als der landschaftlich eindrucksvollere Kammweg. Damit ist sie ideal für einen Familienausflug oder für alle, die vor allem den Ausblick genießen möchten.

AUTORENTIPP!

PICO REDONDO

Diese überschaubare Route (2,5–3 Std. Wanderzeit) zeigt den Charakter des Ajaches-Gebirges auf eindrucksvolle Weise. Sie führt um den Gipfel des Pico Redondo (561 m), durch Barrancos und bietet zahlreiche schöne Ausblicke. An der Ziegenfarm Queseria Rubicón folgt man dem Wegweiser zum Pass Degollada del Portugés. Der orangefarben gekennzeichnete Wanderweg führt ein Stück um die Westflanke des Pico Redondo, von der sich ein Panorama bis nach Playa Blanca entfaltet. Für diesen Abschnitt sollte man schwindelfrei sein. Ab dem Pass leitet ein Zickzack-Pfad schließlich links in die Schlucht Barranco de la Casita hinab. Auf der gegenüberliegenden Seite kommt man an dem Gemäuer einer kleinen Zisterne vorbei, überquert den Bergkamm und gelangt in den benachbarten Barranco de la Higueral. Hier trifft der Pfad auf die Route, die ab der Ziegenfarm hinab in die Bucht führt. In umgekehrter Richtung (links) geht es nun zum Ausgangspunkt zurück.

Ausgangspunkt: Ziegenfarm Queseria Rubicón, 2,5–3 Std. Wanderzeit

Mountainbiking im Naturmonument Los Ajaches

ROUTE 1: RUNDTOUR IM INSELSÜDEN: Diese Rundroute führt komplett um den südlichsten Teil Lanzarotes. Proviant und ausreichend Trinkwasser mitnehmen!

An- und Abfahrt: Playa Blanca (Pkw über LZ 705/ Bus: Linie 60 ab Arrecife; 61 ab Puerto del Carmen.

Ausgangspunkt: Playa Blanca, alter Fährhafen

Schwierigkeitsgrad: moderat

Länge: ca. 45 Kilometer, max. 460 Hm

Wegbeschaffenheit: Teils asphaltierte Wege, Sandpisten, Geröll.

WICHTIGE STATIONEN:

Ⓐ **Playa Blanca** – ist Startpunkt und Ziel der Tour.

Ⓑ **Faro de Pechiguera** – Der Leuchtturm auf der Südspitze ist ein markanter Wegpunkt. Hier endet die asphaltierte Strecke und es geht über teils geröllige Lavapfade weiter.

Ⓒ **Salinas de Janubio** – Die Salzfelder lohnen einen Zwischenstopp.

Ⓓ **Los Hervideros** – Auch hier sollte man anhalten: Der Blick in den »Hexenkessel« ist einmalig.

Ⓔ **Las Breñas** – liegt etwa auf halber Strecke.

Ⓕ **Parque Natural de los Ajaches** – Die Westflanke des Ajaches-Massivs liegt nun zur Linken.

Ⓖ **Kreisverkehr** – Hier zweigt links die Sandpiste zu den Papagayo-Stränden ab. Wer eine kürzere Variante bevorzugt, fährt im Kreisverkehr geradeaus weiter, direkt nach Playa Blanca.

Die östlichen Ajaches: Barrancos und Küste

Oben: Die Ziegen sind an Wanderer gewöhnt.
Unten: Gut ausgeschildert: Wanderwege im Ajaches-Gebirge

Der größte Teil des Ajaches-Gebirges verläuft östlich des Femés-Tals. Zerfurcht von *barrancos* (»Schluchten«), die bis hinab zur Küste reichen, bietet er weitere, reizvolle Wandermöglichkeiten. Einige Routen beginnen bei der Ziegenfarm der Queseria Rubicón. Sie sind gut ausgeschildert, nur ist dies vom Dorf aus nicht zu erahnen. Um den markanten Startpunkt zu finden, folgt man zunächst dem einzelnen Wegweiser Richtung Loma Pico de la Aceituna, der beim Kreisverkehr gegenüber der Bar Femés den Berg bergauf weist. Kurz darauf kennzeichnet ein weiteres Schild den Beginn des Naturschutzgebiets.

Bei den Stallungen der Käserei stehen eine große Infotafel und weitere Wegweiser für verschiedene mit farbigen Punkten markierte Routen. Links geht es zum Pico de Naos bei Las Casitas und durch den Barranco de la Higueral hinab zur versteckten Playa del Pozo. Von dort gelangt man auch zum Fischerdorf Playa Quemada. Rechts beginnt eine Tour, die sich als Rundwanderung um den Pico Redondo fortsetzen lässt (s. S. 109). So lassen sich nach Belieben Routen wählen, die hinab zu schönen Badeplätzen führen oder andere, die fast alpinen Charakter haben und etwas anspruchsvoller sind. Auch die Länge ist variabel und lässt sich gut an die eigenen Möglichkeiten anpassen.

Infos und Adressen

AKTIVITÄTEN:

Monumento Natural Los Ajaches. Ausgangspunkt für Wanderungen z. B. in Fémes (rund um den Kirchplatz). Anfahrt: Hauptstraße Arrecife – Yaiza (LZ 30) Kammüberquerung auch ab Yaiza möglich (Anfahrt über die LZ2) Höchste Ergebung: Hacha Grande (561 m) Einkehr: Lokale in Fémes (s. S. 107)

18 Playas de Papagayo

Traumstrände im Naturschutzgebiet

Am Rand der Rubicón-Einöde würde man niemals diese kleinen Paradiese vermuten. Lanzarotes Traumstrände Playas de Papagayo (»Papageienstrände«) ziehen zahlreiche Badegäste an. Fünf große Buchten und noch einige kleinere, die teilweise etwas versteckt liegen, bieten genügend Platz. Alle Strände gehören zum Naturmonument Los Ajaches. Sie liegen westlich und östlich der Landzunge Punta del Papagayo.

Der Schotter spritzt, die Pkw-Kolonne verschwindet in einer Staubwolke, nach Kilometern taucht sie vor einem kleinen Holzhäuschen mit Schranke wieder auf. Wer mit dem Mietwagen an die Papagayo-Strände fährt, wähnt sich eher auf einer Wüstenrallye, besonders, wenn die östlich gelegenen Buchten das Ziel sind. Bestimmt zehn Minu-

Oben: Segway-Tour an der Playa de Mujeres
Unten: Restaurant Las Arenas

MAL EHRLICH

STRANDBARS: RAR UND OFT TEUER

Durch ihre besondere Lage im Naturschutzgebiet gibt es an den Playas de Papagayo nur wenige Möglichkeiten, sich mit Essen und Getränken zu versorgen. In der Hochsaison ist das Angebot durch mobile Strandbuden etwas größer, doch grundsätzlich muss man mit überhöhten Preisen bei oft fragwürdiger Qualität rechnen. In den wenigen Lokalen kann zudem der Andrang groß sein. Um sich die gute Laune zu bewahren, kann es also nicht schaden, selbst ein Picknick einzupacken. Auf keinen Fall ausreichend Trinkwasser und den Sonnenschutz vergessen.

ten lang sieht man aus dem Auto weder einen Ort noch einen Strand. Allein der bereits bezahlte Parkschein gibt Gewissheit, dass die Richtung stimmt.

Die einzige Anfahrt zu den Papagayo-Stränden zweigt am Kreisverkehr vor Playa Blanca von der LZ 705 ab und fächert sich in ausgeschilderte Pisten auf, die zu den Buchten führen. Zu bedenken ist, dass einige Buchten sind windgeschützter sind als andere, und an manchen FKK toleriert wird.

Playa Mujeres

Am Rand des Schutzgebiets breitet sich der helle Saum der Playa Mujeres aus. Mit einer Länge von rund 400 Metern ist sie die größte der Papagayo-Buchten, benannt nach den *mujeres* (»Frauen«), die hier Überlieferungen zufolge ihre Wäsche wuschen. Es könnten aber auch Fischerfrauen gemeint sein, die nach ihren zur See fahrenden Männern Ausschau hielten – wie in Punta de Mujeres im Nordosten der Insel.

Die Playa Mujeres liegt am dichtesten am Ferienort Playa Blanca und verfügt über einen eigenen großen Parkplatz. Kleine Dünen und niedrige Felsen säumen den schönen Strand. Am nordwestlichen Rand sind die Überreste eines alten Kalkofens zu sehen.

Playa del Pozo

Die nächste größere Bucht östlich der Playa Mujeres ist die Playa del Pozo. Sie ist etwas ruhiger, wohl auch, weil die nahe Parkmöglichkeit fehlt. Ihr Name deutet auf die Eroberung der Insel im frühen 15. Jahrhundert hin, als in dem Gebiet kleine Brunnen (*pozos*) errichtet wurden, ebenso wie an Lanzarotes zweiten Playa del Pozo am Fuß des Ajaches-Gebirges (s. S. 108).

AUTORENTIPP!

ZU FUSS AN DIE PAPAGAYO-STRÄNDE

Den gebührenpflichtigen Parkplatz (ca. 4 €) kann man sich zu Fuß sparen, zudem der schöne Spaziergang sich lohnt. Von Playa Blanca aus führt ein Küstenweg direkt zur Playa Mujeres. Je nachdem, von wo man startet, dauert der Weg 30 bis 45 Minuten. Los geht es an der Küstenpromenade des Ferienorts (z. B. im alten Hafen oder dem noch näher gelegenen Jachthafen Marina Rubicón), der man zunächst Richtung Osten folgt. Es geht vorbei am Castillo de las Coloradas, einem 1741 auf der Landzunge oberhalb des Jachthafens errichteten Piratenausguck. Auf der anderen Seite führt die Promenade um die stark bebaute Playa de las Coloradas. Beim Hotel Papagayo Arena beginnt ein felsiger recht steiler Küstenpfad (alternativ lässt sich das Hotel landseitig umgehen). Von dort ist die Playa Mujeres in zehn Minuten erreicht, und wer mag, kann bis zu den Papagayo-Stränden weiter wandern.

Playas de Papagayo

A Ausfahrt am Kreisverkehr vor Playa Blanca (LZ 705) – Die einzige Zufahrtsmöglichkeit an die Papageien-Strände

B Kassenhäuschen – Die Grenze zum Naturschutzgebiet Los Ajaches. Wer hier die Parkgebühr (ca. 4 €) zahlt, kann weiterfahren und sein Auto dann beliebig an den Parkplätzen der Strände abstellen.

C Fußweg – Ab Playa Blanca geht es über die Promenade und anschließend über einen Wanderpfad direkt an die Strände.

D Castillo de los Coloradas – Piratenausguck (1741) oberhalb des Jachthafens Marina Rubicón

E Playa Mujeres – Der größte Strand der Buchtenkette verfügt über einen eigenen Parkplatz.

F Playa del Pozo – Den Nachbarstrand erreicht man zu Fuß von der Playa Mujeres aus.

G Archäologische Fundstätte »San Marcial del Rubicón« – Hier hinterließ der Eroberer Jean de Béthencourt seine Spuren. Man fand die Überreste eines Wehrturms des Fort Rubicón und Brunnen, die der Playa del Pozo ihren Namen gaben.

H Playa del Caletón – Versteckt, aber lohnenswert. Wer nicht über den Hang herabsteigen möchte, wartet den niedrigen Wasserstand ab.

I Playa de los Ahogaderos – Die kleine Oase zwischen Playa de Mujeres und Playa del Pozo ist am besten bei Ebbe zu erreichen.

J Punta del Papagayo – Der südöstlichste Punkt Lanzarotes bietet eine fantastische Aussicht.

K Playa de la Cera – Mini-Bucht mit schönen Schnorchelmöglichkeiten

L Playa del Papagayo – Traumhafte Bucht mit rötlichen und schwarzen Felsen, hellem Sand und türkisfarbenem Wasser. Aufgrund der hoch aufragenden Klippen gut geschützt, aber vom Platz her begrenzter als die anderen großen Buchten. Parkplatz auf dem Plateau

M Playa del Congrio – Ein verstecktes Paradies, das am besten bei Ebbe zu erreichen ist

N Playa de Puerto Muelas – Die beiden benachbarten Buchten auf der Ostseite des Kaps sind meist stärker dem Wind ausgesetzt und bei Nudisten beliebt. Oberhalb gibt es einen Parkplatz.

Playa del Pozo

Oberhalb der Felsen liegen einige Eisengitter zum Schutz über den Schächten der archäologischen Fundstätte »San Marcial del Rubicón«. Hier fand man die Rues Wehrturms des Fort Rubicón, das der Eroberer Jean de Béthencourt seinerzeit errichten ließ. Ein großes Kreuz markiert die Stelle an der die erste Kapelle stand, die Bischof Marcial geweiht worden war. Das Schild auf dem Sockel informiert über das 600-jährige Jubiläum des Bischofssitzes am 7. Juli 2004. Die Kapelle wurde im Jahr 1593 bei einem Piratenangriff zerstört. 140 Jahre später erhielt San Marcial stattdessen seinen Ehrenplatz in der Kirche von Femés.

Playa del Papagayo

Die von hohen Felsen gerahmte Playa del Papagayo, ist das Juwel der Buchtenkette. Mit einer Form wie aus dem Bilderbuch und türkisfarben leuchtendem Wasser ziert sie viele Postkarten. Sie liegt geschützt zwischen weit herausragenden Klippen. Auf dem Plateau oberhalb gibt es einen Parkplatz, von dem auch ein Weg zur Playa del Congrio führt. Um ans Wasser zu gelangen, steigt man an einem der Pfade hinab. Auf der Landspitze thronen die letzten beiden Häuser des einstigen Fischerdorfs El Papagayo. In der vorderen Finca betreibt Pedro Martín ein Restaurant mit Terrasse direkt über der Bucht.

Östlich der Punta del Papagayo

Die erhabene Punta del Papagayo ist der südöstlichste Punkt Lanzarotes. Der Blick geht bis Playa Blanca und hinüber nach Fuerteventura. Östlich des Kaps setzt sich die Buchtenreihe mit der Playa del Congrio und der Playa de Puerto Muelas fort. Die Strände sind weniger überlaufen und bei Nudisten beliebt. Der gleichnamige Campingplatz oberhalb der Playa de Puerto Muelas füllt sich in den spanischen Ferienzeiten.

Paradiesstrände für Verliebte

Infos und Adressen

ESSEN UND TRINKEN

Restaurant Las Arenas. Den Familienbetrieb führt Pedro Martin.

ÜBERNACHTEN

Camping Playa de Puerto Muelas. Zelten fast direkt am Strand. Im Sommer wird es sehr voll. Minimalversorgung vorhanden. Camping de Papagayo. Playa de Puerto Muelas, Monumento Natural de Los Ajaches, Yaiza. Rezeption auf dem Campingplatz, Tel.: 928 17 37 24 Juni–Sept.

AKTIVITÄTEN:

Moving Segway. Shopping Center Las Coloradas, Playa Blanca. Tel.: 625 70 10 55, www.movingsegwaylanzarote.com

S. 116/117: Ein Traum im Inselsüden: Die Playas de Papagayo
Oben: Playa Flamingo
Unten: Die Promenade von Playa Blanca

19 Playa Blanca
Ferienort mit Blick auf Fuerteventura

Im Hinterland das Ajaches-Gebirge, nebenan die Playas de Papagayo, vor der Küste die Nachbarinseln Los Lobos und Fuerteventura: Dieser privilegierten Lage verdankt Playa Blanca überdurchschnittlich viele Feriengäste. Sie rückte das ehemalige Fischerdorf allerdings auch ins Visier von Spekulanten. Dies spiegelt sich in einer Bebauung wider, die dem von César Manrique etablierten Ideal widerspricht.

An der Meerespromenade zeigt sich Playa Blanca von seiner besten Seite: Von hier bietet sich eine freie Sicht bis nach Fuerteventura und Los Lobos. Man entspannt in einem der vielen Restaurants und Cafés, mietet sich ein Boot oder flaniert die Ufermeile entlang, die den Ferienort über zehn Kilometer begleitet. Die Sonne scheint hier länger und kräftiger als im Inselnorden. Besonders schön ist es am späten Nachmittag, wenn sie die Fassaden hellgolden färbt. Im Hintergrund ragt der Gipfel des Hacha Grande über die Hausdächer.

Sich von der Landseite aus nähernd, ist der erste Eindruck ein ganz anderer. Acht Kilometer fährt man durch die kahle Rubicón-Ebene und erreicht schließlich eine Häuserfront, die sich fast über die komplette Südspitze Lanzarotes zieht. Allein die Grenze des Naturschutzgebiets vermag das weitere Vorrücken Richtung Osten zu stoppen. Noch, so orakelt man auf der Insel. Der Bauboom begann in den 1980er-Jahren. Heute hat das einstige Fischerdorf rund 11 300 Einwohner.

Café in der Marina Rubicón

Weinverkäufer am neuen Hafen

AUTORENTIPP!

LANZAROTE-MODE VON ROMYB.

Zum Flanieren in der lauen Brise ist die luftige Lanzarote-Mode von Romy Baltensperger ideal, bekannt unter dem Namen »RomyB«. Die Schweizerin lebt und arbeitet seit 1994 auf der Insel und verkauft ihre handgeschneiderten Kollektionen auch in Playa Blanca: Weite Hosen, Kleider und lässige Oberteile aus Leinen, Baumwolle und Schurwolle, inspiriert vom Licht und der kargen Schönheit der Vulkaninsel. Ihr Geschäft liegt in der Calle Limones, einer kleinen Fußgängerzone, die parallel zur Avenida Maritíma verläuft (zwischen dem alten Hafen und der Playa Dorada).

Moda Indigo. Tgl. 10–20 Uhr. Calle Limones 56. Tel. 928 51 87 40, www.romyb.info
Ein weiteres Geschäft von RomyB gibt es in Teguise.
Villa Teguise, Di–So 10–15 Uhr. Plaza Clavijo y Fajardo 4 (in der Galeria La Villa), Tel. 928 84 55 00.

Badestrände in Playa Blanca

Da die kulturellen touristischen Highlights in den anderen Teilen der Insel liegen, ist Playa Blanca vor allem ein Mekka für Badeurlauber. Die künstlich angelegte Playa Flamingo westlich des Fährhafens wurde im November 2005 durch den Tropensturm Delta zerstört. Inzwischen ist sie nach langjährigen Bauarbeiten und Sperrungen wiederhergestellt. Wellenbrecher zu beiden Seiten sorgen für ruhiges Wasser. Kurz vor der ebenso geschützten Playa Dorada im Osten lädt vor der Promenade noch ein kleiner namenloser Strand zum erfrischenden Bad ein. An der Playa de las Coloradas ganz im Osten dominieren große Hotelkomplexe.

Luxus am Jachthafen

Besonders im östlichen Teil von Playa Blanca setzen einige Luxushotels auf zahlungskräftige Urlauber. Sie entstanden unter Missachtung der Baubegrenzungen, die im Plan Insular de Ordenación del Territorio (PIOT) seit 1991 festgeschrieben sind. Ein immerhin eleganter Blickfang ist das Fünf-Sterne-Hotel »Volcán Lanzarote« am Jachthafen. Das Design stammt von dem Architekten Andrés Piñero, der sich bei der Gestaltung der Gebäude an der traditionellen Inselarchitektur orientierte. Paradoxerweise wurden dafür die echten alten Häuser abgerissen. Das Ergebnis ist eine Hotelanlage, die an ein inseltypisches Dorf mit Kirche erinnert. Sie wird von einem künstlichen Vulkan überragt und der Hoteleingang ist eine Nachbildung der Iglesia Nuestra Señora de Guadalupe von Teguise.

Ganz am Ortsrand liegt das von Umweltschützern heftig kritisierte Vier-Sterne-Hotel »Papagayo Arena«. Mit einer Gestaltung, die an eine Mietskaserne erinnert, vereinnahmt es den Zugang zum Meer. Stilvoller wiederum präsentiert sich das Hotel »Princesa Yaiza«.

Rundgang Playa Blanca

Ⓐ **Uferpromenade** – Flaniermeile am Meer mit Blick zu den Nachbarinseln

Ⓑ **Calle Limones** – Die kleine Fußgängerzone liegt etwas versteckt oberhalb der Promenade.

Ⓒ **Playa Flamingo** – Der bei einem Tropensturm zerstörte Strand im Westen wurde inzwischen wieder besuchertauglich gemacht.

Ⓓ **Alter Fährhafen** – Hier legen die Schiffe zu den Nachbarinseln ab. Hinter dem Hafen setzt sich die Promenade fort und bietet sich für einen schönen Spaziergang an.

Ⓔ **La Playa** – Auch dieser kleine, namenlose Strand im mittleren Bereich der Promenade eignet sich für ein Sonnenbad oder eine Erfrischung. Und bis zu den nächsten Restaurants sind es nur wenige Schritte.

Ⓕ **Playa Dorada** – Beliebter Strand im Ostteil Playa Blancas, man badet auch hier geschützt durch Wellenbrecher.

Ⓖ **Marina Rubicón** – Im neuen Jachthafen gibt es schicke Restaurants und Chillout-Bars.

Ⓗ **Playa de las Coloradas** – Dieser Strand liegt hinter dem Jachthafen und wird weitgehend von Luxushotels vereinnahmt.

Ⓘ **Faro de Pechiguera** – Am Leuchtturm endet die Promenade in westlicher Richtung. Ein schönes Ziel für einen längeren Spaziergang. Es locken auch die Naturpools der Lavaküste.

Ⓙ **Montaña Roja** – Der Hausvulkan von Playa Blanca bietet Panoramablicke.

AUTORENTIPP!

LAVAPOOLS AN DER SÜDWESTKÜSTE

Eine ganze Reihe wundervoller, verschwiegener Badeplätze wartet an der Südwestküste auf alle, die etwas Entdeckerdrang mitbringen. Ab dem Leuchtturm Faro de Pechiguera bis hinauf zu den Salinen von Janubio laden zahlreiche kleine und größere *charcos* (Naturschwimmbäder) zum Baden an der felsigen Küste ein. Bei Flut oder wenn der Atlantik bei rauer See über das Gestein peitscht, füllen sich die von der Natur geschaffenen Pools mit Meerwasser, das sich dort in der Sonne erwärmt. Einige dieser herrlichen Pools liegen unterhalb einer Bauruine eines Hotels, die ca. vier Kilometer hinter dem Leuchtturm recht einsam an der Küste steht. Baden kann man hier nur bei Ebbe und ruhiger See, ansonsten besteht wegen der Brandung und starken Strömungen Lebensgefahr.

Erneuerung ohne Rücksicht

Die Marina Rubicón, der Jachthafen mitten im Nobelviertel, gefällt mit seinen Bauten im altkanarischen Stil, kleinen Holzbrücken und einigen empfehlenswerten Restaurants. Mittwochs und samstags reihen sich Marktstände vor den Booten. Im Zuge der Baumaßnahmen gab es allerdings erhebliche Konflikte mit der Inselbevölkerung. Sie gipfelten im Januar 2010 in dem Skandal um die »Casa Berrugo«. Das rund 200 Jahre alte Haus direkt am Meer gehörte der Familie Medina Caceres, die es noch per Handschlag erworben hatte. Da dies den Richtern nicht genügte, musste die Familie das Haus aufgeben, in dem sie seit Generationen gelebt hatte. Fraglich bleibt, ob ein schriftlicher Kaufvertrag die Räumung zugunsten des neuen Hafens verhindert hätte.

Spaziergang zum Leuchtturm Faro de Pechiguera

Zwei Kilometer weiter westlich liegt der alte Hafen. Ausflugsboote und Fähren setzen zu den Papagayo-Stränden oder den Nachbarinseln über. In dem großen zentralen Gebäude hat die Zunft der Fischer ihren Sitz. Weiter im Westen säumen wieder Hotels die Promenade. Der Uferweg verläuft noch bis zum Ende der Südspitze Lanzarotes mit dem Leuchtturm Faro de Pechiguera. Neben dem modernen weißen Turm steht noch die alte, weitaus kleinere Ausgabe aus Basaltgestein. Der Leuchtturm wurde 1866 in Betrieb genommen und schickte fast 120 Jahre lang seine Lichtsignale über das Meer. Etwa auf halber Strecke erhebt sich majestätisch die Montaña Roja (197 m). Der »rote Vulkan« ist aufgrund der spektakulären Aussicht ein beliebtes Wanderziel, das am besten über den Ortsteil Montaña Baja zu erreichen ist. Von dort führt ein weniger steiler Wanderweg in ca. einer halben Stunde auf den Kraterrand.

Infos und Adressen

ESSEN UND TRINKEN

Almacén de la Sal. Ein oft empfohlenes Restaurant, da es die Salinentradition widerspiegelt und urig in einem alten Salzlager eingerichtet ist. Küche und Service sind eher Standard. Der Besuch lohnt für einen Drink bei Live-Musik am Piano. Av. Marítima, 20, Tel. 928 51 78 85.

Casa Brigida. Feine Küche in der Marina Rubicón, man genießt in lockerem Ambiente. www.restaurantecasabrigida.com

Sebastyans. Griechische Küche auf hohem Niveau. 13–23 Uhr, Calle La Mulata 4

Café des Mar. Ein Ableger des Ibiza-Originals. Sonnenuntergänge und Chill-Out im Jachthafen.

ÜBERNACHTEN

»Hotel Volcán Lanzarote«. Fünf-Sterne-Anlage im Stil eines Inseldorfs. Calle El Castillo 1, Tel. 928 51 91 85, www.hotelvolcanlanzarote.com

Princesa Yaiza. Nobelhotel mit großem Wellness-Bereich. Av. Papagayo 22, Tel. 928 51 92 22, www.princesayaiza.com

Iberostar Lanzarote Park. Av. Archipiélago 7, Tel. 928 51 70 48, lanzarote.park@iberostar.com, www.iberostar.com

Timanfaya Palace. Das Hotel richtet sich an Urlaubsgäste ab 18 Jahren, damit Erwachsene auch mal unter sich sein können. Urb. Montaña Roja, Tel. 928 51 76 76, www.hotelh10timanfayapalace.com

Rubicón Palace. Das ebenfalls zur H10-Gruppe gehörende Hotel hat sich mit Kinderarealen auch auf die jüngeren Gäste eingestellt. Urb. Montaña Roja, Tel. 928 51 85 00, www.hotelh10rubiconpalace.com

AKTIVITÄTEN

Im alten Hafen legen verschiedene Fähren regelmäßig nach Los Lobos und Fuerteventura ab, außerdem gibt es Bootstaxen zu den Papagayo-Stränden.

Naviera Armas. Betreibt das Schiff »Volcan de Tindaya«. Es verkehrt täglich zwischen Playa Blanca und Fuerteventura (Corralejo). Die Fahrtzeit beträgt 25 Minuten. www.navieraarmas.com

Tauchbasis Cala Blanca Sub. Tauchkurse, Schnuppertauchen und Exkursionen nach den Richtlinien des Verbandes PADI. Av. Papagayo 18, C.C. El Papagayo, Local 65–66, 35 580 Playa Blanca, Tel. 928 51 90 40 und 607 30 12 30, www.calablancasub.com

EINKAUFEN

The Book Swop. Zweigstelle des Buchtauschgeschäfts von Puerto del Carmen. Calle la Corvina s/n (gegenüber der Kirche), Tel. 928 34 94 20.

INFORMATION

Touristeninformation. Mo–Fr 8.30–12.30 und 14–17 Uhr, Sa 8.30–12.30 Uhr. Im alten Hafen neben den Fährschaltern. Tel. 928 51 77 94.

Restaurant »Almacen de la Sal«

Oben: Blick auf Corralejo
Unten: Handstand am Strand

20 Fuerteventura
Tagesausflug durch den Inselnorden

Nur rund 35 Minuten dauert die Überfahrt von Playa Blanca nach Fuerteventura. Wer sich in Corralejo einen Wagen mietet, kann den Norden der Nachbarinsel an einem Tag erkunden. Auch für kleinere Ausflüge zu Fuß oder mit dem Mountainbike lohnt sich der Ausflug.

Fuerteventuras größere Orte und Sehenswürdigkeiten liegen im Norden und im Inselinneren. Dieser Teil lässt sich bei einem Tagesausflug gut erkunden, die letzten Fähren fahren gegen 20 Uhr zurück nach Lanzarote. Der Süden ist vor allem wegen der ausgedehnten Strand- und Dünenlandschaften des Parque Natural de Jandía eine Reise wert. Es ist möglich, an einem Tag bis an diesen Zipfel der Insel zu fahren, allerdings sind allein schon für Hin- und Rückfahrt insgesamt dreieinhalb Stunden einzurechnen. Um den Süden in Ruhe erkunden und genießen zu können, sollte

MAL EHRLICH

SICH MIT FUERTE ANFREUNDEN

Es gelingt nicht jedem. Besonders kulturhungrige Urlauber sind oft enttäuscht von Lanzarotes großer Schwester, die an vielen Stellen kaum mehr bietet als endlose Strände. Für alle, die aus diesem Grund kommen, ist sie wiederum ein Paradies: Sonnenanbeter, Strandläufer, Surfer und Wellenreiter können sich keinen schöneren Ort vorstellen. Wenn man schon hier ist, sollte man die Sonnenseiten also genießen und sich die durchaus vorhandenen Sehenswürdigkeiten anschauen.

man also lieber einen separaten Fuerteventura-Urlaub einplanen.

Die Verbindungsstraßen FV 101, FV 10 und FV 1 bilden einen Ring, der sich für eine kleinere Rundfahrt ab Corralejo anbietet (Gesamtstrecke ca. 60 km). Wer auch die Stadt Betancuria besuchen möchte, muss noch rund 30 Kilometer hinzurechnen.

Ankunft auf Fuerteventura

Corralejo, der nördlichste Ort auf Fuerteventura ist so etwas wie das Spiegelbild von Playa Blanca. Auch dieser Ort ist in den 1980er-Jahren stark gewachsen und vor der Vulkankulisse reihen sich gesichtslose Bauten. Urlauber, die sich dennoch etwas umsehen möchten, sollten sich auf das Hafenviertel konzentrieren, wo noch hier und dort ein Hauch des früheren dörflichen Lebens zu spüren ist. Die meisten Autovermietungen gibt es entlang der Hauptstraße. In der Seitenstraße Acorazado España verleiht Vulcano Biking tourentaugliche Fahrräder.

Ⓐ Parque Natural de Corralejo

Im Südosten grenzt der Parque Natural de Corralejo an den Ort an. Der elf Kilometer lange und gut zwei Kilometer breite Streifen aus Sand, Dünen und einem felsigeren Gebiet um die Montaña Roja (312 m) verkörpert das typische Fuerteventura.

Der Naturpark wurde im Jahr 1982 als Parque Natural de la Dunas de Corralejo e Isla de Lobos gegründet und erhielt 1994 seine heutige, kürzere Bezeichnung. Aufgrund des Bebauungsverbots ist er fast komplett unbesiedelt, mit Ausnahme zweier Hotelkomplexe, die noch vor der Neuregelung errichtet wurden. So liegen das »Riu Tres Islas« und

AUTORENTIPP!

TINDAYA – DER HEILIGE BERG DER UREINWOHNER

An der Hauptstrecke von La Olivia Richtung Puerto del Rosario fällt rechts ein besonders spitzer Berggipfel auf. Er krönt die Montaña Tindaya (397 m). Ihr besonderes Gestein, das verarbeitet wie orangefarbener Marmor wirkt, ist in vielen Gebäuden der Insel wiederzuerkennen. Es handelt sich um Trachyt, ein recht seltenes Ergussgestein. Die rötliche Färbung ist auf Eisenoxide zurückzuführen. Der baskische Bildhauer Eduardo Chillida (1924–2002) plante, den Berg in Form eines Kubus »auszuhöhlen«, um ein riesiges begehbares Denkmal zu schaffen. Das von Umweltschützern und Archäologen kritisierte Vorhaben wurde vorübergehend eingefroren, soll aber laut einem Beschluss der Inselregierung noch realisiert werden. Eine Bedeutung hatte die Montaña Tindaya bereits für die Ureinwohner, die sie als heiligen Berg verehrten. Darauf deuten im Gipfelbereich gemeißelte Linien hin, die u. a. die Umrisse von Füßen darstellen. Die Mühen des steilen Aufstiegs belohnt ein fantastischer Rundumblick.

AUTORENTIPP!

SALZMUSEUM SALINAS DEL CARMEN

Die ehemaligen Salinen liegen ca. 15 Kilometer südlich von Puerto del Rosario entfernt bei Caleta de Fuste. Die zugehörige Salzgewinnungsanlage wurde noch bis 1980 genutzt. Heute dient sie als Museum, in dem anschaulich dargestellt wird, wie man das Salz aus dem Meer gewann. Zu Vorführungszwecken werden die Salzgewinnungsbecken nach wie vor mit Meerwasser geflutet, sodass Besucher den Produktionsprozess in allen Stadien nachvollziehen können. Im Besucherzentrum erfährt man Wissenswertes über die Geschichte der Salzherstellung. Zu sehen ist auch das Skelett eines Wals, der an der Küste von Fuerteventura strandete.

Museo de la Sal Di–Fr und So 9.30–17.30 Uhr. Salinas del Carmen Museo de la Sal – Las Salinas del Carmen. 35611 La Antigua, Tel.: 928 17 49 26
Die–Sa./Fei 10–18 Uhr

das »Riu Oliva Beach« mitten in der Saharalandschaft, wie zwei Bauklötze eines Riesen, die dort versehentlich fallengelassen wurden.

B Die Strände von Corralejo

Wer auf Fuerteventura einfach einen entspannten Nachmittag verbringen möchte, hat es nicht weit. Ein halbes Dutzend kleinerer Strände säumt den Parque Natural de Corralejo. Viele der Bademöglichkeiten liegen allerdings recht nahe an der Straße, die einmal in Längsrichtung durch den Naturpark verläuft. Alle, die sich für eine Inselrundfahrt entscheiden, sollten sich das Sonnenbad für den Abschluss aufheben und zunächst von Corralejo aus Richtung La Oliva fahren.

C El Cotillo

Nur 20 Kilometer von Corralejo liegt dieser kleine Fischerort, in dem sich Individualreisende und Surfer besonders wohl fühlen. Die wilde Küste bietet abwechslungsreiche Eindrücke, steile Abschnitte, dazwischen helle Strände, unterbrochen von dunklem Lavagestein. Manche Bereiche sind durch vorgelagerte Riffe geschützt, sodass das Baden trotz der häufig hohen Wellen möglich ist. Manche Badegäste lassen zwanglos ihre Hüllen fallen. Vorsicht im Wasser ist jedoch grundsätzlich angebracht, da an dieser Küste auch lebensgefährliche ablandige Strömungen auftreten. El Cotillo erreicht man über eine Abzweigung der FV 101 (ca. 4 km hinter Corralejo rechts abbiegen).

D La Oliva

Auf dem Rückweg kann man die Nebenstrecke FV 10 nehmen, anstatt zurück zur Hauptstraße zu fahren. Diese Abkürzung führt direkt nach La Oliva, dem nächsten Etappenziel und

10 km
N
Lanzarote
Laguna de Janubio
Yaiza
Uga
Las Breñas
Femés
El Rubicón
Los Ajaches
Playa Blanca
El Papagayo
Punta del Papagayo
Playas de Papagayo
Atlantischer Ozean
Isla de Lobos
Majanicho
Corralejo
Strände von Corralejo
Caleta de Beatriz
San Rafael 269
Dunas de Corralejo
Parque Natural Corralejo
El Cotillo
Lajares
Casas de Taca
Blanca 308
Vallaverde
Roja 312
La Oliva
Kunst und Kolonialstil
Tindaya
Vallebrón
Caldereta
Fuerteventura
Quemada 294
Monumento de Unamonu
La Matilla
Guisguey
Puerto de Lajas
Los Molinos
Colonia Garciá Escámez
Tefía
Tetir
Embalse de los Molinos
Bauernmuseun und Windmühlen
Puerto del Rosario
Los Llanos de la Concepción
Casillas del Angel
Playa Blanca
Valle de Santa Inés
Morro de la Cruz 676
Mirador de Morro Velosa
El Matorral
Triquivijate
Betancuria
Tegú 645
Antigua
Vega de Río Palmas
Caleta Negra
Ajuy
Valles de Ortega
Caleta de Fuste
Gran Montaña 708
Toto
Agudo 494
Salinas del Carmen
Pájara
Tiscamanita
Tuineje
Pozo Negro

Oben: Der Leuchtturm Faro El Toston bei El Cotillo
Mitte: Hübsch restaurierte Windmühle in Tefía
Unten: Für Surfer und Wellenreiter ist »Fuerte« ein Paradies.

Verwaltungssitz der gleichnamigen Gemeinde. Sehenswert ist die im frühen 18. Jahrhundert errichtete Kirche Nuestra Señora de la Candelaria, ein hübscher dreischiffiger Bau mit spitzen Giebeln und einem eckigen Turm aus dunklem Stein. Im Inneren beeindrucken einige große Wandgemälde, u.a. eine Darstellung des Jüngsten Gerichts von 1731. Am Kirchplatz gibt es gute Parkmöglichkeiten und einige Restaurants. Wie bedeutend Getreide einst für Fuerteventura war, zeigt das Museo del Grano La Cilla nahe der Kirche. Schon das Bauernhaus selbst ist ein Blickfang mit seiner hübsch restaurierten Front und dem aus Naturstein gestalteten Vorplatz.

E Kunst und Kolonialstil

Die Vielseitigkeit der kanarischen Kunst präsentiert das Centro de Arte Canario in der Calle Salvador Manrique de Lara. Ausgestellt sind Gemälde, Skulpturen und Keramiken, u.a. von Antonio Sánchez Castelló, Edgardo Junco, Jan Kubiak und Paul Valverde. César Manrique darf in diesem Reigen natürlich nicht fehlen. Für die Kunstgalerie stiftete der Kunstliebhaber Manuel Delgado Camino aus Gran Canaria die Casa Mané, ein restauriertes Herrenhaus mit wunderschönem Garten.

Architektonisch außergewöhnlich ist auch die Casa de los Coroneles in der Nähe des Centro de Arte Canario an der dort abzweigenden Straße. Mit zwei Zinnentürmchen und klarer Symmetrie strahlt sie Dominanz aus. Vielleicht ist es auch der Geist der ehemaligen Nutzer, der noch zu spüren ist. Im 18. Jahrhundert war das herrschaftliche Haus der Sitz der Militärbefehlshaber. Die Bezeichnung »Coronel« entspricht dem deutschen Dienstgrad »Oberst«. Die wunderschön geschnitzten Balkone sollte man sich unbedingt aus der Nähe ansehen.

F Monumento de Unamonu

Die Straße von La Oliva Richtung Puerto del Rosario führt vorbei an der Montaña Tindaya. Nach knapp zwei Kilometern folgt der Nachbarberg Montaña Quemada (294 m). Dort steht ein Mann mitten im kargen Gestein. Es handelt sich um die Skulptur des *Monumento de Unamonu* zu Ehren des spanischen Dichters und Philosophen Miguel de Unamuno (1864–1936). Er lebte eine Zeitlang auf Fuerteventura im Exil und prägte die Wahrnehmung der Insel in der Öffentlichkeit, die nun über einen »eigenen« großen Schriftsteller verfügte. Kurz dahinter fährt man weiter nach Puerto del Rosario oder verlängert die Rundfahrt und biegt rechts Richtung Betancuria ab.

G Bauernmuseum und Windmühlen

Der kleine Ort Tefia liegt an der Nebenstrecke nach Betancuria. Er lohnt sich wegen des Ecomuseo La Alcodiga in einer wunderschönen, als Freilichtmuseum gestalteten Finca. Man bekommt Einblicke in bäuerliche Traditionen und kann bei der Fertigung von Kunsthandwerk zusehen. Nahe dem Museum steht eine restaurierte Mühle an der Straße, die stellenweise von traditionellen Trockensteinmauern gesäumt ist. Wer einen Abstecher über die Hauptstraße FV 20 nach Antigua macht, kann sich auch das Mühlenmuseum »Molino de Antigua« am Ortseingang ansehen.

H Mirador de Morro Velosa

Die Nebenstrecke ab Tefia führt im weiteren Verlauf schließlich nach zwei Abzweigungen in den landschaftlich sehr reizvollen Parque Rural de Betancuria. Die kargen Berge leuchten in zahlreichen Erdtönen, im Frühjahr gesprenkelt mit grünen

AUTORENTIPP!

BETANCURIA

Schon der Name verrät, dass das Bergstädtchen von historischer Bedeutung ist. Der Eroberer Jean de Béthencourt, der auch die Herrschaft über Lanzarote übernahm, gründete es im Jahr 1404. Bis 1834 war Betancuria die Hauptstadt Fuerteventuras. Kulturfreunde, die bei einem Tagesausflug Prioritäten setzen möchten, sollten eher hierher fahren, anstatt nach Puerto del Rosario. Zu besichtigen ist die ehemalige Kathedrale Santa Maria de Betancuria. Sie wurde erstmals 1410 errichtet und im 17. Jahrhundert wieder aufgebaut, nachdem Piraten die Stadt zerstört hatten. Gegenüber betreibt Reiner Loos die Museums-Finca »Casa Santa Maria«, mit Kunsthandwerk, Multivisionsschau und 3D-Projektionsraum. In der Calle de Roberto Roldán gibt es ein archäologisch-ethnologisches Museum (Museo Arqueológico y Etnográfico). Die Ruinen des Franziskanerklosters Convento de Buenaventura am nördlichen Ortsausgang runden den Einblick in die Geschichte des Städtchens ab.

Casa Santa Maria. Plaza Santa María de Betancuria, 1, 35637 Betancuria, Tel. 928 87 82 82, www.casasantamaria.net

Oben: Restaurant Casa Santa Maria
Mitte: Skulpturenmeile am Hafen von Puerto del Rosario
Unten: Im Ecomuseo La Alcogida

Flecken und bunten Blüten. Hier kreisen Schmutzgeier, und häufig trifft man auf aus Marokko »eingewanderte« Atlashörnchen. Zahlreiche Miradores entlang der Durchfahrtstraße FV30 laden dazu ein, kurz Halt zu machen und die Fernsicht zu genießen.

Ein Highlight ist der Mirador de Morro Velosa (»Spitzenplatz«) bei Betancuria. Er wurde auf dem Gipfel des Vulkankegels Tegú (645 m) im Stil eines alten Gutshauses errichtet und beherbergt ein Panoramacafé. An der Gestaltung wirkte César Manrique mit, die Ausführung übernahm die Architektin Blanca Cabrera.

0 Puerto del Rosario

Der Schlenker zur Ostküste führt nach Puerto del Rosario, seit 1860 die Inselhauptstadt, in der heute fast 40 000 Einwohner leben. Wie in Arrecife auf Lanzarote pulsiert hier das Alltagsleben. Die Uferpromenade ist mit originellen Kunstobjekten dekoriert. Das kleine Museum zu Ehren des Schriftstellers Miguel de Unamuno in der Calle Virgen del Rosario ist ein lohnendes Ziel für historisch und literarisch Interessierte.

Von Puerto del Rosario aus geht es entlang der Küste zurück Richtung Norden. Nach dem roten Vulkan ist dann bald der Fährhafen wieder erreicht.

Infos und Adressen

SEHENSWÜRDIGKEITEN

Museo del Grano La Cilla. Getreidemuseum. Di–Sa 10–18 Uhr Calle La Orilla, 35 640 La Oliva, Tel. 928 86 87 29.

Weber in der Casa Santa Maria

Centro de Arte Canario. Mo–Fr 10–17 Uhr, Sa 10–14 Uhr, Calle Salvador Manrique de Lara s/n, 35 640 La Oliva, Tel. 928 86 82 33 und (mobil) 616 53 19 30.

Museo Arqueológico y Etnográfico. Di–Sa 10–18 Uhr. Calle de Roberto Roldán, 35 637 Betancuria, Tel. 928 87 82 41.

Casa Santa Maria. In dem Finca-Museum wird traditionelles Kunsthandwerk vorgeführt, außerdem gibt es eine Multivisionsschau und einen 3D-Projektionsraum. Mo–Sa 10–15.30 Uhr, Plaza Santa Maria 1, 35 637 Betancuria, Tel. 928 87 80 36, www.casasantamaria.net

Casa Museo Miguel de Unamuno. Einblicke in das Lebenund Werk des spanischen Schriftstellers, der sich zeitweise auf Fuerteventura niedergelassen hatte. Mo–Fr 9–14 Uhr, Calle Virgen del Rosario 11, 35 600 Puerto del Rosario, Tel. 928 86 23 76.

Museo de la Sal. s. S. 126

ESSEN UND TRINKEN

Casa Santa Maria. Das Lokal im Museum wurde mehrfach vom »Guide Michelin« als schönstes Restaurant der Insel ausgezeichnet. Plaza Santa Maria 1, 35 637 Betancuria, Tel. 928 87 82 82, www.casasantamaria.net

ÜBERNACHTEN

Ab 2013 soll das neue Vier-Sterne-Hotel in der Casa Santa Maria eröffnen.

AKTIVITÄTEN

Vulcano Biking. Verleih von Mountainbikes. Acorazado Espana 10, 35 660 Corralejo, Tel. 928 53 57 06, www.vulcano-biking.com

Apfelkuchen im Restaurant Casa Santa Maria

21 Los Lobos

Kleines Eiland mit großartiger Landschaft

Oben: Los Lobos
Unten: Überfahrt mit der Fähre

Oft wird empfohlen, Fuerteventura zu besuchen, während von Los Lobos seltener die Rede ist. Dabei ist das nahezu unbesiedelte Eiland ein wahres Juwel. Auf kleinstem Raum sind faszinierend viele Landschaftsformen zu entdecken. Es locken eine herrliche Wandertour und Lagunen mit türkis schillerndem Wasser.

Los Lobos liegt in der Meerenge La Bocaina, die Lanzarote und Fuerteventura trennt, nur rund zwei Kilometer vor Corralejo. Vom dortigen Hafen aus ist das Eiland mit einer kleinen Glasbodenfähre erreichbar, die alle ein- bis anderthalb Stunden ablegt. Außerdem gibt es ein Wassertaxi in Playa Blanca für eine direkte Überfahrt. Doch auch mit Umsteigen bleibt ausreichend Zeit. Nimmt man z.B. die Fähre ab Playa Blanca um 9 Uhr, geht es um 10 Uhr auf Fuerteventura weiter.

Los Lobos steht bereits seit 1982 unter Naturschutz. 1994 wurde die rund 4,5 Quadratkilometer kleine Insel zum Naturpark Parque Natural del Islote de Lobos erklärt. Sie beherbergt über 130 Pflanzenarten, darunter nur hier vorkommende Immortellen und Strandflieder. Die spanische Organisation ZEPA (Zona de Especial Protección para las Aves) erklärte sie zum Vogelschutzgebiet. Einige Bereiche sind als Reservat ausgewiesen und dürfen nicht betreten werden. Das Wandern ist nur auf den dafür angelegten Wegen gestattet. Höchster Punkt ist die Montaña de la Caldera (127 m).

Der Name der Insel erinnert an eine Kolonie Mönchsrobben (Spanisch: *lobo marino)*, die hier

Blick auf die Insel Lobos

bis zum 19. Jahrhundert lebte. Weil die Tiere von Seefahrern und Fischern unerbittlich gejagt wurden, sind sie hier nun nicht mehr anzutreffen.

El Puertito

Wer auf Spanisch etwas als besonders klein, winzig oder niedlich beschreiben möchte, hängt einfach die Silbe *ito* an (oder weiblich *ita*). Und der Hafen von Los Lobos ist ganz gewiss ein niedlicher *puertito*. Eine Lagune, gerahmt von Lavafelsen, ein kleiner Holzsteg und eine Handvoll alter Fischerhäuser – das ist alles. Weil der Hafen so klein und die Zufahrt schmal ist, legen die Fähre und andere große Boote an einem benachbarten Pier (»El Muello«) an. Rechter Hand führt ein Fußpfad direkt nach El Puertito. Dort lässt ein Blick in das kristallklare Wasser der Lagune erahnen, wie schön es erst am Strand sein muss.

Playa de la Concha

Die Traumbucht Playa de la Concha liegt genau in entgegengesetzter Richtung, man hält sich ab dem Fähranleger also links. Weißer Sand und in karibischem Türkis schillerndes Wasser stillen Sehnsüchte, noch dazu liegt der Strand schön geschützt hinter Felsbarrieren. Auch wenn es noch so verlo-

AUTORENTIPP!

DAS »RESTAURANT« VON EL PUERTITO

Die einzige Möglichkeit, auf Los Lobos einzukehren, besteht aus aus einer Hütte, eingerichtet von den Bewohnern des Fischerdörfchens El Puertito, das nur aus wenigen Häusern besteht. Davor stehen ein Tisch und zwei Bänke auf Felsen. Gekocht wird, was das Meer und die Vorratskammer hergeben. Man bestellt und reserviert gleich nach der Ankunft und kommt dann zur vereinbarten Zeit zum Essen wieder. Etwas Glück ist allerdings erforderlich, einen freien Platz und die Betreiber selbst vorzufinden. Am größten sind die Chancen in der Hochsaison. Daher sollte man für alle Fälle ein Lunchpaket einpacken.

Im Dorf El Puertito

Mit dem Mountainbike unterwegs

ckend ist, nur im Sand zu liegen und auf das Meer zu schauen, sollte man zunächst die Wanderung fortsetzen, um die Insel zu erkunden.

Inselrundwanderung

Die Insel lässt sich auf einer leichten Wanderung in drei Stunden erschließen. Infotafeln erklären auf dem Rundweg Besonderheiten zu Tieren, Pflanzen und Geologie. Um alles zu sehen, empfiehlt es sich, auch den ab und zu möglichen kleinen Abzweigungen zu folgen.

Ab El Puertito führt der Pfad bald entlang einer küstennahen Basaltlandschaft, in deren Vertiefungen sich kleine Meerwasserbecken gebildet haben. Diese *lagunitas* sind ideale Lebensräume für salzliebende Pflanzenarten und Seevögel, die in den Becken Nahrung finden.

Im weiteren Verlauf wird die Gegend sandiger. Wie riesige Pocken verteilen sich *hornitos*, kleine Öfchen aus dunklem Vulkangestein, über dem hellen Grund. Teils liegen alte Mauerreste und verfallene Häuser am Wegesrand. Die langen Blütenstängel einer größeren Anpflanzung von Agaven ragen empor. Aus den getrockneten Fasern der Pflanzen stellten Fischer einst Bootstaue her.

Im Norden der Insel steht der Leuchtturm Faro de Martiño (Mitte 19. Jh.). Hier kam 1903 die Schriftstellerin und Keramikerin Josefina Pla zu Welt, die später nach Paraguay auswanderte. Schon bei der Ankunft auf Los Lobos erinnert am Fähranleger eine Gedenkbüste an sie. Richtung Westen ist bereits die Montaña la Caldera zu sehen, die einen wundervollen Ausblick über die gesamte Insel und Fuerteventura ermöglicht. Von dem Vulkankegel geht es an den Resten alter Salinen vorbei zur Playa de la Concha und zurück zum Fähranleger.

Oben: Leuchtturm Faro de Martiño
Mitte: Wanderweg über die Insel
Unten: Blick vom Krater Montaña la Caldera auf die Bucht Caleta del Palo

Rundgang Los Lobos

A Fähranleger. – Bei der Ankunft aus Fuerteventura grüßt die Schriftstellerin Josefina Pla in Form einer Gedenkbüste.

B El Puertito. – In dem winzigen Hafenort gibt es ein besonderes »Restaurant«.

C Las Lagunitas. – Benannt nach den Vertiefungen der Basaltlandschaft, in denen sich kleine Meerwasserbecken gebildet haben.

D Los Hornitos. – Kleine »Öfchen« aus Vulkangestein sprenkeln die sandige Gegend.

E »Agavenwald«. – Hoch ragen die Blütenstängel einer Anpflanzung Agaven empor.

F Leuchtturm Faro de Martiño. – Geburtsort (1903) von Josefina Pla zu Welt, die

G Montaña de la Caldera. – Vom höchsten Punkt bietet sich ein Blick über die gesamte Insel und Fuerteventura

H Las Salinas. – Die Reste der alten Salzfelder sind noch zu sehen.

I Playa de la Concha. – Traumbucht in schillerndem Türkis.

Wanderzeit: ca. 3 Stunden.

Einkehr: Nur in El Puertito möglich und nicht immer ist das Lokal geöffnet. Also an Proviant und ausreichend Trinkwasser denken!

DER WESTEN

22 Salinas de Janubio 138

23 Lavaküste des Westens 142

24 El Golfo 148

25 Nationalpark Timanfaya 152

26 Besucherzentrum Mancha Blanca 160

27 Ermita de los Dolores 164

28 Das Dorf Mancha Blanca 168

29 Parque Natural de los Volcanes 172

30 Caldera Blanca 176

S. 136/137: Das Meer brandet an die Klippen bei El Golfo.
Oben: Restaurant bei den Salinen
Unten: Blick über die Salzfelder
S. 140: Wunderschön: Das Farbenspiel in den Salzfeldern

22 Salinas de Janubio

Farbenspiel in den Salzgärten

In der Nähe der Straße von Yaiza nach Playa Blanca liegen kunstvolle geometrische Formen in der Lavalandschaft: Vierecke leuchten in allen erdenklichen Rosa-, Grün- und Blautönen. Die alte Salzgewinnungsanlage ist ein einmaliger Anblick. Besonders schön ist das Farbenspiel in der Abendsonne.

Selten zeigt sich das Zusammenspiel von Natur und Menschenwerk so eindrucksvoll und harmonisch wie in den Salzgärten Salinas de Janubio. Auch César Manrique war fasziniert von der Anmut des Industriedenkmals. Der Künstler schwärmte von der »linearen Schönheit und den Farben der Salinen Lanzarotes«.

Salinen in der Lavalagune

Die 1895 von Vicente Lleó Benlliure errichteten Salinen von Janubio liegen in einer riesigen Salzwasserlagune, die durch die Vulkanausbrüche von Timanfaya geformt wurde. Wie im Weinanbaugebiet La Geria wussten die Lanzaroteños die von der Katastrophe hervorgebrachten neuen Landschaftsformen zu nutzen. So entstand eine der größten Salzgewinnungsanlagen Spaniens.

Weißes Gold

Die Gewinnung von Meersalz gehörte einst zu den bedeutendsten Wirtschaftszweigen auf Lanzarote. Überreste alter Salinen sind in mehreren Teilen der Insel zu finden, z. B. zwischen Arrecife und Playa Honda sowie unterhalb des Mirador del Rio im Norden. Im Norden bei Los Cocoteros ist eine Anlage noch in Betrieb. Auch in den Salinen von Janubio wird noch Salz gewonnen. Heute führt Carlos Padrón Lleó das Geschäft in vierter Generation. Allerdings ist die Produktion inzwischen stark eingeschränkt. Sie sank in den vergangenen Jahrzehnten um ein Fünftel auf rund 2000 Tonnen pro Jahr, da die konventionelle Herstellung von Salz ihr aus Kostengründen den Rang ablief. Wer allerdings schon mit echtem Meersalz gekocht hat, kennt den äußerst schmackhaften Unterschied.

Mikroorganismen als Künstler

Die Salzpfannen sind stufenartig vor dem Lagunensee angeordnet, sodass die Lauge von den höheren Becken hinab in die tieferen fließen kann. In dünnen Lagen dickt das Meerwasser ein, das Salz kristallisiert, trocknet in der Sonne und wird schließlich abgetragen. Abhängig von der Salzkonzentration dominieren unterschiedliche Mikroorganismen. Für die intensive rötliche Färbung in einigen Becken ist die Grünalge *Dunaliella salina* verantwortlich, die einen hohen Anteil an Carotinoiden enthält, insbesondere Beta-Carotin. Eine bräunlich-orange Färbung rührt von einer Gipskruste her, die sich bildet, bevor das Kochsalz ausfällt. Sie wiederum enthält verschiedenfarbige Schichten mit Cyano- und Purpurbakterien. Auch die grünliche Farbe des Lagunensees wird von einzelligen Algen verursacht. Sie sind ein gefundenes Fressen für die winzigen Salinenkrebse (*Artemia Salina*), die sich den lebensfeindlichen Bedingungen angepasst haben.

Lebensraum für Vögel

Um das Wasser aus dem Lagunensee in die oberen Felder zu pumpen, waren seinerzeit fünf Windmühlen errichtet worden. Heute übernehmen Motorpumpen diese Aufgabe. Die steinernen

AUTORENTIPP!

DER GESCHMACK DES MEERES
Das Meersalz von Janubio ist auf Lanzarote vielerorts erhältlich. Etwas ganz Besonderes und auch ein schönes Mitbringsel ist das Flor de Sal, hergestellt aus feinen Salzblumen, die an der Oberfläche der Salinen abgeschöpft werden. Man bekommt es in schmucken Dosen.
Das Salz von Janubio wird in der »Bodega de Sal« bei den Salinen sowie im Restaurant »Casa Domingo« am Mirador verkauft, aber auch in den Läden von El Golfo. Schlichte Beutel mit grobem Kochsalz gibt es zudem in einigen Supermärkten. Dort sind sie in der Regel preisgünstiger.

Bodega de Sal. Mo–Fr 7–14.30 Uhr, Salinas de Janubio, 35 570 Yaiza, Tel. 928 80 43 98 und (mobil) 630 85 13 83. E-Mail für Bestellungen pedidos@salinasdejanubio.com, www.salinasdejanubio.com

Sockel der Mühlen sind noch an den Rändern der Salinen zu sehen. Brutvögel wie Wüstengimpel und Wiedehopf nutzen sie als Unterschlupf. Überhaupt sind die Salinen ein kleines Paradies für Ornithologen. Sie wurden aus diesem Grund auch zu einem Gebiet von wissenschaftlichem Interesse erklärt. In den Becken staken Zugvögel wie z.B. der Langbeinige Stelzenläufer. Sie finden hier eine reiche Nahrungsquelle.

Die Salinen

Ein schöner Blick über die Salzbecken, die Lagune und das Meer entfaltet sich vor einem erhöhten Parkplatz direkt an der LZ 702 (Abzweigung der Hauptstrecke nach Playa Blanca). Man kann auch bis zum Restaurant »Casa Domingo« hinunterfahren und die Aussicht von der Terrasse genießen. Von einer Sandpiste südlich der Saline bietet sich ein Panorama mit Vulkanen im Hintergrund. Hier geht es auch zu dem schwarzen Strand Playa de Janubio, allerdings ist das Baden gefährlich. Ein schöner Strandspaziergang führt entlang der unteren, brachliegenden Salinen, an den Ruinen der Mühlen vorbei und zum Lagunensee. Zu erreichen ist die Playa de Janubio auch über einen Parkplatz auf der gegenüberliegenden Seite.

Ein Teil der Salinenbecken wird noch genutzt

Infos und Adressen

ESSEN UND TRINKEN

Im nahe gelegenen Fischerort El Golfo (ca. 5 km) gibt es zahlreiche gute Fischrestaurants (s. S. 148).

Casa Domingo. Fleischgerichte, Fisch und Tapas am Mirador Las Salinas. Lohnt sich wegen der Terrasse über den Salinen, auch Verkauf der Salzprodukte. Speisen und Getränke entsprechen dem Standard eines touristischen Ausflugslokals. Calle Hervidero 7 (Salinas del Janubio), Tel. 928 17 30 70.

ÜBERNACHTEN

Casa Rural Vistas Salinas. Uriges Ambiente mit Pool nahe den Salinen. Calle Cocederos 2, La Hoya – Salinas de Janubio, Tel. 626 42 99 52.

Oben: Beeindruckende Brandung
Unten: Am Aussichtsplatz in Los Hervideros ist man selten allein.

23 Lavaküste des Westens

Am Rande des Hexenkessels

Pechschwarze Felsen, überbordende Gischt, Teufelsbrücken und Hexenkessel – so präsentiert sich die wilde Lavaküste im äußersten Westen Lanzarotes. Hier ergossen sich die Ströme der Eruptionen von Timanfaya ins Meer. Eine ganze Reihe spannender Plätze für alle, die den Naturgewalten ganz nahe sein möchten. An die Kamera denken, es ist die Gelegenheit für spektakuläre Landschaftsaufnahmen!

Von den Salinen aus ist die Küste in beiden Richtungen ein Erlebnis. Bis zum Leuchtturm Faro de Pechiguera erstreckt sich landseitig die eher fade Rubicón-Ebene – zum Meer hin aber ist sie eindrucksvoll zerklüftet. Hier gibt es zahlreiche schöne Aussichtspunkte mit bizarren Felsformationen und *charcos*, Naturpools, in denen man bei ruhiger See ein Bad nehmen kann, bei Seegang ist es zu gefährlich. (s. S. 149)

Meeresgrotten El Convento

Eine schöne Wanderung führt zu zwei Meeresgrotten, die auch als El Convento (»Klosterhöhle«) bekannt sind. Sie befinden sich rund vier Kilometer südwestlich der Salinen und sind leicht über den Küstenweg zu erreichen. Wer das Auto am oberen oder unteren Ende der Playa de Janubio abstellt kann den Weg zu den Grotten mit einem Strandspaziergang verbinden. Ab dem südlichen Strandende geht es immer an der Wasserkante entlang, zwischenzeitlich wird der Pfad von einem breiteren Schotterweg abgelöst. Nach etwa anderthalb Kilometern liegt auf der linken Seite eine Meerwasserentsalzungsanlage. Anschließend wird das Gelände unwegsamer, ist aber immer noch gut begehbar.

Das nächste Ziel ist eine markante Landspitze, die etwa zwei Kilometer weiter wie ein Pfeil leicht erhöht ins Meer ragt. Erkennbar ist die Punta de Piedra Alta auch an einem trigonometrischen Messpunkt. Der quadratische Stein dient der Landvermessung und ist schon von Weitem zu sehen.

Nun folgt man dem Pfad, der direkt hinaufführt und genießt den herrlichen Weitblick, der sich vom Kap aus bietet. Noch ein kleines Stück weiter südwestlich sind bereits die beiden Meeresgrotten zu sehen, die das Meer in das Gestein wusch. Zu dem schönen Naturpool neben der zweiten Grotte kann man hinabsteigen, wenn das Wasser ruhig ist.

Teufelsbrücke und Hexenkessel

Nördlich der Salinen von Janubio führt die Nebenstrecke LZ 702 durch den Teil der Küste, der von den jüngsten Vulkanausbrüchen im 18. Jahrhundert geformt wurde. Kilometerweit geht es durch die Trümmerlandschaft des Malpaís; im Hinterland ragen die Krater des Nationalparks Timanfaya auf. Nah an der Küste thront die Montaña de la Vieja Gabriela (226 m, auch Montaña de Bermeja). Je nach Tageszeit bietet sich an der Lavaküste des Westens ein anderes Farbenspiel. Bei Sonnenuntergang leuchtet der Basalt in glühenden Rottönen, bis er sich schwärzt und nicht mehr vom Dunkel der Nacht zu unterscheiden ist.

Puente del diablo (»Teufelsbrücke«) nennt sich ein Grat aus Basaltgestein, der sich über der brüllenden Gischt spannt. Den eindrucksvollsten Ort sollte man sich nicht entgehen lassen. Er heißt

AUTORENTIPP!

OLIVIN: EIN MINERAL AUS DEM ERDMANTEL

Wer die Augen offenhält, entdeckt oliv- bis flaschengrüne Steinchen in der Lavalandschaft. Das eisenhaltige Mineral stammt aus dem oberen Erdmantel und wird von der Meeresbrandung aus dem Basaltgestein gewaschen. Rund um El Golfo sieht man oft Menschen in gebückter Haltung am Strand entlanglaufen, um die meist nur wenige Millimeter kleinen Exemplare aufzuspüren.
Die Frage, ob das Sammeln erlaubt ist, spaltet die Gemüter. Auch wenn auf Lanzarote vieles toleriert wird, ist nicht zu vergessen, dass die komplette Insel als Biosphärenreservat unter Schutz steht. Mit gutem Gewissen kann man den Olivin-Schmuck in den Läden Lanzarotes kaufen. Auch wenn er meist aus importierten Steinen hergestellt wird, ist er ein wunderschönes Andenken. Die oftmals beträchtlichen Preisunterschiede liegen übrigens darin begründet, dass die Qualität der Olivine und ihrer Verarbeitung sehr stark variieren kann.

Oben: Playa de Montaña Bermeja
Mitte: Los Hervideros
Unten: Bizarre Klippenformationen
S. 146: Am Strand von El Golfo

Los Hervideros (»der Kochkessel«) und befindet sich zwischen El Golfo und den Salzgärten. Hier schlug das Wasser Löcher und Schneisen in das beinahe säulenförmige Basaltgestein, um nun darin zu brodeln, zu kreisen und zu schäumen, als wolle es die ganze Insel auffressen. Bis zu mehreren Metern hoch schleudert die Brandung empor. Von einem Aussichtspunkt bei dem großen Parkplatz oberhalb lässt sich das spektakuläre Geschehen schon gut beobachten. Man sollte aber unbedingt (!) dem Weg noch weiter folgen. Er führt direkt in das Gestein hinein, in dem Gänge und kleine Balkone angelegt wurden, die den direkten Blick in die Kessel erlauben. Von Weitem ist dies nicht zu sehen.

Playa de Montaña Bermeja

Richtung El Golfo lohnen mehrere Stellen in Straßennähe einen Zwischenstopp. Dazu zählt der kleine Lavastrand Playa de Montaña Bermeja. An seinen Rändern stehen die zerklüfteten Felsen in der Brandung wie riesige Zähne. Hinter dem Strand ragt der namensgebende rote Vulkan empor.

Nach weiterer Fahrt durch das Malpaís gabelt sich die Straße. Geradeaus geht es an der Abbruchkante eines Massivs vorbei. Es gehört bereits zum eingestürzten Krater von El Golfo mit dem Smaragdsee Charco de los Clicos (s. S. 149).

Rundgang Lavaküste des Westens

Viele spektakuläre Plätze liegen in diesem Küstenbereich, den die Eruptionen von Timanfaya formten. Sie lohnen sich als einzelne Ziele, lassen sich aber auch zu schönen Wanderungen verbinden.

Ⓐ **Faro de Pechiguera** – Der Leuchtturm ist ein schöner Startpunkt für die Küstentour. In den Klippen ringsum verstecken sich viele »Charcos«, Naturpools, die zum Baden einladen (Achtung, nicht bei starker Brandung!).

Ⓑ **Punta de Piedra** – Etwas Besonderes ist die »Klosterhöhle«, zwei Meeresgrotten nahe der Landspitze.

Ⓒ **Playa de Janubio** – Der Strand bietet schöne Blicke über die Salzfelder – noch eine andere Perspektive als vom oberhalb gelegenen Mirador.

Ⓓ **Salinas de Janubio** – Die alte Salzgewinnungsanlage ist ein lohnendes Ziel, ganz besonders im Abendlicht.

Ⓔ **Los Hervideros** – Diesen »Hexenkessel« muss man gesehen haben!

Ⓕ **Playa de Montaña Bermeja** – Auch der schwarze Strand vor dem »Rot-Blonden Vulkan« ist den Besuch wert.

Ⓖ **Montaña Bermeja** – Der Vulkan ragt direkt hinter dem Strand auf.

Ⓗ **El Golfo** – Schon fast berühmt sind der Lagunensee und die Fischrestaurants im Dorf.

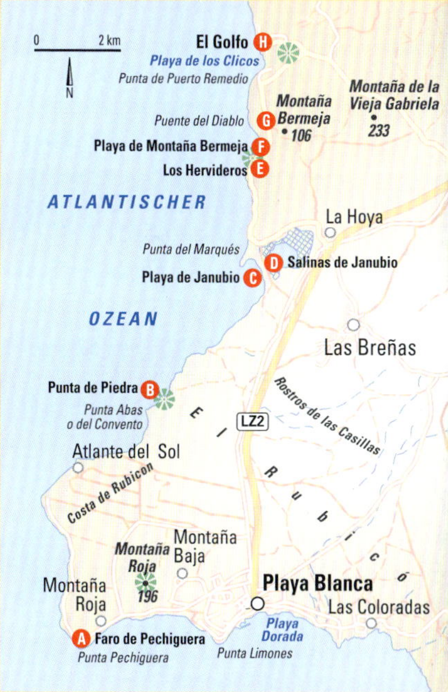

Besonders spektakulär ist die Küste im Abendlicht.

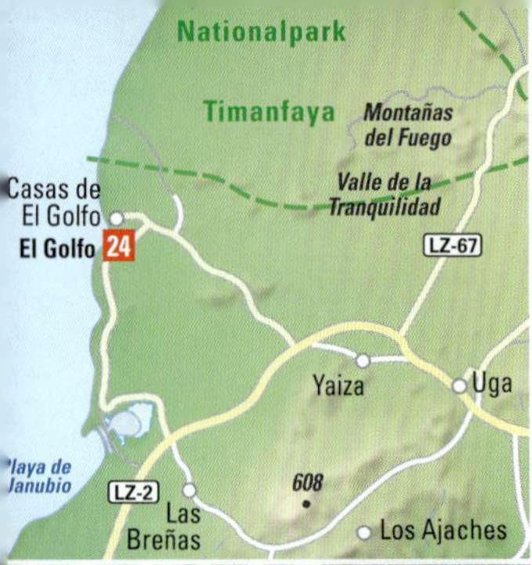

Oben: Wohnhaus in El Golfo
Unten: Charco de los Clicos
S. 150: Teils urig sind die Häuser in El Golfo.

24 El Golfo

Das Fischerdorf am Kratersee

Der kleine Ort an der Lavaküste ist gleich aufgrund zweier Tatsachen berühmt: Zum einen wegen des leuchtend grünen Lagunensees Charco de los Clicos, zum anderen wegen seiner hervorragenden Fischrestaurants. Am Rand des Malpaís von Timanfaya gelegen, ist El Golfo weit und breit das einzige Dorf in diesem Küstenbereich.

Wer der Straße entlang der Westküste folgt, kommt an ein Schild, laut dem es geradeaus direkt zum Charco de los Clicos geht und rechts nach El Golfo. Der direkte Weg führt an den Strand des Lagunensees, die Abzweigung indes eröffnet eine viel schönere Möglichkeit, das Naturwunder zu betrachten, und zwar von einem erhöhten Aussichtspunkt aus. Denn spektakulärer als der See selbst ist das Panorama des Kratermassivs in seiner gesamten Farbenpracht. Man kann also getrost erst einmal um den Berg herum Richtung El Golfo

MAL EHRLICH

OLIVIN AN SOUVENIRSTÄNDEN

An den Pfaden, die zum Charco de los Clicos führen, aber auch an anderen Orten der Westküste (z. B. in Los Hervideros) werden Olivinsteine auf kleinen Tischen für wenige Euro zum Verkauf angeboten. Oft ist nicht einmal ein Händler anwesend, sondern es gibt eine kleine Kasse, in die man das abgezählte Geld hineinwerfen soll. Doch dies ist ein fragwürdiges Geschäft, oft stammen die Steine aus den geschützten Gebieten der Insel, wo sie illegal gesammelt wurden. Souvenirs aus Olivin sollte man lieber in einem Laden kaufen (s. S. 143).

El Golfo ist für seine guten Fischrestaurants bekannt

fahren. Der Abstieg zum Strand ist von dort allerdings nicht gestattet. Wer sich dem Gewässer nähern möchte, sollte also beide Möglichkeiten auch nutzen.

Charco de los Clicos

Am Ortseingang von El Golfo beginnt an dem großen Parkplatz (neben dem Restaurant »El Sirocco«) ein kleiner Wanderpfad. Er führt in wenigen Minuten zu dem grünen See und eröffnet weitere schöne Panoramen. Schon nach einigen Metern breitet sich Richtung Norden das malerisch gelegene Fischerdorf aus. Über den in der Gegenrichtung ansteigenden Pfad, der zu beiden Seiten von Tauen abgegrenzt ist, geht es die Bergflanke entlang. Am Ende entflammt das Kratergestein, das imposante Falten und Schichten aus Lehm, Sandstein und Basalt gebildet hat, zu einem wahren Farbenfeuerwerk aus knalligen Rostrot- Orange- und Brauntönen. Unterhalb leuchtet das intensive Grün des Lagunensees vor dem schwarzen Strand und dem tiefblauen Meer. Ist man bei perfektem Sonnenstand am späten Nachmittag eingetroffen, entfaltet sich der Zauber ganz und gar.

Die halbkreisförmige Struktur der Montaña del Golfo (152 m) lässt noch den einstigen Krater erahnen, der zur Hälfte im Meer versunken ist. Ein

AUTORENTIPP!

RESTAURANT BOGAVANTE

Zugegeben, es fällt schwer einen Favoriten zu nennen, denn die meisten Restaurants in El Golfo sind empfehlenswert. Einige jedoch sind mehr auf Touristen eingestellt, während in anderen noch eher der Charme des alten Fischerdorfs zu spüren ist. Auch sind manche Lokale überteuert, und nicht alle verfügen über Sitzplätze am Wasser. Das »Bogavante« ist das urigste Lokal in El Golfo mit einer Terrasse direkt über dem Meer. Zudem bietet es gute kanarische Küche zu vernünftigen Preisen.

Bogavante. Av. Marítima del Golfo 39, Tel. 928 17 35 05.

911
CASA
EL
CANARIO

Rest der anderen Hälfte ist auf der Südseite der Bucht erkennbar, wo ein riesiger Felsblock in der Brandung steht. Es handelt sich hier um eine seltenere Form des Vulkanismus: Das Aufeinandertreffen von Magma und Wasser verursachte eine schlagartige Verdampfung, durch die ein Tuffkrater gebildet wurde (»phreatomagmatische Eruption«). Der sichelförmige Charco de los Clicos verdankt seine fast unwirkliche Farbe einem starken Vorkommen mikroskopisch kleiner Algen, einem ähnlichen Phänomen also, wie es die Salinen von Janubio prägt. Das Baden im Lagunensee ist übrigens nicht erlaubt.

Zurück Richtung El Golfo warten noch zwei weitere schöne Aussichtspunkte links am Wegesrand. Der erste liegt auf einem Plateau aus Natursteinen oberhalb der kleinen Nachbarbucht, in der meist einige Fischerboote zu sehen sind. Eine gute Sicht bietet auch der Gipfel des kleinen Hügels direkt dahinter. Dort ist allerdings Trittsicherheit erforderlich aufgrund von Geröll und recht steilen Abhängen.

Das Dorf El Golfo

Bei einem Spaziergang durch El Golfo läuft einem das Wasser im Mund zusammen. Der Duft nach gebratenem, gegrilltem oder anderweitig zubereitetem Fisch mischt sich mit der salzigen Meeresluft. Man sollte der Verlockung widerstehen, gleich in eines der ersten Lokale einzukehren und erst einmal durch den Ort laufen, um seinen persönlichen Lieblingsplatz zu finden. Hübsche Restaurants reihen sich zu beiden Seiten der Straße, einige mit Tischen am naturbelassenen Strand. Durch die direkte Westlage sind dort die schönsten Sonnenuntergänge der Insel zu bewundern. Am Ende der Straße führt hinter einem kleinen Spielplatz ein Wanderpfad in das Lavameer hinein.

Infos und Adressen

ESSEN UND TRINKEN

Casa Torano. Restaurant mit schönen Außenplätzen entlang des Strands, allerdings auch dicht an der Straße. Fisch des Tages, Paella und eine große Auswahl an Meeresfrüchten. Av. Marítima del Golfo 24, Tel. 928 17 30 58.

Mar Azul. Kleines, bei Residenten beliebtes Lokal mit Tischen und Stühlen vor der Tür und auf dem lauschigen Balkon. Av. Marítima del Golfo 42, Tel. 928 17 31 32.

Lago Verde. Das Restaurant in der Ortsmitte ist überteuert. Av. Marítima del Golfo 46, Tel. 928 17 33 11.

Caleton. Solide Küche, nettes Ambiente. Es liegt im hinteren Teil des Orts, kurz vor dem Ende der Durchfahrtsstraße am Lavameer. Av. Marítima del Golfo 66, Tel. (mobil) 650 06 49 63.

ÜBERNACHTEN

Caletón del Golfo. Kleines, schmuckes Finca-Hotel mit Meerblick. Av. Marítima del Golfo 3, Tel. 626 49 26 84, info@caletondelgolfo.com

El Hotelito del Golfo. Familiäres Ambiente, beliebt bei Individualreisenden. Zimmer mit Blick auf das Meer oder die Lavalandschaft. Av. Marítima del Golfo 6, Tel. 928 17 32 72, www.hotelitodelgolfo.com

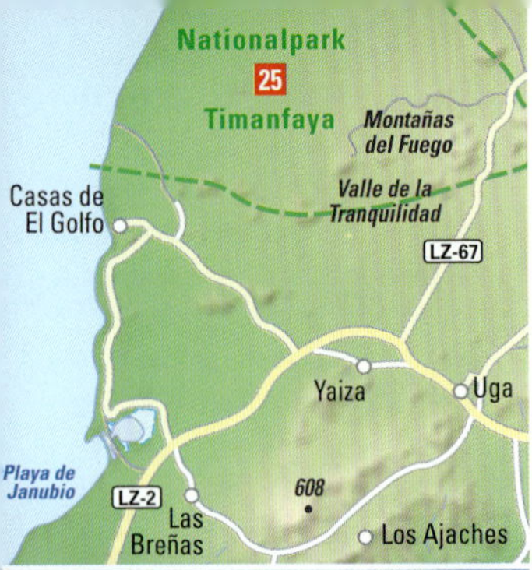

Oben: Warten auf Reitgäste
Unten: In den Feuerbergen

25 Nationalpark Timanfaya

Kostproben vulkanischer Hitze

Die Gegend färbt sich schwarz, dann rot, bald grüßt ein Teufel am Straßenrand. Willkommen in den Feuerbergen! Nirgendwo sonst ist der vulkanische Ursprung der Kanaren so nah wie hier. Ein Vulkangrill und Vorführungen der vulkanischen Hitze beweisen, was noch in der Erde steckt. Die schon fast dramatische Busfahrt durch das Lavameer zählt zu den Highlights eines Lanzarote-Besuchs.

»Ein gewaltiger Berg bildete sich in der ersten Nacht, und aus seinem Gipfel schossen Flammen, die 19 Tage lang brannten. Wenige Tage später brach ein neuer Schlund auf, und der Lavastrom ergoss sich über Timanfaya…« Mit diesen Worten hielt Don Andrés Lorenzo Curbelo, der Pfarrer von Yaiza, im Jahr 1730 die beginnende Katastrophe in seinem Tagebuch fest (s. S. 208). Noch sechs Jahre lang sollten Feuerfontänen und sich vor-

MAL EHRLICH

KURZ, ABER EINDRUCKSVOLL

Im Grunde geht es bei dem Dromedarritt durch die Feuerberge nur in einer großen Schleife den Hang hinauf und wieder zurück. Auch kann man sich fragen, wie sich dieser Trott wohl für die gutmütigen Tiere anfühlen mag. Auf der anderen Seite werden die Tiere meist nur für halbe Tage eingesetzt, dann geht es zurück in den Stall nach Uga. Für die Gäste, insbesondere Kinder, ist die kurze Zeit auf dem Wüstenschiff durchaus ein Erlebnis, zumal es einen besonderen Blick auf die Feuerberge ermöglicht.

wärts wälzende glühende Massen in der Region Angst und Schrecken verbreiten. Der Großteil der Lava floss an der Westküste ins Meer, ein weiterer Strom begrub das Land bei Arrecife unter sich. Wenn auch die Menschen fliehen konnten, ihre Lebensgrundlage war vernichtet. Das fruchtbare Land erstarrte unter Basalt, elf Dörfer wurden zerstört. Nach dem größten von ihnen ist heute der Nationalpark Parque Nacional de Timanfaya benannt, auch der höchste Vulkan (Timanfaya, 510 m) trägt diesen Namen. Im Jahr 1824 gab es weitere Ausbrüche, die zweieinhalb Monate dauerten.

Montañas del Fuego

Bereits die Anfahrt von Yaiza oder Mancha Blanca aus lässt erahnen, welch spektakuläre Ansichten der Nationalpark bereithält. Zu beiden Seiten der Straße erstreckt sich das mit dicken, schwarzen Basalttrümmern bedeckte Land. Einige hitzeresistente Pflanzen krallen sich in den Boden, kein Haus ist weit und breit zu sehen. Bald tauchen die in vielen Rottönen schimmernden Feuerberge am Horizont auf, und ein tanzendes Teufelchen erinnert daran, wer hier das Sagen hat. Das von César Manrique kreierte Geschöpf ist das Symbol des 51 Quadratkilometer großen Gebiets, das 1974 zum Nationalpark erklärt wurde. Es unterteilt sich in ein Reservat (ca. 90 Prozent der Gesamtfläche), das den Zugang ausschließlich für wissenschaftliche oder verwaltungstechnische Zwecke erlaubt, sowie Gebiete, die Besuchern offenstehen, allerdings unter Beachtung strenger Vorschriften.

Die einzige Zufahrtsmöglichkeit zweigt von der Hauptstraße LZ 67 ab. Dort hält man am Kassenhäuschen und fährt anschließend weiter bis zum großen Parkplatz auf dem Islote de Hilario, dem touristischen Zentrum der Feuerberge.

AUTORENTIPP!

MUSEO DE ROCAS

Das kleine, sehenswerte Museum an der Dromedarstation übersieht man leicht. Sein Eingang liegt etwas verborgen in einer Lavawand im hinteren Bereich des Platzes, auf dem die Führer mit ihren Tieren auf die Besucher warten. Wie der Name des Museums verrät, geht es hier um Steine (*rocas*), doch man erfährt in der Ausstellung auch Interessantes über die verschiedenen Lava-Formen, Flechten und Mineralien im Vulkangestein. Auch die frühere Bedeutung der Dromedare für die Landwirtschaft Lanzarotes wird anschaulich dargestellt. Das Museum ist außerdem ein Informationspunkt, den Besucher bei Fragen zum Nationalpark aufsuchen können.

Museo de Rocas. Museum und Informationspunkt direkt an der Dromedarreitstation (nahe der Zufahrt zum Nationalpark). Mo–Fr 9–15 Uhr.

AUTORENTIPP!

BESTE BESUCHSZEITEN FÜR TIMANFAYA

Der Nationalpark Timanfaya ist eine der Hauptattraktionen Lanzarotes. Mehr als anderthalb Millionen Menschen besuchen ihn jährlich. Wer Stau auf der Zufahrtsstraße und langes Warten auf einen Platz für die Bustour »Ruta de los Volcanos« vermeiden möchte, sollte zum richtigen Zeitpunkt da sein, und zwar gleich morgens um 9 Uhr, wenn der Park öffnet. Danach wird es ziemlich schnell voll, weil die meisten Reisegruppen vormittags eintreffen. Etwas entspannter geht es auch am Nachmittag zu, wenn die großen Busse schon wieder weg sind. Dann sollte man jedoch noch ausreichend Zeit für die anderen Highlights am Islote einplanen. Im Restaurant »El Diablo« des Nationalparks wird ab 12 Uhr Mittagessen serviert. Ausschlaggebend ist letztlich auch, ob man den Dromedarritt machen möchte, denn dies ist nur bis zum frühen Nachmittag möglich.

Parque Nacional de Timanfaya. Nationalpark Timanfaya. Einfahrt an der LZ67. Tgl. 9–18 Uhr (im Winter bis 17 Uhr), die letzte Busrundfahrt (Dauer ca. 1 Std.) beginnt ca. eine Stunde vorher. Bar 9–16.45 Uhr, Restaurant 12–15.30 Uhr.

Islote de Hilario

Wie ein Raumschiff sitzt der Rundbau mit seinen schwarzen Mauern und Panoramafenstern auf dem Gipfel des Islote de Hilario. César Manrique kreierte das 1970 fertiggestellte Gebäude. Die Ausführung übernahm der Architekt Eduardo Cáceres.

Als *Islotes* (»vulkanische Inselchen«) bezeichnet man Vulkankegel höheren Alters, die von jüngeren Lavaströmen umflossen wurden. Sie bilden damit eigene, abgeschlossene Lebensräume, in denen die geologischen und biologischen Prozesse bereits weiter fortgeschritten sind. Der Name Hilario stammt einer Legende zufolge von einem Einsiedler, der zusammen mit seinem Dromedar auf diesem Berg wohnte. Er soll einen Feigenbaum gepflanzt haben, der niemals Früchte trug, weil sich »die Blüte nicht von der Flamme« ernähren konnte. Als Hommage an diese Geschichte stellt das Restaurant »El Diablo« hinter Glas effektvoll einen Feigenbaum und einen Kamelknochen auf schwarzem Vulkansand zur Schau.

Restaurant auf heißem Grund

Im Nationalpark zeigt sich ein Phänomen, das Vulkanologen als »geothermische Anomalie« bezeichnen: Extrem hohe Temperaturen herrschen dicht unterhalb der Erdoberfläche. Sie werden durch Gase verursacht, die aus einer mehrere Kilometer tiefen Magmakammer aufsteigen und die darüberliegenden Erdschichten erhitzen. Das Zentrum dieser Anomalien befindet sich auf dem Islote de Hilario, was die Erbauer des Restaurants »El Diablo« vor eine enorme physikalische Herausforderung stellte.

Jesús Soto, Manriques langjähriger Mitarbeiter, entwickelte ein System, mit dem sich eine Überwärmung des Gebäudes verhindern ließ. Wech-

Rundgang Nationalpark Timanfaya

B Besucherzentrum – Die perfekte Ergänzung zum Besuch des Nationalparks

B Zufahrt zum Nationalpark – Die Abzweigung von der Hauptstraße LZ 67 führt direkt zum Kassenhäuschen.

C Islote de Hilario – Das touristische Zentrum der Feuerberge mit dem Restaurant »Diablo«

D Hitzedemonstrationen – Auf dem Vorplatz des Restaurants wird deutlich, wie heiß es hier unter den Füßen ist.

E Beginn der Rundfahrt – Alle halbe Stunde startet ein Bus zur »Ruta de los Volcanos«.

F Ruta de los Volcanos – Die Rundfahrt durch den Nationalpark bietet spektakuläre Einblicke in die Landschaft und die Lavaformationen.

G Mirador de Montaña Rajada – Ein Höhepunkt der Bustour ist der Stop an diesem Aussichtspunkt.

H Montaña Timanfaya (510 m) – Dieser Vulkan ist nach dem größten der elf begrabenen Dörfer benannt.

I Ruta Termesana – Auf dem vulkanische Lehrpfad lässt sich der Nationalpark zu Fuß erkunden.

J Echadero del los Camellos – Die Dromedarreitstation liegt genau an der Grenze, aber bereits außerhalb des Nationalparks und ist leicht über die LZ 67 zu erreichen.

K Museo de Rocas – Wissenswertes über Dromedare, die Geologie sowie Biologie der Lavalandschaft

L Zone der gemäßigten Nutzung – 50 Meter breite Streifen von der Küstenlinie landeinwärts

M Ruta Litoral – Die neun Kilometer lange Küstenwanderung darf man auf eigene Faust unternehmen.

Oben: Spektakulär: Die Hitzevorführungen
Mitte: Das Symbol von Timanfaya
Unten: Köstliches vom »Vulkangrill«

selnde Schichten aus Beton, Lehm und Gestein im Fundament fangen den Hitzestrom ab und leiten ihn zu an einen Ort um, an dem er gute Dienste leistet: Im Eingangsbereich des Restaurants befindet sich ein Konstrukt, das an einen Brunnen erinnert. Auf dem Gitterrost über der Öffnung brutzeln Hähnchenkeulen, Fleischspieße und andere Köstlichkeiten. Der »Vulkangrill« ist Teil der Gastronomie und zugleich ein Besuchermagnet ersten Grades. Er wird ausschließlich mit der Hitze aus dem Erdreich betrieben. Die Ergebnisse kann man sich im Restaurant bei einem großartigen Blick über den Nationalpark schmecken lassen.

Hitzevorführungen

Auf dem Vorplatz gibt es noch mehr Gelegenheiten, das Hitzephänomen zu erleben. Mitarbeiter des Nationalparks gießen mit einem Eimer Wasser in aus dem Erdreich ragende Röhren – sofort schießt eine Fontäne aus Dampf mit einer Wucht empor, die alle Zuschauer zusammenzucken lässt. Auch dies war übrigens eine Idee von Jesús Soto. Während der Bauphase hatte er beobachtet, wie die Arbeiter ihre Presslufthämmer zur Kühlung mit Wasser übergossen. Dabei muss es einen Hitzepunkt im freigelegten Erdreich getroffen haben, denn es bildete sich ein »Geysir«, der die Männer in Staunen versetzte. Daraufhin lies Soto zwölf Meter lange Rohre in den Untergrund treiben. Sie sind heute Schauplatz der Hitzevorführungen. In dieser Tiefe wurden bereits Temperaturen von bis zu 610 Grad Celsius gemessen.

Im Wechsel dazu wird eine Forke mit getrocknetem Dornlattich in ein Erdloch gehalten. Binnen Sekunden geht das Büschel in Flammen auf, und das bereits in einer Tiefe von circa zwei Metern. Auch kleine Kiesel aus der Grube dürfen die Umstehenden in die Hand nehmen. Die meisten lassen sie schnell wieder fallen, so heiß sind die Steinchen.

Die Hitzedemonstrationen werden laufend dargeboten, sodass es immer eine Gelegenheit gibt, dabei zu sein. Rechts unterhalb des Vorplatzes befindet sich noch ein weiterer kleiner Grill in der Steinwand, an dem man die aufsteigende Hitze spüren kann. Bislang war es auch kein Problem, sich den Spaß zu erlauben, ein mitgebrachtes Würstchen aufzulegen. Wer dies machen möchte, sollte aber auch an Alufolie zum Unterlegen denken und keinen Müll hinterlassen.

Ruta de los Volcanos

Die Umgebung gleicht so sehr einer Mond- oder Marslandschaft, dass sie bereits als Kulisse für Science Fiction-Filme herhielt, u. a. für »Planet der Affen« mit Charlton Heston. Auch Nasa-Fahrzeuge für die Apollo-Weltraumflüge in den 1960er-Jahren wurden hier getestet. Mit zwei Ausnahmen (siehe Autorentipp) ist es jedoch nicht gestattet, den Nationalpark zu Fuß zu erkunden. Diese Einschränkung dient dem Schutz der allmählich erstarkenden Pflanzenwelt, aber auch der Besucher, die sich an einsturzgefährdeten Stellen verletzten könnten.

César Manrique und Jesús Soto schufen 1968 die 14 Kilometer lange Ruta de los Volcanes (»Route der Vulkane«). Eine spektakuläre, etwa einstündige

AUTORENTIPP!

FAHRT DURCH DAS LAVAMEER

Das Mar de Lava (»Lavameer«) bedeckt fast 170 Quadratkilometer der Insel. Auch außerhalb des Nationalparks lohnt die Erkundung. Schon die Fahrt mit dem Mietwagen durch die hügelige Basaltlandschaft ist ein Erlebnis. Für Radfahrer sind die Routen ebenfalls gut geeignet. Besonders faszinierend sind zwei Nebenstrecken, die von der LZ 30 abzweigen: Die LZ 56 nach Mancha Blanca sowie die LZ 58 nach La Vegueta. Letztere führt auch vorbei an der »Cueva de los Naturalistas« bei Masdache. In dem Lavasaal der »Höhle der Naturforscher«, der sich in einen Doppeltunnel unterteilt, haben sich kleine Stalaktiten gebildet. Die Höhle ist kostenlos zu besichtigen und wurde zum Naturmonument erklärt.

Parque Nacional
Timanfaya

Busrundfahrt führt an sehenswerten Lavaformationen und Aussichtspunkten vorbei. Sie ist im Eintrittspreis für den Park inbegriffen. Die Busse starten halbstündlich auf dem Parkplatz vor dem Restaurant. Die beste Sicht hat man von der rechten Seite aus. Untermalt von dramatischer Musik und dreisprachigen Informationen (auf Spanisch, Englisch und Deutsch) geht es in teils schwindelerregenden Kurven durch die Feuerberge.
Zu sehen ist u.a. der Manto de la Virgen (»Mantel der Jungfrau«). Hier hat ein Vulkanöfchen (*hornito*) die geisterhafte Form eines schwarzen Umhangs gebildet. Die Fahrt führt auch durch eine Feuerschlucht (Barranco de Fuego), mitten durch den Krater der Caldera Quemada und das Valle de la Tranquilidad (»Tal der Stille«), in dem die Vulkanhügel mit weiten Asche- und Lapillifeldern bedeckt sind. Zum Ende der Rundfahrt schmettert das furiose Thema aus »Also sprach Zarathustra« von Richard Strauss aus den Lautsprecherboxen. Es gibt wohl kaum etwas Passenderes als diese musikalische Interpretation von Friedrich Nietzsches Werk über einen Menschen im Prozess der Selbstfindung, der zehn Jahre als Einsiedler in den Bergen lebte.

Dromedarreitstation

Ein Bild wie in der Sahara: Die Karawane vor den Feuerbergen ist ein beliebtes Fotomotiv. An der Dromedarreitstation kann man sich auch auf eines der aneinandergebundenen Tiere setzen bzw. in dafür vorgesehene Zweiersitzkörbe seitlich des Höckers. So geht es dann für rund 20 Minuten durch die Vulkanlandschaft. Die Strecke führt ein Stück um den Vulkan Timanfaya (510 m).

Die Reitstation »Echadero de los Camellos« liegt kurz vor der Einfahrt zum Islote de Hilario auf der linken Straßenseite (aus Richtung Yaiza).

Oben: An der Dromedarreitstation
Mitte: Im Restaurant »El Diablo«
Unten: Die Tiere sind sehr gutmütig
S. 158: Willkommen in den Feuerbergen!

Oben: Im Besucherzentrum
Unten: Hintergründiges zum Vulkanismus

26 Besucherzentrum Mancha Blanca

Hintergründiges und ein »echter« Vulkanausbruch

Der schnöde Name täuscht darüber hinweg, dass hier ein äußerst spannender Ort wartet. Geboten werden eine Ausstellung, multimediale Vorführungen und ein simulierter Vulkanausbruch im »Eruptionssaal«. Das Besucher- und Informationszentrum Centro de Visitantes e Interpretación Mancha Blanca liegt kurz vor der Einfahrt zum Nationalpark am Straßenrand.

Das moderne, weiße Gebäude kontrastiert mit der Wildnis des Lavameers und ist daher kaum zu übersehen. Ein Besuch in dem kostenlosen Informationszentrum rundet die Erlebnisse im Nationalpark perfekt ab. Außerhalb des Zentrums entführt ein kleiner Rundgang durch das Lavagestein. Zwei Plattformen bieten einen faszinierenden Blick über die Feuerberge. Zum Abschluss informiert eine bebilderte Tafel über die Namen der Vulkankegel.

Der Eruptionssaal

In das Untergeschoss sollte man sich begeben, sobald Durchsagen per Lautsprecher darauf aufmerksam machen, dass nun wieder ein Vulkanausbruch stattfinden wird. Aufmerksame Guides holen die Besucher im Ausstellungsbereich ab und weisen den Weg. Dann wird es finster. Mit einem Grollen und Vibrationen beginnt die Katastrophe, Dampf strömt aus, die Wände knirschen. Rote »Glut« leuchtet in den Felswänden auf, und ein ohrenbetäubendes Getöse vermittelt einen Eindruck davon, wie sich Eruptionen anhören.

Küstenwanderung im Nationalpark

Vulkanismus und Inselgeschichte

Das Informationszentrums ist sehr ansprechend gestaltet und bietet eine ganze Reihe multimedialer Möglichkeiten. Neben einer Ausstellung zum Nationalpark Timanfaya gibt es Wissenswertes zu anderen Themen, das den Vulkanismus, Lanzarote oder die Kanarischen Inseln im Allgemeinen betrifft. So erfährt man z. B. Einiges über die Entstehungsgeschichte des Archipels. Weitere Themengebiete sind Meteorologie, Tier- und Pflanzenwelt sowie Wirtschaft, Energiegewinnung und Tourismus.

Für Kinder ist besonders der »Aktionsbereich« im Besucherzentrum spannend, der alle Sinnesorgane anspricht. In den Schaukästen kann man z. B. den Geruch des Meeres wahrnehmen oder verschiedene Gesteinsoberflächen ertasten. Manches erfordert reichlich viel Phantasie – ein Spaß bleibt es dennoch.

In einem kleinen Kinosaal wird ein sehenswerter Film über Lanzarote gezeigt (zu jeder vollen Stunde). Er beleuchtet in eindrucksvollen Bildern die Geschichte der Insel von den vulkanischen Ursprüngen bis hin zu ihrer touristischen Erschließung. Der Film ist auf Spanisch, gegen eine Gebühr können Kopfhörer mit deutschsprachigen Kommentaren ausgeliehen werden.

AUTORENTIPP!

KÜSTENWANDERUNG ENTLANG DER FEUERBERGE

Eine einzige Wanderroute gestattet es Besuchern, sich zu Fuß und ohne Führung durch den Nationalpark Timanfaya zu bewegen. Ein 50 Meter breiter Streifen von der Küstenlinie landeinwärts entlang des gesamten Parks wurde zur »Zone der gemäßigten Nutzung« erklärt. Ansonsten gelten auch hier die Verhaltensregeln des Nationalparks. Falls man nur die halbe Strecke gehen möchte, ist die kleine Playa de la Cochina ein schöner Wendepunkt. Der südliche Startpunkt der Wanderung ist die Playa del Paso. Die Piste gabelt sich an der Montaña Quemada, dort weiter geradeaus fahren und nach ca. 400 Metern parken. Das nördliche Ende markiert die Playa de la Madera. An Proviant und ausreichend Trinkwasser denken, es gibt unterwegs keine Einkehrmöglichkeit!

Ruta del Litoral. Startpunkt: Playa del Paso (Anfahrt über LZ 704 Richt. El Golfo) oder Playa de la Madera (Zufahrt ab Tinajo bzw. Mancha Blanca, Streckenlänge (einfach): 9 km

Oben: Blick in das Innere der Erde
Unten: Weg zum Aussichtspunkt

Geführte Wanderungen im Nationalpark

Das Besucherzentrum ist die Anlaufstelle für die einzige Gelegenheit, die Landschaft im Nationalpark hautnah zu erleben. Es werden zwei Wanderungen angeboten, die in Begleitung der Ranger erlaubt sind. Eine Route führt entlang der Montaña Tremesana (Schreibweise auch: Termesana, 328 m) am südlichen Rand des Nationalparks. Hier wurde sogar ein kleiner Lehrpfad eingerichtet. Außerdem gibt es eine geführte Küstenwanderung durch den Nationalpark, die man allerdings auch auf eigene Faust unternehmen darf (s. S. 155).

Die Wanderungen werden regelmäßig kostenlos angeboten – wahlweise auf Spanisch oder Englisch. Inbegriffen ist auch die Fahrt in Kleinbussen zum Ausgangspunkt der Touren. Nur in Ausnahmefällen kann es sein, dass aus Platzgründen die eigene Anfahrt erforderlich ist. Voraussetzung ist, dass die jeweilige Sprache der Führung auch wirklich verstanden wird, um den Anweisungen der Ranger folgen zu können. Das Mindestalter für die Teilnahme ist 16 Jahre.

Infos und Adressen

INFORMATION

Das Reservieren einer geführten Wanderung ist bis zu zwei Monate im Voraus möglich, z. B. über die »Zentrale für Online-Reservierungen« der kanarischen Nationalparkbehörde. Der direkte Link lautet www.reservasparquesnacionales.es. Man muss dabei nur genau hinsehen, da die Infos teils etwas versteckt liegen. Oben rechts lässt sich zunächst eine von sieben Sprachen einstellen (auch Deutsch). Dann klickt man auf das Bild für »Timanfaya«, wählt die gewünschte Tour aus der Liste aus und weiter geht es über den Button »Reservierung« in der grünen Leiste.

Die Anmeldung ist auch über Tel. (928 84 08 39) oder persönlich im Besucherzentrum Mancha Blanca möglich.

Infos zur Meereswelt von Lanzarote

Centro de Visitantes de Mancha Blanca. Besucherzentrum des Nationalparks.Tgl. 9–17 Uhr. Ctra. LZ 67, Km 11,50, Mancha Blanca (Tinajo), Tel. 928 11 80 42, manchablanca.cmayot@gobiernodecanarias.org, Eintritt frei. Parkplatz vorhanden.

Die Ausstellung im Besucherzentrum ist ansprechend gestaltet.

Oben: Das wundersame Holzkreuz
Unten: Altarraum der Ermita de los Dolores
S. 166: Die »Jungfrau der Schmerzen«

27 Ermita de los Dolores

Wallfahrtskirche mit besonderer Geschichte

Eine Prozession verzweifelter Dorfbewohner, die der heranströmenden Lava entgegenschreitet, die Statue ihrer Hoffnung hoch erhoben. So ungefähr muss das Szenario ausgesehen haben, dass sich am 16. April 1736 bei Mancha Blanca abspielte. Und das Wunder geschah: Der Lavastrom stoppte. An der Stelle errichteten die Bewohner eine Wallfahrtskirche zu Ehren ihrer »Retterin«, der Jungfrau Dolores.

Der Franziskaner Esteban de la Guardia hatte die Prozession in den ersten Tagen des April 1736 einberufen. Dabei trugen die Dorfbewohner die Statue der *Virgin de los Dolores* (»Jungfrau der Schmerzen«), die sie aus der Kirche San Roque in Tinajo geholt hatten. So die gängige Version der Geschichte, nach Auskunft der Gemeinde war es wohl eher ein Gemälde. Als sie in der Osterwoche an der Montaña Guiguan eintrafen, beteten und flehten die Pilger in Namen der Madonna um Rettung. Sie würden ihr eine Wallfahrtskirche errichten, wenn sie nur die Katastrophe aufhielte, die zunehmend auch das Dorf bedrohte. Beherzt eilte einer von ihnen voraus und rammte kurz vor der glühenden Masse ein Holzkreuz in den Boden. Just in diesem Moment, so zumindest die Überlieferung, kam der Lavastrom zum Stillstand.

Wo der Lavastrom stoppte

Neben der Wallfahrtskirche ragt immer noch das Ende des Lavastroms aus einem erhöht liegenden Platz hervor. Darauf steht, neben einer großen

Palme, ein Holzkreuz als Symbol für das Ereignis mit dem Datum 16. April 1736. Die Hauptperson ist natürlich die »Jungfrau der Schmerzen« selbst. Ihr Bildnis ist im Gestein unterhalb des Kreuzes hinter Glas zu sehen. Es kursiert auch eine Variante der Geschichte, nach der die leibhaftige Dolores den Lavastrom »mit ihrem weit geöffneten Mantel« aufgehalten haben soll.

Hinter dem Platz mit dem Holzkreuz wurde die von Palmen gesäumte Calle La Cruz ab dem Sportplatz so angelegt, dass sie genau auf dem Lavastrom verläuft. Nach ca. 800 Metern schwenkt sie nach rechts, sodass man über den kleinen Vorort Hoya de la Peña zurück nach Mancha Blanca wandern kann, allerdings entlang der Straße (Gesamtstrecke ca. 2,5 km).

Ermita de los Dolores

Die Kirche mit dem minarettähnlichen Türmchen und den mit Basalt verzierten Stützmauern vor der Kulisse der Vulkanhügel verzaubert mit schlichter Schönheit. Sie kann jederzeit besichtigt werden. Das ist bei Kirchen auf Lanzarote selten der Fall und zeugt von ihrer Bedeutung für die gesamte Insel. Auf dem Altar steht, im einfallenden Licht, die Figur der weinenden Dolores.

Nach dem Wunder vergingen jedoch mehr als 40 Jahre, bis die Wallfahrtskirche Nuestra Señora de los Dolores gebaut wurde. Wie es so ist: Es war eine ruhige Zeit eingetreten, die Insel erwachte zu neuem Leben. Schnell hatten die Dorfbewohner das Gelübde vergessen, das sie in ihrer Verzweiflung erbracht hatten. Dann aber erschien die Jungfrau Dolores dem Schäfermädchen Juana Rafaela und erinnerte an das Versprechen. Gleich mehrfach musste sie erscheinen, damit man dem neunjährigen Kind, Tochter von Juan Antonio Acosta und

AUTORENTIPP!

FESTIVIDAD DE LOS DOLORES

Jährlich um den 15. September herrscht Ausnahmezustand in Mancha Blanca. Aus ganz Lanzarote pilgern Tausende von Menschen zur *Festividad de los Dolores*, um die Schutzpatronin ihrer Insel zu feiern. Das Dorf ist bunt beflaggt, die große Prozession *La Romería* (»Pilgerfahrt«) zieht mit festlich geschmückten Wagen durch den Ort. Vor der Wallfahrtskirche werden Folkloretänze aufgeführt und zur Kunsthandwerksmesse im Ort reisen auch Aussteller von den anderen Kanarischen Inseln an.
Bei all dem Rummel darf man nicht vergessen, dass dies für die gläubigen Einheimischen ein ganz besonderes, bewegendes Datum ist. In angemessener Kleidung versammelt man sich zum Gottesdienst vor dem Kirchenportal. Unter Applaus und Segnungen wird die Figur der Dolores herausgetragen und in ein großes Zelt gebracht. So können alle Platz finden und an der Andacht teilnehmen.

Rita Umpiérrez, im Dorf endlich Glauben schenkte. Das Mädchen berichtete zunächst nur von einer alten Frau in einem schwarzen Umhang, die ihr auf der Montaña de Guiguan begegnet war. Erst als man dem Kind Bilder der Dolores zeigte, erkannte sie, dass es die Jungfrau der Schmerzen gewesen sein musste. Schleunigst beantragten die Dorfbewohner den Bau der Ermita de los Dolores, die im Jahr 1782 endlich fertiggestellt werden konnte.

Oben: Die Wallfahrtskirche liegt in eindrucksvoller Landschaft.
Unten: Gedenkstätte im Lavastrom

Die Eruptionen von 1824

Die gepriesene Jungfrau muss fortan milde gestimmt gewesen sein: Auch bei den erneuten Ausbrüchen im folgenden Jahrhundert blieb Mancha Blanca um Haaresbreite verschont. Am 1. Juli 1824 öffnete sich in der Nähe des Orts Tao die Erde, auf dem Grundstück eines Priesters. Der sich bildende Vulkan wurde nach ihm benannt. Auf vielen heutigen Karten ist die Montaña del Clérigo Duarte nicht mehr eingezeichnet. Die Kette der Eruptionen setzte sich Richtung Timanfaya fort, nur ein Stück südlich der Wallfahrtskirche. Nach zweieinhalb Monaten waren die bislang letzten Ausbrüche auf Lanzarote vorbei.

Infos und Adressen

ESSEN & TRINKEN

Restaurante Dolores. Kanarische Küche, direkt gegenüber der Kirche. Plaza Virgin de los Dolores.

EINKAUFEN

Mercado agrícola y artesanal. Bauernmarkt auf dem Kirchvorplatz. Hier gibt es originale Inselprodukte direkt vom Erzeuger und viel zu sehen. Plaza Virgin de los Dolores, So 9–14 Uhr.

Oben: Das Dorf liegt vor der Caldera Blanca.
Unten: Auf dem Bauernmarkt
S. 170: Mirador Guiguan

28 Das Dorf Mancha Blanca

Bauernmarkt und Landbau im Krater

Wegen seiner berühmten Geschichte zieht Mancha Blanca ganze Reisebusladungen von Besuchern an. Für viele ist die etwas außerhalb gelegene Wallfahrtskirche der Grund, hierher zu fahren. Auch zum sonntäglichen Bauernmarkt füllt sich der Vorplatz. Das 800-Einwohner-Dörfchen selbst bietet einige nette Einkehrmöglichkeiten jenseits des Tourismus. Auch der Ortsteil Guiguan, über den es mit Tinajo verbunden ist, lohnt einen Zwischenstopp.

Rund um die Wallfahrtskirche wirkt Mancha Blanca wie ein einziger riesiger Parkplatz, so sehr hat man sich auf zahlreiche Gäste eingestellt. Zehntausende kommen alljährlich zur Fiesta am 15. September (s. S. 271) hierher. Ein Platz, der sich etwas abgegrenzt am Rand befindet, wurde aus einem ganz anderen Grund eingerichtet. Er ist von Buden aus Lavagestein gesäumt, deren grüne Markisen vor Sonne schützen. Sonntags füllen sie sich mit Leben und frischen Produkten: Einen Besuch auf dem Bauernmarkt (*mercado agrícola y artesanal*) sollte man sich nicht entgehen lassen. Verkauft werden ausschließlich regionale Produkte – Obst, Gemüse, Fisch und eine große Auswahl an Likören aus eigener Produktion (z. B. Feigenlikör). Das Angebot an Kunsthandwerk ist vergleichsweise rar.

Bauernmarkt und Weinkellerei

Die Händler bieten ihre Produkte zum Probieren an, oft gibt es auch besondere Aktionen wie Folkloreaufführungen oder Präsentationen traditio-

Radtour durch Mancha Blanca

neller landwirtschaftlicher Techniken. Auch auf Tiere wie Dromedare oder Esel trifft man hier häufig. Sie werden zum Transport der Waren genutzt wie in alten Zeiten oder sind einfach als Blickfang mit dabei.

Von der netten Terrasse des »Restaurante Dolores« schräg gegenüber dem Marktplatz kann man den Markttrubel gut beobachten und hat auch die schöne Wallfahrtskirche im Blick. Besonders sonntags treffen sich Einheimische hier gern nach dem Marktbesuch zum Mittagessen.

In der Nähe der Kirche liegt auch die 1991 gegründete Weinkellerei »Bodegas Reymar« (Abfüllvolumen rund 40 000 Flaschen jährlich). Die kleine Bodega ist zwar nicht in großem Stil auf Besucher eingestellt wie die Weingüter in La Geria, doch auch hier bekommt man gute Tropfen im Direktverkauf.

Montaña Guiguan

Das eigentliche Dorf Mancha Blanca liegt (von der Ermita aus betrachtet) hinter den drei Vulkanhügeln in westlicher Richtung. Die höchste der drei

AUTORENTIPP!

MIRADOR GUIGUAN

Er zählt zu den unbekannteren Miradores auf Lanzarote und ist in seiner Art wohl einmalig auf der Insel: der Mirador Guiguan. Er befindet sich an einer Bushaltestelle in der Nähe der Kreuzung, an der die Straße zur Ermita de los Dolores von der Durchfahrtsstraße Calle Los Volcanes abzweigt. Das Wartehäuschen aus Lavagestein ist ein kleines Kunstwerk. In die Wände sind Fenster eingelassen, damit man den Blick genießen kann. Das Auge schweift über wunderschön angelegte Gärten, Terrassenfelder und ein malerisches Tal mit dem blauen Meer im Hintergrund. Über eine Steintreppe kann man ein Stück in den Vulkankrater der Montaña Guiguan hinabsteigen. Die wahrscheinlich schönste Bushaltestelle der Welt! Hier halten die Linien 15, 16, 52 und 53 Richtung Arrecife.

Erhebungen ist die Montaña Guiguan, ein nach Norden hin eingebrochener Krater. Zu seinen Füßen spielte sich das Drama um die Prozession ab, bei der laut der Legende die Jungfrau Dolores erhört wurde (s. S. 164)

Calle Los Volcanes

Über die kleinen Orte Guiguan und Tajaste ist Mancha Blanca nahtlos mit Tinajo verbunden. Fährt man die Durchfahrtsstraße Calle Los Volcanes entlang, sind die Grenzen kaum auszumachen. Um in den beschaulichen kanarischen Alltag einzutauchen, bietet sich ein Spaziergang durch den Ort Guiguan an. Hier reihen sich schön restaurierte Häuser entlang der Straße. Vor einem mit »L'Académie« beschilderten Gebäude, ist eine kleine Rundzisterne zu sehen. Ungefähr auf halber Strecke nach Tinajo liegt an der rechten Straßenseite ein begrüntes Erholungsgelände mit einem kleinen Spielplatz und einigen modernen, knallblauen Outdoor-Fitnessgeräten, an denen sich Jugendliche und Erwachsene trimmen können. Zum Einkehren lädt die Tapas-Bar »Gulliver« in Tajaste ein. Nett für eine kleine Pause ist auch, der Fahrtrichtung weiter folgend, die »Pasteleria Mancha Blanca«, eine an sich unscheinbare Bäckerei mit winzigem Café. Nun ist man schon beinahe in Tinajo angekommen (s. S. 180).

Alternative: Richtung La Vegueta

In Richtung Süden geht die Calle Los Volcanes unmittelbar in den Naturpark Los Volcanes über. Zuvor kann man an der Ermita de los Dolores nach La Vegueta/Tiagua abbiegen. Diese ebenfalls reizvolle Strecke führt durch ein vorwiegend landwirtschaftlich genutztes Gebiet. Wenn man Glück hat, steht gerade ein Bauer mit seinem Esel am Straßenrand, um frisches Gemüse zu verkaufen.

Kunstvoll bemalte Kacheln spiegeln die Inseltradition wieder.

Infos und Adressen

ESSEN & TRINKEN

Restaurante Dolores. Tapas und kanarische Küche. Plaza Virgin de los Dolores (gegenüber der Kirche).

Gulliver. Tapas-Bar. Gemütliches Lokal mitten im Ort. Avda. Los Volcanes 20, Tel. 928 83 82 78

Pasteleria Mancha Blanca. In der Bäckerei versteckt sich ein winziges Café. Avda. Los Volcanes 3

ÜBERNACHTEN

Finca Tajaste. Bed & Breakfast im Landhausstil, in Mancha Blanca nahe der Montaña Guiguan. Alle Zimmer sind mit einem Wasserkocher ausgestattet, die Studios mit einer Küchenzeile. Bio-Frühstück mit Zutaten vom hauseigenen Bauernhof. An Familien wird nicht vermietet. Camino Cantarilla 2, Tel. 928 84 03 19

EINKAUFEN

Mercado agrícola y artesanal. Bauernmarkt auf dem Kirchvorplatz. Plaza Virgin de los Dolores, So 9–14 Uhr.

Bodegas Reymar. Plaza Virgin de los Dolores 19, Tel. 928 84 07 37, www.bodegasreymar.com

Oben: Nachdem man das Auto abgestellt hat, geht es zu Fuß zur Caldera Colorada.
Unten: Leben im Lavagestein

29 Parque Natural de los Volcanes
Kraterwanderungen und wilder Tabak

Im Naturpark, der den Nationalpark Timanfaya umgibt, ist es möglich, das Lavameer und einige Krater eigenständig zu erkunden. So bleibt reichlich Zeit, die zahlreichen farbgebenden Flechten, die verborgene Fauna und geologische Besonderheiten zu entdecken. Für Wander- und Naturfreunde ist dies sicherlich eine der schönsten Gegenden Lanzarotes.

Die besten Wandermöglichkeiten liegen entlang der Nebenstrecke LZ 56, die von Mancha Blanca aus nach ungefähr sechs Kilometern direkt auf die Weinstraße La Geria (LZ 30) trifft. So kann man dort nach der Tour in eine der Bodegas einkehren. Im Naturpark selbst gibt es keine Restaurants oder anderweitige Bebauung. Die Gegend ist vergleichbar wild, wie die direkt angrenzenden Feuerberge, die von vielen Punkten aus auch wunderbar zu sehen sind. Auf Wanderungen im Naturschutzgebiet sind die Wanderpfade einzuhalten, und es dürfen kein vulkanisches Material oder Pflanzen gesammelt werden.

Ein etwa dreistündiger Ausflug führt zu zwei sehenswerten Vulkankegeln. Die Wanderungen sollte man möglichst bei sonnigem Wetter unternehmen, da erst das Licht den gesamten Zauber der Umgebung hervorbringt.

Montaña Colorada

Etwa vier Kilometer nach Mancha Blanca liegt an der linken Straßenseite ein Parkplatz. Gleich dahinter erhebt sich die Montaña Colorada (465 m). Es will etwas heißen, dass man gerade ihr den Namen »farbiger Berg« gab, ist doch die gesamte Vulkanlandschaft bekannt für ihre Farbwirkungen. Diese Caldera aber leuchtet in einem einmaligen Rot, hervorgerufen durch Oxidationsprozesse des stark eisenhaltigen Gesteins.

Ein leicht begehbarer Weg führt einmal um den Vulkankegel, der in den letzten Phasen der Eruptionen von 1736 geformt wurde. 15 bebilderte Tafeln informieren (auf Spanisch und Englisch) über den Vulkanismus in der Region und Besonderheiten entlang des Pfads.

Die vier Kilometer lange Strecke ist in 45 Minuten zu schaffen. Tipp: Wer sie dennoch nicht ganz gehen möchte, sollte sich rechts am Berg halten, also in südöstlicher Richtung. Dort bietet sich der schönste Blick. Die Rotfärbung erreicht hier ihre größte Intensität. Hier steht auch eine vulkanische »Bombe« im freien Feld. Der Pyroklast von enormer Größe zeigt eindrucksvoll, welche Ausmaße das bei Eruptionen herausgeschleuderte Material annehmen kann. Die teils mehrere Kubikmeter großen Steingeschosse erreichen ihre runde Form durch die Rotation in der Luft, bei der das in dem Moment noch halb geschmolzene Gestein quasi »geschliffen« wird. Auf der anderen Seite der Montaña Colorada ist ein erstarrter Lavafluss zu erkennen. Er bildete sich, als der mit der glühenden Masse gefüllte Krater überquoll. Zurück am Parkplatz, kann man nun direkt zur Caldera del Cuervo weiterfahren.

Caldera del Cuervo/ de la Lapa

Der weit aufgerissene Krater der Caldera del Cuervo (auch Caldera de la Lapa, 361 m) liegt einen Kilo-

AUTORENTIPP!

AUSFLÜGE MIT LAGUNA TRAVEL

Die Vielfalt des Naturparks offenbart sich am besten bei einer geführten Wanderung. Besonders schöne Möglichkeiten bietet »Laguna Travel«, eine auf Lanzarote ansässige Ausflugsagentur. Das Team um Andreas Winkler organisiert auch Ausflüge abseits der Touristenrouten. Die auf der Insel lebenden Guides vermitteln biologische und geologische Hintergründe mit ansteckender Begeisterung.

»Laguna Travel« bietet auch Ausflüge in andere Teile der Insel und nach La Graciosa an. Die Agentur arbeitet überwiegend mit großen Reiseveranstaltern zusammen. Die Touren können aber auch unabhängig davon gebucht werden. Treffpunkt oder Abholung werden dann individuell vereinbart. Nach einer solchen Tour sieht man Lanzarote noch einmal mit ganz anderen Augen.

Laguna Travel. Tel. 616 60 61 69, Email Laguna_travel@yahoo.de, www.laguna-travel.eu (noch im Aufbau).

Zahlreiche Pflanzen, hier kleine Palmen, sind zu entdecken.

meter weiter in Richtung La Geria auf der anderen Straßenseite, also schräg gegenüber der Montaña Colorada. Auf der linken Straßenseite gibt es eine Parkmöglichkeit. Von hier aus folgt man dem Weg direkt zum Vulkan. Die anthrazitfarbene Landschaft ist mit hellgrünen Flechten überzogen, auch der büschelartig wachsende Dornlattich ist zu sehen. Am Wegesrand gedeiht wilder Tabak (*Nicotina Glauca*). Die aus Südamerika eingeschleppte Pflanze mit den gelben Blüten heißt auf Lanzarote auch *bobo*, was soviel bedeutet wie »Blödmann«. Denn sie besiedelt auch Felder und klaut den Kulturpflanzen das Wasser. Teils wird auch der Name *tabobo* verwendet, eine Verknüpfung von *tabaco* und *bobo*.

Am Krater hält man sich rechts und erkennt schon bald die Öffnung, die direkt in den Kessel hineinführt. Außerdem gibt es einen schönen Rundweg (ca. 2 km) um den Vulkan mit Blick auf die Feuerberge. Die komplette Wanderstrecke inklusive Umrundung beträgt fünf Kilometer.

Einige weitere, lohnende Wege, die sich auch zu längeren Wanderungen verbinden lassen, führen durch den Naturpark. Kurz vor Mancha Blanca etwa erhebt sich die Montaña Tinguatón, die sich auf Pfaden an beiden Seiten der Straße erwandern lässt. Zu den beliebtesten Vulkanwanderungen zählt die Umrundung der Caldera Blanca auf dem Kraterrand (s. S. 176).

Oben: Kakteen vor der Caldera Colorada
Mitte: Montaña del Cuervo
Unten: Vulkanische Bombe

Rundgang Parque Natural de los Volcanes

A Wanderparkplatz Nr. 1 – Hier beginnt die Wanderung um die Montaña Colorada.

B Montaña Colorada (465 m) – Der Name ist Programm: In leuchtenden Farben schimmert der Vulkankegel.

C Rundweg – Die Wanderroute (4 km/ca. 45 Min. Gehzeit) beginnt am Parkplatz und führt einmal um den Krater. Bebilderte Tafeln liefern spannenden Informationen zum Vulkanismus der Region.

D Spektakuläre Ansichten – An seiner südöstlichen Seite leuchtet der Kegel in magischen Rottönen.

E Wanderparkplatz Nr. 2 – einen Kilometer weiter in Richtung La Geria auf der anderen Straßenseite (schräg gegenüber der Montaña Colorada). Hier führt ein Weg zum nächsten sehenswerten Vulkankegel.

F Caldera del Cuervo (auch: Caldera de la Lapa, 361 m) – An seiner Ostseite weit aufgerissen, lässt sich der Krater begehen und auch von Innen erkunden. Dazu hält man sich rechts (Richtung Vulkan schauend).

G Zugang zum Krater – Die große Öffnung führt direkt in den Kessel hinein.

H Rundweg – Der ca. zwei Kilometer lange Pfad führt einmal um die Caldera del Cuervo.

I Caldera Blanca (458 m) – Mit einem Kilometer Durchmesser der größte Krater im Naturpark

J Montaña Caldereta (324 m) – Der kleine Schwestervulkan der Caldera Blanca

30 Caldera Blanca
Auf dem Kraterrand eines Islote

Die Umrundung der gewaltigen Caldera Blanca (458 m) auf dem Kraterrand ist die wohl spektakulärste Vulkanwanderung auf Lanzarote. Wer noch zum Grund des Kessels hinabsteigt, kann die biologische Schatzkammer eines Islote hautnah erleben. Schwindelfrei und trittsicher sollte man für die rund dreieinhalbstündige Tour sein. Eine kürzere Alternative ist der Aufstieg mit faszinierendem Kesselblick.

Oben: Die Caldera Blanca
Unten: Blick in den Krater

Schon von Weitem ist der riesige Kegel in der Nähe von Mancha Blanca zu erkennen. Weiße Krusten aus Kalk, die ihm den Namen gaben, schmücken den Rand. Seine Westflanke geht über einen Sattel in das Massiv des Risco Quebrado (312 m) über; östlich liegt noch ein kleinerer Islote, die Montaña Caldereta (324 m). Das Gebiet gehört zum Naturpark Parque Natural de los Volcanes. Achtung: Die Caldera Blanca ist nicht zu verwechseln mit der Montaña Blanca (595 m), einem Vulkan bei dem gleichnamigen Dorf nahe Masdache. Auch die dortige Wanderung lohnt sich, ist aber nicht so spektakulär wie diese.

Schatzkammer Islote

Mit einem Kilometer Durchmesser zählt die Caldera Blanca zu den größten Kratern Lanzarotes. Sie entstand vermutlich bereits vor mehreren Millionen Jahren und wurde von den Lavaströmen der späteren Ausbrüche umflossen. Somit sind Gestein, Flora und Fauna genau um diesen Zeitraum älter, eine Besonderheit solcher Islotes (»vulkanische Inseln«). Geologen und Biologen könnten hier Feste feiern. Auf dem Grund der Caldera Blanca existieren z. B. Unterarten von Pflanzen, die nur an diesem Ort zu finden sind. Das Gestein der Islotes ist so hell, weil sich der Basalt bereits in Zersetzungsprozessen befindet.

Die Zufahrt zur Caldera Blanca

Der Pfad auf dem Krater ist breit genug, für trittsichere und schwindelfreie Wanderer ist die Tour gut zu bewältigen. Nur nicht bei starkem Wind wandern! Während der Umrundung begeistert das Panorama der Feuerberge und anderer Inselteile im Wechsel mit Blicken in den Krater hinab. Der Höhenunterschied beträgt 350 Meter.

Es gibt zwei Möglichkeiten, die Caldera Blanca mit dem Auto zu erreichen. Einfacher ist die Zufahrt aus westlicher Richtung am Ortseingang von Mancha Blanca (über die LZ 67 aus Richtung Yaiza/ Nationalpark kommend). Anderthalb Kilometer nach dem Besucherzentrum leitet eine Sandpiste auf der linken Seite bald zu einer Parkmöglichkeit. Ab dort geht es zu Fuß weiter, der Pfad führt vorbei an der Montaña Caldereta und verzweigt sich, wahlweise links oder rechts geht es schließlich zum Krater. Für die komplette Umrundung ist die Wanderrichtung im Uhrzeigersinn besser geeignet.

Eine weitere Zufahrt, allerdings nur für Geländewagen zu empfehlen, liegt weiter Richtung Yaiza, kurz vor der Einfahrt zum Nationalpark. Das Schild »Camino cortado« weist den Weg, der nur am Anfang leicht befahrbar ist. Über den Weiler Casas del Islote geht es zu einer Aufstiegsmöglichkeit an der Westflanke des Bergs. Es handelt sich um einen traditionellen Hirtenpfad. Auf dieser flacheren Seite des Kraters liegt auch die günstigste Abstiegsmöglichkeit in den Kessel: Der Höhenunterschied zum Kratergrund (144 m) beträgt hier nur rund 100 Meter.

Oben: Der Ausblick überwältigt.
Unten: Auf dem Kratergrund überrascht die Botanik.

Infos und Adressen

ESSEN UND TRINKEN

Mezza Luna. Empfehlenswertes italienisches Restaurant im nahe gelegenen Tinajo. Av. la Cañadia 22, 35 560 Tinajo, Tel. 928 84 01 41, www.mezzaluna.es

ÜBERNACHTEN

Villa El Inti. Suiten und Apartments im Landhaus-Stil mit Meerblick. Calle La Costa 6, 35 560 Tinajo, Tel. 928 83 89 80, www.elinti.com

MITTE UND NORDEN

31 Tinajo 180

32 Lucha Canaria 184

33 Museo Agricola El Patio 186

34 La Santa 190

35 La Caleta de Famara 194

36 Playa de Famara 202

37 Teguise 206

38 Lagomar 214

S. 178/179: Der Sonntagsmarkt in Teguise ist gut besucht.
Oben: Die Sonnenuhr des Seefahrers F.R. Fernández steht auf dem Kirchdach der Iglesia San Roque.
Unten: Der prachttvolle Altar der Kirche

31 Tinajo

Kirchenkunst und Ringkampfarena

In ein Netz aus bewirtschafteten Feldern bettet sich Tinajo. Das 3000-Einwohner-Städtchen ist Verwaltungssitz der gleichnamigen Inselgemeinde und Austragungsort des kanarischen Ringkampfs. Etwas ganz Besonderes ist die alte Sonnenuhr auf dem Dach der Pfarrkirche San Roque. Auch die sakrale Kunst im Altarraum lohnt den Besuch.

Tinajo liegt zwischen den erkalteten Lavaströmen des Naturparks Los Volcanes und den Ausläufern der Sandebene El Jable, die sich in östlicher Richtung bis zum Risco de Famara erstreckt. Für Besucher interessant ist der mittlere Bereich des langgestreckten Orts, der in Richtung Süden mit den Vororten von Mancha Blanca zusammenfließt. Nahe dem Kreisverkehr Richtung La Santa/Tiagua lädt ein idyllischer Platz zum Verweilen ein. Bepflanzt mit Lorbeerbäumen, Palmen und mannshohen Wolfsmilchgewächsen, betont er die Schönheit der Kirche.

Iglesia San Roque

An dem Ort stand einst nur eine schlichte Kapelle. Guillén de Bethencourt Velázquez y Luzardo, Vikar der Insel Lanzarote, ließ sie im Jahr 1679 errichten. Im Jahr 1738 wurde sie zur Kirche ausgebaut. Am 29. Juni 1796 ernannte der Prälat Antonio Tavira y Almanzan die Iglesia San Roque zur zweiten Pfarrkirche Lanzarotes. Um 1800 erfolgten erneut Umbaumaßnahmen. Die mehrfachen Erweiterungen wie der Anbau einer Taufkapelle (linke Gebäudeseite) führten zu einem asymmetrischen Erscheinungsbild. So wirkt die Kirche nur von vorne betrachtet wie ein dreischiffiger Bau. Im Innenraum sollte man den prachtvoll gestalteten Altarbereich auf sich wirken lassen. Zu sehen sind Werke des Bildhauers Fernando Estévez: auf der unteren linken Seite die plastische Darstellung *San José con el niño* (»Der heilige Josef mit dem Kind«) und rechts davon eine Statue der Virgin de la Candelaria, Schutzheilige der Kanaren (beide 1827). Der aus Teneriffa stammende Künstler war ein Schüler von José Luján Peréz, geboren in Gran Canaria. Beide prägten insbesondere die Kirchenkunst der Kanarischen Inseln nachhaltig. Aus der Iglesia San Roque stammte ursprünglich das berühmte Bildnis bzw. die Statue der Virgin de los Dolores, die das »Wunder von Mancha Blanca« ermöglichte (s. S. 164).

Die Sonnenuhr eines Seefahrers

Ganz besonders stolz ist man in Tinajo auf ein Detail, das vom Kirchvorplatz aus erkennbar ist: Zwischen den beiden linken pyramidenförmigen Dachteilen steht eine Sonnenuhr. Wie ihre Inschrift verrät, wurde sie am 20. Mai 1851 von einem gewissen F.R. Fernández geschaffen, der zeitweise in La Vegueta (Gemeinde Tinajo) lebte. Zwei aufgemalte Anker geben den Hinweis, dass es sich um einen Seefahrer handelte. Die Sonnenuhr soll er auf einer seiner letzten Fahrten an Bord seines Schiffs gebaut haben. Nach seiner Rückkehr schenkte er sie der Gemeinde. So berichtete es Don Francisco Spínola, der das gute Stück mehr als 40 Jahre lang pflegte und schließlich seinem Onkel Tomás übergab, Pfarrer der Gemeinde Tinajo im frühen 20. Jahrhundert. Es fällt auf, dass die Uhr mit arabischen Ziffern beschriftet ist und nicht mit römischen, wie es seinerzeit bei Sonnenuhren üblich war. Man vermutet in Tinajo, dass die Zahlen bei einer der Restaurierungen im Laufe der 150 Jahre geändert wurden.

AUTORENTIPP!

CASARÍO DE TENEZAR

Ein wildromantisches Plätzchen ist von Tinajo aus gut zu erreichen. Dort, wo sich der äußerste Lavastrom der Eruptionen im 18. Jahrhundert ins Meer ergoss, steht eine Handvoll Häuser auf den Basaltklippen. Dies ist der Weiler Casarío de Tenezar. Teils stehen die Sommerhäuschen und Fischerhütten direkt über der Brandung, die in diesem Küstenbereich oft mit enormer Wucht an die Felsen peitscht. Im Hintergrund bildet der Ausläufer des Vulkans Montaña de Tenezar eine imposante Steinküste. Den vorgelagerten Strand Playa Tenezar nutzen Einheimische gern für Sonntagsausflüge. Direkt am Wasser gibt es eine Bola-Bahn. In beiden Richtungen führen Küstenwanderungen zu versteckten Buchten (1–1,5 Std.). Nach Westen gelangt man zur Playa de la Madera, in östlicher Richtung zur Playa del Raisad. Vorsicht, es herrschen tückische Strömungen! Dafür locken bei ruhiger See schöne Lavapools in den Felsen.

Anfahrt: Hinter der Kirche San Roque an der ersten Kreuzung (in Richtung Mancha Blanca) geht es rechts in die Calle La Laguneta. Der Straße für ungefähr vier Kilometer folgen und an der nächsten Möglichkeit rechts nach Casarío de Tenezar abbiegen.

Oben: Schmucke Finca in Tinajo
Mitte: Heiligenbild in der Kirche
Unten: Ein Plausch am Straßenrand

Wanderung nach Caleta de Famara

In Richtung La Santa beginnt eine schöne Wanderung nach Caleta de Famara. Über die Strecke und ihre Besonderheiten informiert eine Tafel (auf Spanisch, Englisch, Deutsch) direkt am Kreisverkehr bei der Kirche. Unterwegs sind u.a. die Steinmauern einer großen Rundzisterne zu entdecken, mit der man das wertvolle Regenwasser auffing. Sie ist Teil des traditionellen Bewässerungssystems auf der von Trockenheit geprägten Insel. Die Wanderroute führt auch durch den Weiler Sóo mit der Kapelle Ermita de San Juan Evangelista (1771). Im hölzernen Dachstuhl sind noch Reste der Originalkassettendecke erhalten, die auch die Restaurierung im 20. Jahrhundert überdauerten.

Sportplatz mit Ringkampfarena

Über die Hauptstraße Avenida de Los Volcanes in Richtung Mancha Blanca erreicht man einen Platz, der für viele Einheimische das Herzstück Tinajos ist. Zu dem 1997 eingerichteten Sportgelände gehört das »Terrero de Lucha municipal«. Hier werden regelmäßig Ausscheidungskämpfe des traditionellen Ringkampfs *Lucha Canaria* ausgetragen (s. S. 184). Über die Termine informieren Plakate und Aushänge, z.B. in der »Bar Tabaiba« neben der Apotheke.

Infos und Adressen

SEHENSWERTES

Iglesia San Roque. Im Altarraum beeindruckt die Kirchenkunst, auf dem Dach die Sonnenuhr. Ungewöhnlich ist auch die asymmetrische Bauweise. Plaza de San Roque, s/n, 35560 Tinajo, Tel. Pfarrei 928 84 00 11.

Iglesia San Roque

ÜBERNACHTEN

B&B Rancho Grande. Bed and Breakfast nahe der Kirche. Jedes der sieben Zimmer ist liebevoll gestaltet. Hübscher Innenhof, Sonnenterrasse und Gemeinschaftsraum. Plaza San Roque 20, 35 560 Tinajo, Tel. 928 84 07 89, www.el-rancho-grande.com

AKTIVITÄTEN

Terrero Municipal de Lucha Canaria de Tinajo. Arena für Kanarischen Ringkampf. Av. de los Volcanes 22, 35 560 Tinajo, Tel. 928 84 00 37, www.tinajo.org

Atelier Christian Honerkamp. Der Künstler gibt die Magie Lanzarotes in seinen Werken wieder und verwendet vulkanische Materialien (Acryl mit *Picón*). Auch Schmuck und Bodypainting. Calle Tinguaton 19, So 14–20 Uhr und nach Vereinbarung, Tel. 928 84 09 58 und (mobil) 679 77 16 61, www.christianhonerkamp.com

Im Atelier Christian Honerkamp

32 Lucha Canaria

Kanarischer Ringkampf

Es ist die vereinende Sportart auf den Kanaren. Auf jeder Insel gibt es in einigen Orten eine »Terrero de Lucha« (Ringkampfarena), natürlich auch auf Lanzarote. Eine regelrechte Hochburg ist die Region Tinajo mit gleich zwei großen Arenen in Tinajo und Tao. Man sollte die Kämpfer bei einem Wettkampf mit anfeuern: eine Stimmung wie auf einer Fiesta.

Oben: »Luchadores« als Denkmal
Unten: Den Gegner zu Fall bringen

Über die Frage, wie lange es die Lucha Canaria bereits gibt, wird diskutiert. Teils vermutet man, dass die Altkanarier den Ringkampf einführten. Dagegen spricht wiederum, dass sich die Stämme auf den Inseln unabhängig voneinander entwickelten. Grundregeln des Ringkampfs aber wurden auf dem gesamten Archipel überliefert. Erstmals schriftlich erwähnt wird der Ablauf des Wettkampfs im frühen 17. Jahrhundert. Der kanarische Historiker und Schriftsteller Antonio de Viana beschreibt ihn in seinen *Antigüedades de las Islas Afortunadas* (1604), einer Lyrik, die wesentliche Informationen über die ethnografische Entwicklung der Inseln birgt. Bereits zu jener Zeit wurden die Kämpfe bei Dorffesten ausgetragen.

Pollos und Terreros

Im frühen 20. Jahrhundert führte man einen besonderen Titel ein: das *Pollo*. Der jeweils beste Ringkämpfer im Dorf darf sich als »Hähnchen« bezeichnen. In die Geschichte Lanzarotes ging Joaquín María de Los Remedios Rodríguez y Cabrera ein, der in den 1930er-Jahren zum ersten »Pollo von Uga« gekürt wurde (s. S. 95).

Der Kampf beginnt.

Als Kampfarena dient das *terrero*, traditionell ein mit Sand bedeckter Rundplatz mit etwa zehn Metern Durchmesser. Inzwischen sind die Arenen teils zu Stadien angewachsen, die mehr als 1000 Zuschauern Platz bieten.

Ab den 1940er-Jahren begann sich der kanarische Ringkampf zum Volkssport zu entwickeln. Sportvereine und regionale Verbände wurden gegründet, zunächst auf Teneriffa und Gran Canaria. Sie sind dem Dachverband Federación Canaria de la Lucha Canaria untergeordnet, der im Jahr 1986 ein einheitliches Regelwerk definierte. Eine Mannschaft besteht aus 16 Kämpfern, jeweils zwölf von ihnen werden für einen Wettkampf ausgewählt. Die Einteilung erfolgt nach Alter, Gewicht und Geschlecht, wobei es Altersklassen vom »Benjamin« (jünger als elf Jahre) bis zum »Senior« (ab 19 Jahre) gibt. Die *luchadores* (»Kämpfer«) treten zunächst vereinsintern gegeneinander an und der Beste wird zum *Pollo* gekürt. Nach dem Wettkampf der Vereine misst sich der Meister von Lanzarote wiederum mit den Besten der anderen Kanareninseln.

Die Grundregeln

Zu Beginn stehen sich die beiden Gegner gegenüber, jeweils eine Hand an der hochgekrempelten Hosennaht des anderen. Nach dem Anpfiff gilt es, den Kontrahenten mit verschiedenen Techniken (»mañas«) so zu Fall zu bringen, dass er zuerst mit einem anderen Körperteil als der Fußsohle den Boden berührt. Neben verschiedenen Griffen gibt es Positionen wie *cucharón* (»Schöpflöffel«). Auch das Blockieren des Gegners und Beinstellen sind erlaubt. Eine weitere Kategorie der Kampftechniken sind Ablenkungsmanöver. Zur Disqualifikation führen Schläge, Kopfstöße und Tritte. Auf Fairness wird bei der Lucha Canaria größter Wert gelegt.

Infos und Adressen

INFORMATION

Auf den Webseiten www.luchacanarialanzarote.com sowie der Homepage der Federación de Lucha Canaria de Lanzarote www.luchacanaria.info sind Fotos, Berichte und vor allem die Termine der aktuellen Ausscheidungen für alle Kanarischen Inseln zu finden. Unter »Lanzarote« stehen die örtlichen Termine.

Das Team aus Tinajo gehört zu den besten Lanzarotes. Immer samstags finden in der nur dem Ringkampf vorbehaltenen Arena »Terrero de Lucha« die Kämpfe gegen andere Mannschaften aus Lanzarote und Orten der anderen Inseln des Archipels statt.

Terrero de Lucha Tinajo. Auf dem Sportgelände (Área de Deportes del Ayuntamiento de Tinajo). Venida los Volcanes 21, Tel. 928 84 00 37, Email: deportes@tinajo.es

Oben: Ein reich bepflanztes Anwesen
Unten: Im Museo Agricola El Patio
S. 188 oben: Windmühle auf dem Museumshof
S. 188 unten: In der hofeigenen Bodega gibt es Inselweine.

33 Museo Agricola El Patio

Freilichtmuseum im historischen Landgut

Sich zurückziehen in das ländliche Leben, zwischen Ziegen und Hühnern über den Hof schlendern. An Blüten riechen und selbst gekelterten Wein trinken. Den Traum von der »guten alten Zeit« erfüllt das alte Landgut in Tiagua. Es ist ein Museum, das über die landwirtschaftliche Tradition auf Lanzarote informiert. Doch schon manch einer versank hier einfach nur in schönen Gedanken.

Schon am Ortsrand von Tiagua zeugt eine hübsch restaurierte Windmühle von vergangenen Zeiten (in Richtung Muñique/Famara). Ganz in der Nähe weisen Schilder den Weg zum Museo Agricola El Patio. Bereits kurz nach seiner Eröffnung 1994 erhielt das Museum den kanarischen Kulturpreis. Es ist ein lebendiges Freilichtmuseum: Nach wie vor werden auf dem Landgut Getreide und Gemüse angebaut, Tiere gehalten und Weine gekeltert.

Ein historisches Landgut

Das Bauernhaus von 1840 gehörte einst zum größten landwirtschaftlichen Betrieb der Insel. Rund 20 Bauern mit mehr als 15 Dromedaren arbeiteten hier im Ackerbau. Doch bis zum Ende des 20. Jahrhunderts ging die Landwirtschaft auf Lanzarote um 90 Prozent zurück. Der damalige Hausherr, Dr. José Maria Barreto Feo (1924–1993), und seine Angehörigen wollten das Anwesen als Zeitzeugnis bewahren und machten es für die Öffentlichkeit zugänglich.

Landwirtsschaftsmuseum El Patio in Tiagua

Im Jahr 1980 begann der Arzt mit dem Aufbau des Museums. Nach seinem Tod führte die Familie das Vorhaben weiter. Unterstützt wurde sie dabei von Juan Lemes, seines Zeichens Schiffszimmermann, Kerbmann, Gofio-Mühlenbauer, Wiederhersteller von Möbelstücken und landwirtschaftlichem Handwerkszeug, doch vor allem »die wahre Seele der Erschaffung dieses Museums«. So steht es auf einer Widmung im vorderen Raum des Haupthauses. Dort beginnt auch der Rundgang.

Die Wohnräume des Vorarbeiters

In den ersten Räumen hängen neben historischen Fotos, Trachten und anderen Ausstellungsstücken mehrere Tafeln mit philosophischen Betrachtungen. Es geht um Tradition und Landbau, Zeit und Beständigkeit oder die schlichte »Genugtuung, mit den Händen zu arbeiten«. Im nächsten Raum findet der Besucher eine eindrucksvolle Sammlung vulkanischer Gesteine vor. Auch Nachbildungen römischer Keramik aus dem 1. Jahrhundert sind ausgestellt.

AUTORENTIPP!

BLICK ÜBER EL JABLE

Vor dem Museo Agricola El Patio lohnt es sich, den Weg entlang der Trockensteinmauer ein Stück weiter zu gehen. Schon bald entfaltet sich ein herrlicher Blick über die Halbwüste El Jable bis hin zum steil aufragenden Risco de Famara. Auch die Insel La Graciosa ist zu sehen. Von hier aus könnte man bis nach Caleta de Famara wandern. Doch Vorsicht, es ist weiter als es aussieht (ca. 9 km) und bei dem hier meist stark wehenden Wind kann es einem ganz schön den Sand in die Augen treiben. El Jable erstreckt sich bis hinunter in den Süden der Insel. So weit trugen die aus Nordosten blasenden Passatwinde den feinen Sand.

RON
VINO MALVASIA
7 EUR
VINO TINTO
8 EUROS
MOSCATEL DULCE
8 EUR

Museo Agricola El Patio

Hinter einem kleinen Patio mit Wasserfilterstein geht es in das Schlafzimmer des ehemaligen Vorarbeiters, der bis 1949 hier lebte. Man erkennt die mit dicken Tauen umwobenen Holzgestelle, die als Bett dienten. Einer der weiteren Räume ist für multimediale Vorführungen umgestaltet worden.

Kapelle, Bodega und Getreidemühlen

Eine hintere Tür führt auf den großen Hof hinaus. Wie damals präsentiert sich das Landgut mit der großen Zisterne, einer eigenen Kapelle, wie es auf großen Anwesen üblich war, und einer gutseigenen Weinkellerei. Neben dem Lager, aus dem der Barrique-Geruch der Fässer strömt, befindet sich ein Raum mit einer *tahona*, eine von Tieren angetriebene Getreidemühle. Wunderschön ist die von groben Holzbalken überdachte hintere Terrasse. Hier laden Sitzgruppen aus Basaltgestein zu einer Pause ein. Zwischen knorrigen Bäumen reicht der Blick in einen angelegten Kaktusgarten, hinter dem ein Hügel mit Weinfeldern aufragt.

Vor dem Haupthaus setzt sich die Idylle fort. Neben Steinmäuerchen treiben Agaven riesige Blüten. In der Hofmitte steht eine restaurierte Windmühle. Ihr Mahlwerk kann besichtigt werden. Eine Ausstellung informiert über Getreide und Gofio, und im Nebenraum gibt es ein kleines völkerkundliches Museum über die Tradition des Landbaus. Im Untergeschoss befindet sich die Bodega mit einer urigen Weinstube. Den hauseigenen Malvasia, süßen Moscatel und Rotwein dürfen Besucher kostenlos probieren.

Um den Hof gruppieren sich weitere Gebäude. Es gibt ein Gehege mit Ziegen und einem Dromedar und gleich daneben eine weitere *tahona*.

Das El Tenique bietet Kanarische Küche.

Infos und Adressen

SEHENSWÜRDIGKEITEN

Museo Agricola El Patio. Freilichtmuseum und Bauernhof. Mo–Sa 10–17 Uhr. Echeyde 18, 35 558 Tiagua, Tel. 928 52 91 34, www.museoelpatio.com (noch im Aufbau).

ESSEN UND TRINKEN

Teleclub de Tao. Soziokulturelles Zentrum in Tao mit preisgünstiger Küche. Calle Achimencey, 35 558 Tiagua, Tel. 928 82 07 95.

El Tenique. Grill-Restaurant in der Casa Valentin am Ortsausgang Richtung Tinajo. Direkt an der Hauptstraße, aber gemütlich. Nette kleine Terrasse, kanarische Küche. Ctr. Arrecife – Tinajo, Tel. 928 52 98 56.

Oben: Poollandschaft im Clubhotel
Unten: Eine eigene Welt für Sportler – das Hotelareal von »La Santa«

34 La Santa

Treff der Spitzensportler

Am Rand der »Wüste« von El Jable breitet sich ein riesiger Vergnügungspark für Sportbegeisterte aus. Wirklich hübsch findet das Gelände wohl niemand, aber der »Club La Santa« bietet fast grenzenlose Trainingsmöglichkeiten. Der Club richtet Veranstaltungen wie den Triathlon »Ironman Lanzarote« aus. Alle, denen es zu viel wird, flüchten in die nahe gelegenen Fischerdörfer La Santa und Caleta de Caballo.

Der »Club La Santa« preist sich selbst als das »wohl vielfältigste Sporthotel seiner Art in der Welt« an. Zu prüfen, ob es stimmt, sei jedem selbst überlassen, das Angebot ist zumindest beachtlich. Es gibt Trainingsmöglichkeiten für mehr als 35 Sportarten, darunter Fußball, Handball, Volleyball, Basketball, Tennis, Squash, Badminton, Aerobic, Boccia, Krafttraining, Tauchen und Windsurfen. Außerdem ist das Hotel ausgestattet mit einem Olympiaschwimmbecken (50 m), einer Leichtathletikhalle, einem Fitnessstudio und einem Übungsplatz für

MAL EHRLICH

»ARCHITEKTURWUNDER« LA SANTA

Für Cesár Manrique, heißt es, war die Clubanlage »La Santa« ein »Musterbeispiel vulgärer Architektur«. Der Künstler muss den Hotelkomplex als Beleidigung seiner Bemühungen empfunden haben, die Einrichtungen auf der Insel in Harmonie mit der Natur zu gestalten. Die Gäste indes schwören auf die Anlage, in der sich Groß und Klein regelrecht austoben können.

Golf. Nebenan auf der östlichen Ebene gibt es einen Landeplatz für Ultraleichtflieger.

Hotel für Familien und Sportmannschaften

Bis sich das bereits in den 1970er-Jahren erbaute »La Santa« behaupten konnte, dauerte es eine ganze Weile. Inzwischen hat sich das Drei-Sterne-Hotel auf ein breites Kundenspektrum eingestellt, wohl um Krisenzeiten vorzubeugen. Familien gehören ebenso zur Zielgruppe wie Volleyball- oder Fußballmannschaften und Spitzensportler, die für internationale Wettkämpfe trainieren. So kommen viele aus rein zweckmäßigen Gründen oder der reinen Freude am Sport und stören sich weniger am gewöhnungsbedürftigen Ambiente.

Kernstück der Clubanlage ist ein quadratisches Labyrinth aus Apartments, Gängen und Balkonen. In dem zentralen Gemeinschaftsareal gibt es Restaurants, Cafés, eine Disko und ein kleines Kino. Zu beiden Seiten der Wohnlandschaft erstrecken sich Sportplätze, zum Meer hin gibt es eine weitläufige Poollandschaft. Die Lagune Rio de La Santa trennt das Clubhotel von dem vorgelagerten Inselchen La Isleta, das platt und kreisrund ist wie ein Pfannkuchen. Mit einem Kilometer Durchmesser und von einem Netz aus Wegen durchzogen, bietet es weitere Lauf- und Trainingsmöglichkeiten.

Triathlon »Ironman Lanzarote«

Jedes Jahr im Mai richtet der Club »La Santa« in Puerto del Carmen den Triathlon »Ironman Lanzarote« aus. Er umfasst die Disziplinen Schwimmen (3,86 km), Radfahren (180,2 km) und Laufen (42,195 km). Die Strecken über die Vulkaninsel gelten als besonders anspruchsvoll. Wind, lange

AUTORENTIPP!

MONTAÑA BERMEJA

Ein traumhaftes Stück Natur liegt kurz hinter dem Dorf La Santa direkt am Meer. Rund um den kleinen Krater der Montaña Bermeja (100 m) gibt es zahlreiche schöne Wege und Plätze zum Die-Welt-mal-Vergessen. Dazu biegt man am Ortsausgang rechts ab in die Allee der Calle las Betancoras und fährt weiter, bis die Straße in einen Weg mündet. Ein Trampelpfad am Ufer entlang führt schließlich zu dem Vulkan. Der zum Meer hin geöffnete Krater ist begehbar, dahinter führt der Weg noch weiter an der Küste entlang. Nicht zu verwechseln übrigens mit dem Krater bei El Golfo, der mitunter auch als Montaña Bermeja bezeichnet wird. Dies liegt daran, dass beide Vulkan aus rötlichem Gestein bestehen: *bermeja* bedeutet übersetzt »rötlich blond«.

Montaña Bermeja. Anfahrt: Calle las Betancoras (am Ortsausgang von La Santa), der Straße bis zum Ende folgen und dort parken.

Oben: Fischerdorf Caleta de Caballo
Mitte: Ein Hundeleben!
Unten: Yoga im Club La Santa

Anstiege und kurvige Abfahrten fordern den Athleten einiges ab. Auch deutsche Triathleten gewannen hier bereits Medaillen. Darunter Steffen Liebetrau, Thomas Hellriegel und Timo Bracht. Der ehemalige Ironman-Europameister siegte 2011 mit Streckenrekord.

Das Dorf La Santa

Die kleine Siedlung La Santa erstreckt sich westlich der Clubanlage links und rechts der Hauptstraße. Viele Häuser stehen leer, wohl weil kaum jemand in der abgeschiedenen Lage wohnen möchte. Das Leben spielt sich weitgehend an der kleinen Promenade ab, an der man die Fischerboote beobachten kann. Entlang der Avenida el Marinero können sich ein paar Bars und Restaurants halten, nicht zuletzt Dank der Wellenreiter, die in diesem Bereich der Küste optimale Bedingungen vorfinden.

Caleta de Caballo

Malerischer ist das Küstendorf Caleta de Caballo östlich des Clubs »La Santa«. In nur drei Reihen stehen die weißen Häuser direkt am Wasser. Die von Felsen gesäumte vorgelagerte Bucht bietet einen schönen Strand, den Einheimische und Insider gern aufsuchen. Man sollte Verpflegung mitbringen, denn sonst gibt es hier nicht viel.

Infos und Adressen

ESSEN UND TRINKEN

Amêndoa. Beliebtes Restaurant mit gehobener Küche mit entsprechenden Preisen. Av. el Marinero 20, Tel. 928 83 82 52, www.amendoalasanta.com

Bike Stop Café. Fahrrad abstellen, hinsetzen und Hamburger oder frisch gepressten Saft bestellen. Gleich vorne an der Zufahrtsstraße.

Mama Africa. Ein weiteres beliebtes Lokal am Ortseingang. Internationale Küche.

ÜBERNACHTEN

Sporthotel Club La Santa. Die große Clubanlage hat das Bettenmonopol und ist für alle, die Sport treiben möchten, optimal ausgestattet. Apartments für Gäste mit Rollstuhl und Gehbehinderung vorhanden. Information und Buchung über Tel. 0049 405 51 00 34, www.clublasanta.de

AKTIVITÄTEN

Kalufa Surf. Kurse für Wellenreiten und Ausrüstungsverleih. Av. el Marinero 28, Tel. 661 05 09 66 und (mobil) 637 06 87 73, info@kalufasurfschool.com www.kalufasurfschool.com

Küstentour mit dem Fahrrad

INFORMATION

Die Homepage www.ironmanlanzarote.com informiert über den Ironman Lanzarote (auch auf Englisch).

Der große Pool lädt zum Schwimmen ein.

Oben: Hier wuchs César Manrique auf.
Unten: Wellenreiter auf dem Weg zum Strand

35 La Caleta de Famara
Surferparadies am Rande der Halbwüste

Die Dünen wandern bis auf die Straße, manchmal treibt der Wind kugelige Dornenbüsche vorbei. Weiße Häuser und viel Sand, dahinter die großartige Kulisse des Risco-Massivs. Man sitzt vor der Tapas-Bar, schaut Surfern zu oder zieht selbst los zum Ritt auf den Wellen. Wegen der ausgezeichneten Fischrestaurants kommen Gäste aus allen Teilen der Insel. Famara, so viel steht fest, ist einer der schönsten Plätze auf Erden.

Bei der Zufahrt aus Richtung Teguise grüßt eine hübsch restaurierte weiß-blaue Wassermühle am rechten Straßenrand. Bereits kurz davor steht ein großes Schild »Atención – Arena en calzada/Sand on the road«. Oft bilden sich hier dicke Sandverwehungen auf dem Asphalt, denn rechts entfaltet sich ein kilometerlanger Dünenstrand, über den die Nordostwinde blasen. Man fährt also langsam weiter und genießt den faszinierenden Anblick. Oder man sucht die nächste Parkmöglichkeit, um sofort an den herrlichen Strand zu stürmen, der Grund genug ist Famara zu besuchen – auch wenn stets die rote Flagge weht, weil das Schwimmen zu gefährlich ist (s. S. 202).

La Caleta

Auch im Dorf La Caleta säumen Verwehungen die Wege wie kleine Dünen. Von den zwei parallel verlaufenden Durchfahrtsstraßen abgesehen, gibt es nur Sandpisten. Zur Landseite hin liegt Famara mitten in der wüstengleichen Ebene El Jable, die sich Richtung Süden bis zum Flughafen ausdehnt.

Besonders auf dieser Seite der Siedlung kommt ein Gefühl auf wie im wilden Westen. Am Ortseingang steht eine kleine Siedlung fast für sich in der Steppe. In einigen Häusern befinden sich privat vermietete Apartments, auf den Balkonen hängen Wellenreiter ihre Neoprenanzüge zum Trocknen auf. Mit dem Brett unter dem Arm bis zum Strand sind es nur wenige Minuten. Vor der »Sunset Bar« (am Ortsausgang Richtung La Santa) ist Chillen angesagt, wenn der rote Sonnenball tief über der Sandwüste steht. Drinnen gibt es einen rege genutzten Billardtisch und WLAN.

Avenida El Marinero

Viele Individualreisende steuern Caleta de Famara an, und für Einheimische ist es ein beliebtes Ausflugsziel. Größere Hotels gibt es nicht, dafür gleich eine ganze Reihe netter Bars und Restaurants. Einige davon sind entlang der Avenida El Marinero zu finden, z. B. das »Chiringuito«. Der Name bedeutet eigentlich »Strandbude«. Nun steht die Tapas-Bar zwar mitten im Ort, doch man sitzt mit den Füßen im warmen Sand und fühlt sich wie direkt am Meer. Ein paar Häuser weiter, in der »Crossantería«, frühstücken gern Surfer. Daneben hat im Sommer 2012 die Trattoria »Famara and Friends« neu eröffnet. Das fehlende Dach wurde durch eine Plane ersetzt, drinnen gibt es leckere Pizza, während auf dem großen Flachbildschirm-TV fast nonstop Wellenreiter-Filme laufen. Weitere kleine Tapas-Bars und WLAN-Cafés verstecken sich in den Seitenstraßen des Orts.

Fischrestaurant »El Risco«

Die Restaurants für große Gaumenfreuden liegen ebenfalls etwas versteckt in der Calle Montaña Clara (am Ortseingang Richtung Meer). Zwei Fischrestaurants haben sich inselweit einen Namen

AUTORENTIPP!

MOUNTAINBIKE-TOUR NACH CALETA DE CABALLO

Die Küstenstrecke nach Caleta de Caballo bietet sich perfekt für eine Mountainbike-Tour an. Dazu bleibt man zunächst auf den breiteren Sandpisten, biegt also nach Famara nicht rechts zur Playa de San Juan ab, sondern findet mehr oder weniger geradeaus den besser befahrbaren Weg. Er setzt sich rechts der kleinen Vulkankette fort, nach etwa drei Kilometern geht es Richtung Wasser und dann am Ufersaum weiter. Besonders auf dem letzten Abschnitt sind häufig Mountainbiker zu sehen, da das Netz von felsigen Pfaden vor Caleta de Caballo sehr einladend ist. Wer mag, fährt noch drei Kilometer weiter bis La Santa, wo es auch Einkehrmöglichkeiten gibt. Für die Rückfahrt nach Famara bietet sich die Straße über Sóo an. Dafür muss man zwar erst einmal ganz schön strampeln, wird aber dann mit einer langen Panorama-Abfahrt Richtung Risco-Massiv belohnt.

Red Star Surf. Montainbikeverleih in Famara, Av. el Marinero 9, www.redstarsurf.com

AUTORENTIPP!

WAVESISTERS: SURFEN UND YOGA

Surfkurse »exklusiv« für Frauen, kombiniert mit Yoga – die Idee kommt gut an in Famara. Dahinter steht Birgit Koch, selbst 1998 der Magie des Boards verfallen und seit 2005 Surflehrerin. Sie stellte fest, dass »Mädels« sich in einer gemischten Gruppe häufiger unterlegen fühlen und das Wellenreiten leichter erlernen, wenn sie unter sich sind.
WaveSisters bietet Surfkurse für alle Erfahrungslevels, Yogaunterricht und Unterkunft für Frauen. Bereits erfahrene Surferinnen können sich für eine »Surfari« anmelden (Unterkunft, Surfmaterial, Spoteinweisung und Yoga inklusive). Für Familien und alleinreisende Mütter mit Nachwuchs organisiert Birgit Koch bei Bedarf auch die Kinderbetreuung. Auf Lanzarote sind die »surfenden Schwestern« jeweils von Februar bis April aktiv, in den übrigen Monaten geht es zu den besten Surfspots nach Gran Canaria (Las Palmas), Portugal oder Frankreich.

Wavesisters. Calle Chirimoya 15, 35 558 Bungalows de Famara, Tel. 626 65 40 52, www.wavesisters.com

gemacht. Besonders beliebt ist das »El Risco«, das nicht einmal eine Terrasse zum Meer hin benötigt, um stets zahlreiche Gäste anzulocken. Vom Hauptraum aus hat man einen schönen Blick auf die heranrollenden Wellen und den Chinijo-Archipel. Auf der dem Ort zugewandten Seite gibt es einige Tische und Stühle unter einer riesigen, zum Baum gewachsenen Wolfsmilch.

Der ganze Stolz des »El Risco« ist ein großes Wandkunstwerk von César Manrique, entstanden im Jahr 1986. Der Künstler, der seine Kindheit in Famara verbrachte, widmete das Werk den *pescadores*, den Fischern des Orts. In das Motiv sind Taue, ein Anker und ein Bootsruder integriert. Im Nebenraum hängen Zeichnungen von Manrique an den Wänden. Populär ist das Restaurant auch wegen der meisterhaft zubereiteten Gerichte aus fangfrischem Fisch, etwa *sama* (»Rotbrasse«) im Salzmantel oder *Pámpano-Suprêmes* an Koriander. *Pámpano* (»Schwarzfisch«) zählt zu den kanarischen Tiefseefischen. Auch Gegrilltes, Salate und vegetarische Gerichte stehen auf der wechselnden Karte. Verlockend sind auch die hausgemachten Desserts wie Feigensorbet oder Süßkartoffelpudding.

Spaziergang an der Uferpromenade

Guten Fisch gibt es auch im nahe gelegenen »Restaurante Sol«, das noch etwas uriger ist als das fein eingerichtete El Risco. Es punktet zudem mit einer Terrasse am Meer. Man sitzt dort neben Fischerbooten mit Blick auf das Risco-Massiv und den kleinen Hausstrand von Caleta de Famara. Dieser Bereich des Orts bietet sich auch wunderbar für einen Spaziergang entlang der kleinen Uferpromenade an. Mit den Flaniermeilen der großen Touristenorte ist sie nicht vergleichbar,

Rundgang La Caleta de Famara

A Wassermühle – Bei der weiß-blauen Wassermühle zweigt rechts die Straße zur Bungalowsiedlung ab. Die Hauptstraße selbst führt direkt nach Caleta de Famara.

B Strandparkplätze – Wer zur Playa de Famara möchte, kann das Auto auch entlang dieser Nebenstraße parken.

C Playa de Famarax – Kilometerweit Sand und Dünen bietet der Traumstrand von Famara.

D Urbanisation »Playa Famara« – Vorwiegend Privathäuser und Ferienwohnungen bilden diese eigene kleine Siedlung.

E El Jable – Dank der wüstengleichen Ebene vor der Haustür wirkt Caleta de Famara wie ein Dorf im Wilden Westen.

F Avenida El Marinero – Mit ihren Bars und Restaurants ist die sandige Durchfahrtsstraße ein beliebter Treff von Einheimischen und Gästen.

G Fischrestaurant »El Risco« – Inselweit bekannt aufgrund seiner hervorragenden Fischgerichte und Wandkunst von Cesár Manrique

H Uferpromenade – Spaziergang zwischen Kaimauer und Fischerbooten, mit Blick auf das Risco-Massiv. Davor bietet der kleine Hausstrand von Caleta de Famara Erfrischung.

I Wohnhaus César Manrique – In dem Haus an der Uferpromenade mit den großen Fenstern verbrachte César Manrique einen Teil seiner Kindheit.

J Sunset Bar – Am Ortsausgang gelegen mit weitem Blick bietet sie Chill-Out beim Sonnenuntergang.

K Playa de San Juan – Nicht nur bei den »World Qualified Series« ein beliebter Strand zum Wellenreiten

L Küstenroute – Hier beginnt eine schöne Tour für Wanderer und Mountainbiker. die bis nach Caleta de Caballo führt.

M Bushaltestelle – Am Ortseingang vor dem Supermarkt hält der Bus Richtung Teguise und Inselsüden.

Oben: Playa de San Juan
Mitte: Nette Menschen trifft man oft in Famara
Unten: Supermarkt »Bei Otilia«
S. 200/201: Dorf am Rande der »Wüste«: Caleta de Famara

was viele gerade schön finden. Anstelle von Souvenirständen sieht man Angler auf der Kaimauer sitzen, spielende Kinder und Señoras, die ein Schwätzchen halten. Die »Locals« unter den Surfern treffen sich hier, um die Hafenwelle zu reiten. Ein Haus an der mittleren Uferpromenade fällt durch besonders große Fenster auf. Hier lebte César Manrique als Kind, schon damals beeindruckt von den Farben und Formen, mit denen die Natur vor der Haustür ihre Kunstwerke schuf.

Playa de San Juan

Am westlichen Ortsausgang von Famara (Richtung La Santa) geht es nahtlos in die »Wüste«. Für Surfer führt der Weg noch ein Stück weiter. Der Schotterpiste bis zum Ende folgend (ca. 1 km), gelangt man zur Playa de San Juan. Hier treten die weltbesten Wellenreiter jährlich im Oktober bei den »World Qualified Series« an, die der Surfverband ASP (Association of Surfing Professionals) im Rahmen seiner World Tour veranstaltet. Der Spot ist auch ganzjährig wegen seiner »Sechs-Sterne-Prime-Welle« beliebt. In der Nähe der Playa de San Juan liegt die kleine Bungalowsiedlung »Bajamar«, dahinter kommt für rund sechs Kilometer nichts mehr, was auch nur annähernd nach Bebauung aussieht. Hier lässt sich spontan eine schöne Wandertour entlang der Küste unternehmen.

Infos und Adressen

ESSEN UND TRINKEN

Restaurante El Risco. Gehobene Küche. Fisch, Gegrilltes und vegetarische Gerichte zwischen Manriques Kunstwerken. Calle Montaña Clara 30, Tel. 928 52 85 50, www.restauranteelrisco.com

Restaurante Sol. Frischer Fisch in urigem Ambiente. Schöne Terrasse mit Meerblick. Calle Salvavidas 48, Tel. 928 52 87 88, www.restaurantesolfamara.com

Famara and Friends. Seit 2012 bereichert die Trattoria den Ort um eine Möglichkeit, gut Pizza zu essen. Direkt im Ortskern an der Avenida El Marinero.

El Chiringuito. Sehr gute Tapas und immer nette Stimmung. Institution in La Caleta, gleich am Ortseingang an der linken Straßenseite.

Crossantería. Das perfekte Frühstück zur perfekten Welle. Av. El Marinero.

Sunset Bar. Chill-Out-Kneipe am Ortsausgang, WLAN und Billiard. Av. El Marinero.

Casa Garcia. Direkt am Ortseingang bei der Bushaltestelle. Ansprechendes Ambiente. Fisch, Paella und Pizza. Av. El Marinero 1.

AKTIVITÄTEN

Famara Surf. Wellenreiten und Kitesurfen. www.famarasurf.com

Calima Surf. www.calimasurf.com

Massagezentrum Energize. Energie-Massage, Osteopathie und Physiotherapie. Deutsch- und englischsprachige qualifizierte Therapeuten. Mo–Fr 10.30–13.30 Uhr sowie nach Absprache. Isabel Salzmann, Calle Chirimoya 15, Tel. 673 86 17 00, www.energize.es, E-Mail: info@energize.es

Kann das Leben schöner sein?

Oben: Playa de Famara
Unten: Kite-Surfer am Strand

36 Playa de Famara

Wilder Dünenstrand vor den Klippen des Risco

Fünf Kilometer Sand und Dünen, eine Brandung wie auf Gemälden. Dieses Naturwunder liegt zwischen Caleta de Famara und dem Gebirgszug Risco de Famara. Auch wenn das Meer aufgrund der extremen Strömungen vorwiegend den Wellenreitern, Wind- und Kitesurfern »gehört«, lohnt allein schon der Blick den Strandbesuch. Die Playa de Famara ist auch ein Startpunkt für schöne Wanderungen entlang des Kliffs.

Wie eine gewaltige Sichel erstreckt sich vor El Jable der längste Strand Lanzarotes, dem auch die Halbwüste bei Famara ihre Entstehung verdankt: Konstant blasen die meist starken Nordostwinde den Strandsand ins Landesinnere, der einen breiten Saum aus Wanderdünen und Verwehungen bildet. Von dort wird er immer weiter über die Insel getragen, nach Süden und noch ein gutes Stück Richtung Westen. El Jable nimmt

MAL EHRLICH

DER STRAND MIT DER ROTEN FLAGGE

Sie weht immer an der Playa de Famara: die rote Flagge, die »Baden lebensgefährlich!« bedeutet und es aus dem Grund verbietet. Die tückischen Unterströmungen können auch gut trainierte Menschen plötzlich in die Tiefe reißen. Jahr für Jahr gibt es Todesfälle, weil das Meer wieder einmal unterschätzt wurde. Den Strand sollte man also lieber für ein Sonnenbad nutzen und für einen ausgiebigen Badetag an die ruhigeren Strände im Süden fahren.

eine Gesamtfläche von rund 40 Quadratkilometern ein.

Playa de Famara

Die Playa de Famara ist nahezu unbebaut und entfaltet umso mehr ihre Schönheit. Das Gebiet des Parque Natural del Archipiélago Chinijo wurde 1987 zum Naturpark erklärt, und zwar ab La Santa bis zum nördlichsten Zipfel des Risco de Famara (Punta Fariones), der vorgelagerte Chinijo-Archipel eingeschlossen. Bei Ebbe liegt ein breiter Streifen feuchten Sands frei, bei Flut nagt die Brandung fast an den Dünen. Richtung Osten ragt majestätisch der Risco de Famara auf, tief zerfurcht fallen die Steilwände hinab zum Meer, wo sie – zunächst sanft und nach Norden hin schroffer – in die Brandungszone übergehen. Oft kann man Drachenfliegern dabei zusehen, wie sie hoch oben vom Kamm herab in die Tiefe gleiten. Ein beliebter Startpunkt befindet sich südlich des Peñas del Cache (671 m).

Parkmöglichkeiten direkt am Strand sind vorhanden: Von der Zufahrtsstraße zweigen etwa 500 Meter vor Caleta de Famara rechts zwei Straßen ab, zu deren Seiten sich abgestellte Pkw reihen. Kurz vor dem Ort erschweren noch kleine Klippen den Zugang zum Meer, dann aber folgt ein mehrere Kilometer langer Bereich aus hellem bis dunkelgolden schimmerndem Sand, der zur Straße hin (und noch darüber hinaus!) von kleinen, teils bewachsenen Dünen gesprenkelt ist. Sonnenanbeter, auch einige FKK-Freunde, nutzen die dem Landesinneren zugewandte Seite der Sandhügel. Diese Seite liegt meist im Windschutz, nachgeholfen wird mit kleinen Steinmäuerchen. So sind im Laufe der Zeit viele kleine Sandburgen entstanden, die immer wieder neue Strandgäste nutzen.

AUTORENTIPP!

AUF DEM ALTEN SALINENWEG

Ab der Siedlung Playa Famara führt eine eindrucksvolle Wanderung direkt am Kliff entlang. Es handelt sich dabei um den alten Pfad der Salinenarbeiter: Er verbindet das Dorf mit den nun brach liegenden Salzfeldern unterhalb des Mirador del Rio. Dort befindet sich auch die Playa del Río, ein Traumstrand mit Blick auf die Insel La Graciosa (siehe S.237).
Der Weg ist jedoch nur noch für etwa zweieinhalb Kilometer gut begehbar, danach wird es gefährlich, weil Felseinstürze den schmalen Pfad entlang der Abbruchkante blockieren. Zuvor gibt es aber eine Möglichkeit, links hinab zum Strand zu wandern und von dort zurück zum Ausgangspunkt zu laufen. Wer die Salinen Playa del Río dennoch besuchen möchte, kann auch bei einer weiteren Wanderung den direkten und weniger riskanten Abstieg über den Camino de Guatifay nutzen (beschrieben auf S. 237).

Anfahrt: Bungalowsiedlung Playa Famara
Länge: ca. 5 km (gut begehbar ist die halbe Strecke)
Mitnehmen: Ausreichend Trinkwasser und Proviant (unterwegs keine Einkehrmöglichkeit!), Sonnenschutz, evtl. Badesachen

Oben: Siedlung Playa Famara
Mitte: Mehr braucht man hier nicht.
Unten: Die Dünen bieten Schutz.

An der westlichen Seite des Strands überwiegen die Aktivitäten der Surfschulen. Ganze Gruppen balancieren auf den Wellen oder sitzen im Kreis am Strand, um sich mit Yogaübungen vorzubereiten. Die Bedingungen zum Wellenreiten und Windsurfen sind optimal.

Bei Caleta de Famara liegt das Wrack eines Zementfrachters, der 1982 Schiffsbruch erlitt. Viele Jahre ragten die Aufbauten noch ein Stück aus dem Wasser, inzwischen sind sie von der Oberfläche aus nicht mehr sichtbar.

Zu Füßen des Risco-Gebirges

Richtung Osten setzt sich der Strand noch für etwa zwei Kilometer unterhalb des Risco-Gebirges fort, wo er zunehmend steiniger und schmaler wird. Weil sich so schöne Rückzugsmöglichkeiten bieten, kommen besonders Einheimische gern hierher. Man kann die ganze Strecke am Strand entlanglaufen. Schneller geht es über die Straße, die hinten um den Ortsteil Playa Famara herumführt. Das rechteckige, kleine Häusermeer liegt direkt am Fuß des Risco. Im Zentrum der in den 1970er-Jahren errichteten Bungalowsiedlung aus Privathäusern und Ferienwohnungen gibt es einen kleinen Supermarkt.

Anstatt direkt links zum Strand abzubiegen, bietet sich oberhalb der Siedlung auch der Weg geradeaus an. Die eindrucksvolle Wanderung direkt am Kliff lässt sich bis zu den alten Salinen unterhalb des Mirador del Rio fortsetzen. Der Weg ist jedoch nur noch für etwa zweieinhalb Kilometer gut begehbar, danach wird es gefährlich, weil Felseinstürze den schmalen Pfad entlang der Abbruchkante blockieren. Zuvor gibt es aber eine Möglichkeit, links hinab zum Strand zu wandern und von dort zurück zum Ausgangspunkt zu laufen.

Wanderung nach Teguise

INFORMATION

Von Famara über den Risco de Famara führt diese kaum bekannte Route. Es geht durch Schluchten (Barrancos) und den Kammweg entlang, begleitet von spektakulären Ausblicken. Ziel ist die schöne Stadt Teguise.

Wellenreiter am Strand

Anfahrt: Playa de Famara, Parkmöglichkeiten am Strand. Bus: Linie 31 (Haltestelle in Caleta de Famara)
Ausgangspunkt: Bungalowsiedlung Playa Famara, alte Landstraße Richtung Teguise Ende des Ortsteils.
Ziel: Teguise (Bus zurück: Linie 31)
Schwierigkeitsgrad: mittel. Die Route erfordert Kondition, Trittsicherheit und Schwindelfreiheit
Länge: ca. 10 Kilometer, Wanderzeit ca. 3 Std.
Höhenunterschied: ca. 400 m
Mitnehmen: Der Witterung entsprechende Kleidung.
Verpflegung: Ausreichend Trinkwasser und evtl. etwas Proviant mitnehmen. Schöne Einkehrmöglichkeiten in Teguise zum Abschluss.
Wegbeschaffenheit: Anspruchsvolle Strecke mit Aufstieg, teils geht es nah an der Abbruchkante entlang
Variante: In Caleta de Famara starten und den schönen Weg am Strand entlang noch mitnehmen (plus ca. 2 km)

WICHTIGE STATIONEN

Ⓐ **Playa Famara** – Hinter den letzten Häusern der Bungalowsiedlung beginnt die alten Landstraße nach Teguise. Die noch gut befahrbare Piste ist Startpunkt und erster Abschnitt der Wanderung.

Ⓑ **Schild »Morro Alto«** – Nach ca. einem Kilometer weist das Schild den weiteren Weg links Richtung Risco. Hier beginnt der Aufstieg (»Morro Alto« bedeutet »hohe Bergkuppe«).

Ⓒ **Barrancos** – Der schmale Wanderpfad schlängelt sich durch mehrere Schluchten (barrancos) bis zum Kamm hinauf.

Ⓓ **Kammweg** – Auf dem Morro Alto angekommen, führt der Pfad, der zwischenzeitlich ein Fahrweg ist, nach rechts und verläuft nun oberhalb des Abhangs. Achtung: Rechts geht es steil abwärts.

Ⓔ **Fahrweg** – Ein breiter Fahrweg führt bis nach Teguise.

Ⓕ **Teguise** – In der Altstadt laden viele nette Restaurants und Tapas-Bars zur Stärkung ein.

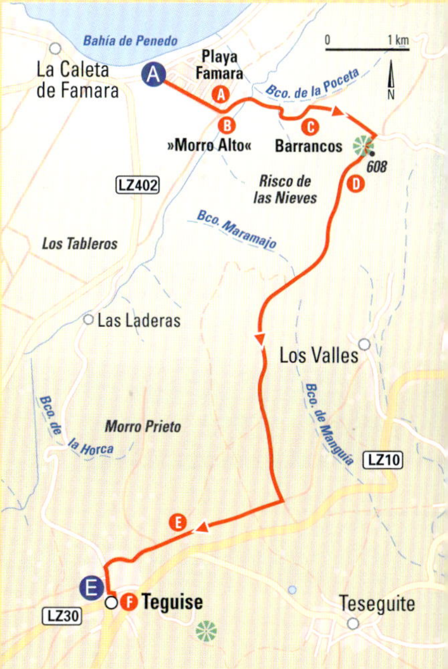

Oben: Iglesia Nuestra Señora de Guadelupe
Unten: Blick auf Teguise

37 Teguise

Charme der ehemaligen Inselhauptstadt

Durch die malerischen Gassen einer Altstadt flanieren, prächtige Bauten bewundern und in kleinen Läden schöne Dinge einkaufen. Wer dies bislang bei seinem Lanzarote-Urlaub vermisst hat, kommt nun auf seine Kosten. Auch ein Timple-Museum und eine kleine Burg hat Teguise zu bieten. Sonntags füllen sich die Straßen beim größten ›mercadillo‹ der Insel.

Teguise war die Hauptstadt, bis im Jahr 1852 Arrecife mit ihrem Hafen diese Funktion übernahm (s. S. 28). Die kleine Stadt liegt zentral auf dem südlichen Ausläufer des Famara-Gebirges, direkt am Fuß der Montaña Guanapay (452 m) – eine strategisch günstige Lage, die schon die Altkanarier für eine erste Besiedlung nutzten. Die wachsende Ortschaft trug den Namen »Acatife«.

MAL EHRLICH

VIEL TAND, VIEL TRUBEL

Wer auf dem großen Markt in Teguise einkaufen möchte, sollte genau hinsehen: Einige Händler nutzen den Andrang, um schnelles Geld mit Plagiaten, Ramsch oder überteuerten »kulinarischen Spezialitäten« zu machen. Noch dazu ist es so voll, dass kaum Muße zum gemütlichen Bummeln und Schauen bleibt. Dennoch ist der »Mercadillo« ein echtes Highlight, das man sich nicht entgehen lassen sollte. An vielen Ständen werden wunderschöne handgefertigte Produkte verkauft, die ihr Geld wert sind. Tipp: Früh da sein, dann ist der Markt noch überschaubar.

Real Villa San Miguel de Teguise

Im Jahr 1418 übernahm Maciot de Béthencourt die Herrschaft, der Neffe des Eroberers Jean de Béthencourt. Er war neun Jahre zuvor zum ersten Gouverneur von Lanzarote ernannt worden. Der Überlieferung zufolge nahm er sich Prinzessin Teguise von Lanzarote zur Frau, die Tochter des letzten altkanarischen Königs. Ihr zu Ehren soll er die Stadt benannt haben. Der komplette Name lautete »Real Villa San Miguel de Teguise« und beinhaltete somit auch den heiligen Miguel, dem die zentrale Kirche geweiht wurde. An ihrem Platz steht heute die Pfarrkirche Nuestra Señora de Guadelupe. Die Architektur der Gründerzeit wurde zu großen Teilen bei Piratenangriffen zerstört. Viele der noch zu sehenden Bauten stammen aus dem 17. und 18. Jahrhundert, was der Schönheit der Stadt keinen Abbruch tut. Das gesamte historische Zentrum ist ein Kunstwerk aus herrschaftlichen Häusern, sakraler Architektur und schmucken Gassen und Plätzen, die zum Verweilen einladen. Teguise gilt (neben Betancuria auf Fuerteventura) als älteste Stadt der Kanarischen Inseln. Seit 1973 steht die Altstadt komplett unter Denkmalschutz.

Iglesia de Nuestra Señora de Guadalupe

Als Erstes fällt in Teguise die prächtige Pfarrkirche Nuestra Señora de Guadalupe auf. Ihr Turm aus rotem Vulkangestein, der in eine schneeweiße Kuppel übergeht, ist schon von Weitem sichtbar. Das vierte Stockwerk des stufenartig konstruierten Turms besteht aus schwarzen Basaltziegeln. Dieser Teil wurde – genauso wie der an einen Pavillon erinnernde Aufbau – erst im 20. Jahrhundert hinzugefügt. Bei dem rötlichen Gestein handelt es sich noch um Teile des Vorgängerbaus (18. Jh.), der 1909 in Brand geraten war. Mit Spenden der Bevölkerung errichtete man daraufhin den Turm

AUTORENTIPP!

TIMPLE-MUSEUM IN DER CASA SPÍNOLA

Das Museum passt hervorragend in die prachtvollen Räume des herrschaftlichen Hauses, die Besucher gleich mit besichtigen können. Es ist der Timple gewidmet, dem bedeutendsten Instrument der kanarischen Folklore. Die ersten Timple-Bauer sollen aus Lanzerote stammen. Zu den bekannteren zählt insbesondere Simón Morales Tavío. Er führte Mitte des 20. Jahrhunderts den systematischen Timple-Bau auf der Insel ein. Als der letzte noch lebende Timple-Bauer von Teguise gilt Antonio Lemes Hernández.

Casa-Museo del Timple. Timple-Museum. Palacio Spínola. Mo–Sa 9–16.30, So und Fei 9– 15.30 Uhr. Plaza de la Constitucíon s/n, 35 509 Lanzarote, www.casadeltimple.org

AUTORENTIPP!

CASA KAOS
Nur wenige Häuser vom Palacio Spínola entfernt öffnet sich das Holztor der »Casa Kaos«. Der kleine Laden gleicht einer reich gefüllten Schatztruhe. Es glitzert und funkelt, überall hängen oder liegen handgefertigte Schmuckstücke, z. B. Lanzarote-Schmuck aus Olivin- und Basaltsteinen und so manches Souvenir, wie man es auf der Insel sonst kaum findet, z. B. die Aufzeichnungen des Pfarrers von Yaiza zu den Vulkanausbrüchen von Timanfaya. Chaotisch geht es ganz und gar nicht zu in der *Casa Kaos*, vielmehr haben Peter Kieras und Pepa Catalan jeden Winkel der historischen Räume liebevoll gestaltet. Selbst wer hier nichts findet (was selten vorkommt), ist um schöne Eindrücke und ein nettes Gespräch reicher – sei es auf Spanisch, Englisch, Deutsch oder im Sprachenmix.

Casa Kaos. Calle Leon y Castillo 2, Tel. 928 84 55 97.

in seiner heutigen Form und nutzte die Gelegenheit, ihn noch ein Stück höher wachsen zu lassen. Unter den Rundbogenfenstern befinden sich hölzerne Balustraden.

Im Jahr 1914 weihte Bischof Angel Marquina Corrales die neue Kirche ein. Weitere Restaurierungsarbeiten im Kirchenschiff wurden 1995 abgeschlossen. Auch hier ist von der ursprünglichen Substanz kaum noch etwas zu sehen, man entschied sich für Stuckverzierungen und eine neugotische Gestaltung der Altäre. Im linken Seitenaltar steht ein besonderes Stück Kirchenkunst: eine Christusfigur mit echtem, hüftlangem Menschenhaar, geschaffen von dem bekannten kanarischen Künstler Luján Pérez. Daneben erhebt sich die Statue der Schutzheiligen Virgin de Guadelupe mit Krone und königlichem Gewand. Kaum noch etwas erinnert an die einstige Iglesia San Miguel (15. Jh.), die ein schlichter, kleinerer Bau war – fensterlos und mit Steinsitzen entlang der Mauern. Sie brannte 1608 komplett nieder, wurde mehrfach neu errichtet und von Piraten wieder zerstört.

Castillo de Santa Bárbara

Die kleine Bilderbuchburg thront auf der Kuppe der Montaña Guanapay. Errichtet wurde sie in ihrer heutigen Form im Jahr 1590 unter der Leitung von Leonardo Torrani. Der italienische Ingenieur war im Auftrag des spanischen Königs Phillipp II. angereist, um die Befestigungsanlagen der Kanarischen Inseln zu überprüfen und verbessern. Der Besuch lohnt sich schon wegen des tollen Rundblicks über Teguise und die ganze Insel. In den Gewölben befindet das kleine Museo de la Piratería (»Piratenmuseum«). Die Gestaltung ist kindgerecht, jedoch leider ausschließlich in spanischer Sprache. Zu sehen sind allerdings vorrangig Infotafeln und Dinge, die mit Piraten zu tun haben.

Callejón de la Sangre

Die Piratenattacken auf Teguise gipfelten im 16. und 17. Jahrhundert in einigen heftigen Übergriffen. Immer wieder nahmen die aus Nordafrika stammenden Seeräuber die Stadt ein, zogen plündernd durch die Gassen, setzten Häuser in Brand und brachten Bewohner in ihre Gewalt. Es waren Rachefeldzüge, heißt es, an den Herrschern von Teguise, die selbst Tausende von Berbern in die Sklaverei getrieben hatten.

Hinter der Pfarrkirche berichtet die »Blutgasse« (Callejón de la Sangre) von dem, was geschah, als die Bewohner die Angreifer durch die enge Häuserschlucht zurückdrängten. Dabei floss ursprünglich etwas ganz anderes durch das Gässchen: Hier befand sich ein Durchlauf für das Regenwasser, das von der nahen Montaña Guanapay (Barranco de Miraflores) zum Platz La Mareta geleitet wurde.

La Mareta: Platz der Zisterne

Der große, teils begrünte Platz liegt in nordöstlicher Richtung direkt hinter der Kirche. Unter den modernen Bodenplatten befindet sich das Fundament einer riesigen Zisterne, errichtet von den Stadtgründern im 15. Jahrhundert. Das Wasserleitsystem hingegen sollen bereits die Ureinwohner entwickelt haben. So konnte in den Wintermonaten das durch die Schlucht herabströmende Regenwasser in das Ortszentrum gelenkt, gesammelt und nach Bedarf an die Bevölkerung verteilt werden.

Sonntagsmarkt in Teguise

Heute ist La Mareta Schauplatz verschiedener Veranstaltungen. Besonders voll wird es an Sonntagen (9–14 Uhr) beim *Mercadillo*. Der größte Markt Lanzarotes verwandelt das gesamte Städtchen in ein einziges buntes Treiben. In den Gassen reihen

Oben: Castillo de Santa Bárbara
Mitte: Callejón de la Sangre
Unten: Auf dem Sonntagsmarkt

Rundgang Teguise

A Casa Palacio Ico – Die Stadt Teguise ist bekannt für ihre prachtvollen Häuser im Kolonialstil – zum Beispiel dieses.

B Casa Spinola-Casa-Museo del Timple – Über das kanarische Musikinstrument informiert die Ausstellung. Zugleich beeindruckt der Gang durch das herrschaftliche Gebäude.

C Iglesia de Nuestra Señora de Guadalupe – Die bewegte Geschichte der Pfarrkirche zeigt sich in der Turmkonstruktion.

D La Mareta – Der Platz hinter der Kirche wurde auf dem Fundament einer riesigen Zisterne errichtet. Heute spielt sich hier ein Großteil des Sonntagsmarkts ab.

E Calle la Sangre – Die »Blutgasse« erinnert an Angriffe und Schlachten.

F Castillo de Santa Bárbara – Einst zum Schutz von Piraten errichtet. Darüber informiert das Museum in den Gewölben. Die kleine Burg lohnt schon wegen des tollen Rundum-Panoramas.

G Convento San Francisco – Von diesem Kloster ist der Kirchturm geblieben.

H Casa Kaos – Hier gibt es besonderen Lanzarote-Schmuck und andere schöne Dinge.

I Convento Santo Domingo – Im ehemaligen Kloster des Dominikanerordens werden wechselnde Ausstellungen geboten.

Plaza de la Constitucion

sich Marktstände. Es gibt alles, von Trödel über Gaumenfreuden bis hin zu originalem Kunsthandwerk und Schmuck aus Lanzarote. Dazwischen werden Folkloretänze aufgeführt, die umliegenden Bars und Kneipen platzen aus allen Nähten. Auf dem Platz reihen sich Biertische und Bänke.

Plaza de la Constitución

Der große Platz vor der Pfarrkirche wird auch Plaza de San Miguel genannt, in Erinnerung an die Ursprünge des Gotteshauses. Zusammen mit einigen kleineren Nebenplätzen bildet die Plaza de la Constitucíon ein attraktives Areal im Zentrum von Teguise. Etwa um 1590 weihte der italienische Baumeister Leonardo Torriani den Platz ein. Er hatte auch die Festungsanlage auf der Montaña de Guanapay errichtet. Zu Beginn des 20. Jahrhunderts erhielt der Platz weitgehend sein heutiges Aussehen. Details wie der Brunnen kamen ab den 1940er-Jahren hinzu, auch die Sitzbänke, in denen Gestein aus Villa de Arucas (Gran Canaria) verarbeitet wurde. An der Frontseite des Platzes grüßen zwei Löwen als Symbole der Macht. Der Bildhauer Francisco Spínola Gómez gestaltete die Skulpturen. Einige Einheimische nennen diesen Ort daher auch einfach Plaza de los Leones. Rundherum gruppieren sich herrschaftliche Häuser.

Casa Spínola

An der Längsseite der Plaza de la Constitución steht ein von außen eher schlichtes Gebäude. Hinter der Fassade der Casa Spínola aber verbirgt sich einiges. Das auch als Palast – Palacio Spínola – bezeichnete herrschaftliche Haus ist nach der Kaufmannsfamilie Spínola benannt, in deren Besitz es im späten 19. Jahrhundert überging. Errichtet wurde es bereits zwischen 1730 und 1780 durch D. José Feo Peraza, seinerzeit Governeur

AUTORENTIPP!

LOS DIABLETES: KARNEVAL IN TEGUISE

Wer die Karnevalszeit auf Lanzarote verbringt, sollte sich den Tanz der »Kleinen Teufel« ansehen, der berühmt-berüchtigten Karnevalsgruppe »Los Diabletes« aus Teguise. In ihrem furchterregenden Kostüm verschmelzen religiöse Vorstellungen und Aberglaube: Weiße Jacke und Hose sind mit roten und schwarzen Rhomben und Punkten bemalt. Über dem Kopf tragen sie eine schwarze Stierkopfmaske mit großen Hörnern und langer roter Zunge. Traditionell waren es Ziegenböcke, als Symbol für Männlichkeit und Fruchtbarkeit. An Karneval rennen die »Diabletes« schreiend und lärmend durch die Gassen der Altstadt, um die Einwohner zu erschrecken. Wer nicht aufpasst, bekommt Hiebe mit einer Rute, an der sandgefüllte Lederbeutel hängen. Fairerweise kündigen sich die meist gar nicht so kleinen Teufel mit wildem Glöckchengeläut an.

Sänger auf dem Sonntagsmarkt

Oben: Teguise ist von architektonischer Schönheit. Hier sieht man die Weiße Treppe.
Mitte: Viele Häuser zeigen liebevolle Details.
Unten: Convento Santo Domingo

von Lanzarote. In den 1970er-Jahren wurde der Palast im kanarischen Kolonialstil renoviert. 1984 kaufte die Stadtverwaltung von Teguise das Gebäude. Sie ließ es mehrfach umbauen und mit stilvollem Mobiliar verschiedener Epochen ausstatten. 1989 wurde die Casa Spínola zum »Amtssitz der Kanarischen Regierung auf Lanzarote«. Seit 2011 beherbergt sie ein äußerst sehenswertes Timple-Museum (siehe Autorentipp).

Links des Palacio Spínola steht der schön restaurierte, ehemalige Kornspeicher »La Cilla« (17. Jh.). Hier mussten die Bauern den »Zehnt« an die Kirche abführen, den zehnten Teil ihrer Ernte. Diese Form der Steuerabfuhr war in verschiedenen Kulturkreisen noch bis in die frühe Neuzeit verbreitet.

Kolonialstil und Klöster

In Teguise lässt man sich am besten einfach treiben, um die kleinen Läden, Galerien, Ateliers, Restaurants und Cafés in den Gassen und Innenhöfen zu entdecken. Oder auch weitere herrschaftliche Häuser, wie der bereits 1455 errichtete Palacio del Marqués. Er gilt als das älteste erhaltene Gebäude der Stadt. Man nennt ihn auch »Patio de Vino«, weil im Innenhof ein malerisches Weinlokal untergebracht ist. Es lohnen sich auch die Casa Torres (hinter der Casa Spínola), der Palacio Herrera y Rojas (Calle José Betancort 8) und der Palacio Ico (Calle El Rayo 2), an dessen Restaurierung der bekannte Inselarchitekt Luís Ibánez mitwirkte.

Sehenswert sind darüber hinaus zwei Klöster in Teguise bzw. das, was von ihnen übrig ist: Im Convento Santo Domingo (1726) des Dominikanerordens sind wechselnde Ausstellungen zu sehen. Vom Convento San Francisco ist nur noch die Kirche übrig, in der ein kleines Museum für religiöse Kunst untergebracht ist.

Infos und Adressen

SEHENSWERTES

Convento Santo Domingo. Im Jahr 1698 gegründetes Klostergebäude des Dominikanerordens. Wechselnde Ausstellungen. Tgl. außer Sa 10–15 Uhr. Plaza del Ayuntamiento.

Convento San Francisco. Es steht noch die Kirche des Franziskanerklosters. Im Inneren ist ein kleines Museum für religiöse Kunst untergebracht. Calle José Betancort (Straße Richtung Mozaga).

Palacio del Marqués/Patio del Vino. Das älteste Kolonialhaus von Teguise mit Weinlokal im Innenhof. Calle Herrera y Rojas 9, Mo–Fr 12–20 Uhr, So 10–15 Uhr, Sa geschl. Tel. 928 84 57 73 und 928 84 58 32.

Restaurant Palacio del Marques

Casa Palacio Ico. Das Haus im Kolonialstil besitzt einen besonders schönen Innenhof. Calle El Rayo 2, 35 530, Villa de Teguise, www.palacioico.com

Casa-Museo del Timple. S. S. 207.

ESSEN UND TRINKEN

El Chiringuito. Sympathische Tapas-Bar mit schöner Terrasse zur Plaza San Miguel. Preisgünstige kanarische Küche. San Miguel/Plaza la Constitución 4, Tel. 606 50 04 07.

Acatife. Das älteste Restaurant am Platz. San Miguel/Plaza de la Constitución 1, Tel. 928 84 50 37.

Altarraum der Iglesia de Nuestra Señora de Guadalupe

ÜBERNACHTEN

Taro de Chimida. Wohnen in der Luxusfinca. Eleganter Pool mit Wasserfall. Im Haupthaus finden sechs Personen Platz, außerdem werden zwei Apartments für je zwei Personen vermietet. Calle Dulcinea 34, www.tarodechimida.com

EINKAUFEN

Quesería El Faro. Außerhalb des Orts an der Straße Richtung Mozaga. Eine der größten Ziegenkäsereien Lanzarotes.

El Mercadillo. Beim größten Markt der Insel ist der ganze Ort Teguise ein Shoppingparadies. So 9–14 Uhr.

Queseria El Faro bei Mozaga

Oben: Museum und Restaurant Lagomar
Unten: Ein bewohnbares Kunstwerk

38 Lagomar
Ein bewohnbares Kunstwerk in Nazaret

Omar Sharif habe das Anwesen gleich nach dem Kauf beim Bridge verspielt, heißt es. Wenn auch nicht ganz sicher ist, ob die Geschichte stimmt: Das in die Felswand gebaute »Haus« des großen Schauspielers ist ein Paradebeispiel der Extravaganz. Mit seinen Treppchen, Gängen und Höhlenräumen zählt es zu den viel beachteten Sehenswürdigkeiten der Insel.

Acht Jahre nach seiner legendären Rolle in »Dr. Schiwago« reiste der ägyptische Schauspieler Omar Sharif zu Dreharbeiten nach Lanzarote. Die mysteriöse Vulkaninsel war wie geschaffen als Kulisse für die sechsteilige Serie »Herrscher einer versunkenen Welt« (1973), die auf der Jules-Verne-Erzählung »Die geheimnisvolle Insel« basiert. Regie führte der Spanier Juan Antonio Bardem. Omar Sharif verwandelte sich in den bärtigen Käpt'n Nemo, der mit seinem Unterseeboot Nautilus in einer Grotte auftaucht. Als zum Finale ein Vulkan

MAL EHRLICH

VERLORENER GLANZ

Für ein Haus, das mit einem Weltstar wie Omar Sharif in Verbindung gebracht wird, lässt das »Lagomar« ein wenig Glanz vermissen. Teils erinnert das Wohnlabyrinth eher an eine Apartmentanlage der mittleren Kategorie, auch die Gestaltung der Ausstellungen wirkt etwas willkürlich und lieblos. Dennoch ein sehenswerter Ort, zumal auch die ausgestellte Kunst ihren Wert hat. Und die Gastronomie kommt gut an.

ausbricht und die Insel versinkt, opfert er sich für die Gestrandeten, um deren Schicksal es in der Geschichte geht.

Mitten in den Vulkanklippen

Während der Dreharbeiten verliebte sich der Schauspieler in das ungewöhnliche Anwesen bei Nazaret in den Klippen eines vulkanischen Steinbruchs und kaufte es. Das Haus ist in ein natürliches Höhlenlabyrinth integriert, das von der an der Vulkanflanke herabfließenden Lava geformt wurde. So entstand eine Landschaft aus Felsgärten, weißen Hauselementen, Höhlen, Tunneln und Terrassen. César Manrique plante das bewohnbare Kunstwerk; die gestalterische Umsetzung übernahm der Künstler Jesús Soto, der sich bereits bei den Arbeiten an der Cueva de los Verdes im Norden der Insel einen Namen gemacht hatte. All dies erfolgte im Auftrag des englischen Immobilienmaklers Sam Benady.

Rundgang durch Höhlen und Felsgärten

Die Erkundung des »Lagomar« erfordert etwas Orientierungssinn. Am meisten Spaß macht es, ahnungslos in das Wohnlabyrinth zu steigen und sich überraschen zu lassen. Bisher hat noch jeder wieder hinausgefunden. Einige Räume wie Schlafzimmer, Küche und Bad sind noch komplett eingerichtet, in andere wurden kleine Ausstellungen integriert. Zeitungsausschnitte und Fotos informieren über Omar Sharifs Filmkarriere, ebenso wie ein Plakat von »La isla misteriosa« – so lautet der spanische Originaltitel der auf Lanzarote gedrehten Serie. An einer Treppe hängt ein Foto von César Manrique vor dem Monumento al Campesino (»Bauerndenkmal«, s. S. 48). , weitere Kunstwerke verteilen sich im gesamten Lagomar.

AUTORENTIPP!

STEEL ART VON MICK GONNEL

In das »Lagomar« ist eine Dauerausstellung von Mick Gonnel integriert. Auf den ersten Blick sieht es so aus, als gehörten die Skulpturen zur Einrichtung, sie stehen jedoch auch zum Verkauf. Der auf Lanzarote lebende Künstler hat der Steel Art (»Kunst aus Stahl«) und Recyclingkunst zu einer neuen Dimension verholfen. Wracks und Teile von Schiffen, Kraftfahrzeugen, Maschinen, Pumpen, Fahrrädern sowie viele andere Dinge, die achtlos weggeworfen wurden, erwachen in seinen Skulpturen zu neuem Leben. Weil er dadurch auch zur Minimierung der Müllhalden in den Kratern beiträgt, hat er auf Lanzarote viele Anhänger. Wer etwas Verwertbares findet, bringt es zu Mick Gonnel und beteiligt sich so an der »Reinigung« der Insel.
Information und Verkauf im »Lagomar« oder direkt im Atelier.

Mick Gonnel – Steel Art. Calle Norte 18, 35 530 Villa de Teguise, Tel. 616 87 47 55, info@mick-gonnel-steelart.com, www.mick-gonnel-steelart.com

Zimmer mit Bridge-Tisch

Im oberen Stockwerk steht ein hölzerner Bridge-Tisch mit vier Stühlen. Rundherum informieren Tafeln über die Geschichte, die sich um das »Lagomar« rankt: Sobald Omar Sharif das Haus erworben hatte, soll Sam Benady den Verkauf zutiefst bereut haben. Er forderte den Schauspieler zu einem Bridge-Spiel auf, bei dem die Immobilie als Einsatz »in den Topf« kam. Nicht ahnend, dass er den Europäischen Meister im Bridge vor sich hatte, nahm Sharif die Herausforderung an. Er verlor prompt, so das Ende der Geschichte, und ward vom nächsten Tag an nie wieder auf der Insel gesehen.

Möglicherweise handelt sich nur um einen PR-Gag. Auf Lanzarote hört man zumindest mittlerweile, dass Omar Sharif die Geschichte dementiert haben soll. Vielleicht stimmt sie trotzdem, und die Sache ist ihm nur peinlich, das weiß niemand so genau. Fest steht, dass der Weltstar ein leidenschaftlicher Bridge-Spieler ist und eine Verbindung zum »Lagomar« bestand.

Kunst, Gastronomie und Natur

Nach dem vermeintlichen Bridge-Spiel wechselte das Haus mehrfach den Besitzer. 1989 erwarb es der deutsche Architekt Dominik von Boettinger. Er hatte das Objekt bei einem Landgang während eines Segeltörns mit seiner Frau Beatriz van Hoff, ebenfalls Architektin, entdeckt. Das Paar fühlte sich magisch angezogen und beschloss, das Anwesen der Öffentlichkeit zugänglich zu machen. Es sollte ein Ort entstehen, an dem sich Kunstausstellungen, Konzerte, Gastronomie und die Natur verbinden. Dazu erweiterte das Paar das Anwesen um ein Restaurant (gehobene Küche) mit Höhlenbar und um einen kleinen Teich, den sie im restlichen Teil des Steinbruchs errichteten.

Oben: Beeindruckende Pflanzen
Unten: Erkundung des Höhlenlabyrinths

Infos und Adressen

SEHENSWÜRDIGKEITEN

Lagomar. Museum mit Restaurant in den Felsgärten. Calle Los Loros 2 (Carretera Tahiche-Teguise), www.casa@lag-o-mar.com

La Cueva. In der Höhlenbar der Casa Omar kommt regelmäßig Stimmung auf. Sharif Do, Fr und Sa auch Live-Musik. Di–Sa 18.30–2.30 Uhr.

Ausstellung im Lagomar

ESSEN UND TRINKEN

Lagomar. Das Restaurant mit Terasse zum See im Lagomar kann auch unabhängig vom Museum besucht werden. Tagsüber im Café auch relativ günstige Tapas, im Restaurant gehobene Küche. Di–Sa 12–24 und So 12–18 Uhr.
Tel. 928 84 56 65, Calle Los Loros 6 (Carretera Tahiche-Teguise), www.lacuevadelagomar.com

ÜBERNACHTEN

Lagomar. In der Casa Omar Sharif gibt es auch Übernachtungsmöglichkeiten, und war zwei Gästehäuser für zwei Personen mit Küche, Wohnzimmer und Terrasse, die wochenweise vermietet werden. Calle Los Loros 2 (Carretera Tahiche-Teguise), Nazaret, Tel. 928 84 56 65, lacuevadelagomar@hotmail.com, www.lag-o-mar.com

Restaurant im Lagomar

DER NORD-OSTEN

39 Risco de Famara 220

40 Haría 226

41 Das Tal der 1000 Palmen 232

42 Mirador del Río 236

43 Órzola 240

44 La Graciosa 244

45 Cuevas de los Verdes 248

46 Jameos del Agua 250

47 Punta de Mujeres 254

48 Arrieta 256

49 Jardin de Cactus und Umgebung 258

50 Costa Teguise 262

S. 218/219: Der Besuch des Jardin de Cactus ist einfach ein Muss!
Oben: Blick vom »Risco« auf das Dorf Caleta de Famara
Unten: Überall blüht es im Inselnorden.

39 Risco de Famara

Bergmassiv der Superlative

Das Bergmassiv Risco de Famara bildet eindrucksvolle Kontraste zum trockenen, von den jüngsten Vulkanausbrüchen geprägten Süden. Es birgt eine besonders vielfältige Vegetation, eine abenteuerliche Serpentinenstrecke und Wandermöglichkeiten aller Schwierigkeitsgrade. Immer wieder eröffnen Miradores spektakuläre Ausblicke über die Täler oder den Chinijo-Archipel.

Im Risco de Famara vereinen sich gleich mehrere Superlative. Der mächtige Bergkamm zieht sich über 22 Kilometer, gemessen von der Erhebung Morro del Hueso bei Teguise bis zur Punta Fariones, dem nördlichsten Zipfel der Insel. Das Massiv zählt zu den ältesten Teilen Lanzarotes. Mit dem Peñas del Cache (671 m) beherbergt es den höchsten Gipfel.

Von Weitem betrachtet erscheint der »Risco«, wie ihn die Einheimischen schlicht nennen, reichlich

MAL EHRLICH

GUTE FERNSICHT

Der Inselnorden hat wörtlich seine Schattenseiten. Schon manch einer ist bei strahlendem Sonnenschein aus Ferienorten wie Puerto del Carmen Richtung Haría gefahren, um eine schöne Wanderung zu unternehmen und wurde bei der Ankunft von schwer herabhängenden Wolken begrüßt. Das Wetter kann hier deutlich anders sein als im Süden. Besonders, um auf den Miradores eine gute Fernsicht zu haben, sollte man sich im Voraus informieren. Oft sagt ein Blick Richtung Risco de Famara schon alles.

schroff, besonders Richtung Westen, wo die Klippen nahezu senkrecht ins Meer hinabfallen. Doch dies ist die fruchtbarste Gegend der Insel. Hier ist es stets grüner und blumenreicher als im staubtrockenen Süden. Dafür ist das Wetter unbeständiger. Anders als in den übrigen Inselteilen können sich dank der Höhenlage eher Wolken bilden, die sich an den Bergflanken abregnen. Oft hängen sie regelrecht in den Gipfeln. Auf besonders eindrucksvolle Weise ist dies von Caleta de Famara aus zu sehen.

Lanzarotes fruchtbarste Gegend

Die vergleichsweise hohen Grundwasservorkommen wollte man sich auf der Insel zunutze machen. In den 1950er-Jahren wurden kilometerlange Stollen in die Hänge des Risco gegraben. Das Projekt erwies sich jedoch nicht als ergiebig. Die mit Eisengittern verriegelte *galería* (»Bergstollen«) befindet sich unterhalb des Mirador de Haría, gut einen Kilometer von Playa Famara entfernt.

Das erhöhte Aufkommen von Feuchtigkeit und Regen spiegelt sich in einer für Lanzarote regelrecht üppigen Vegetation wider. Weite Teile des Gebirgszugs sind unzugänglich, sodass sich eine vielfältige, zum Teil seltene Flora entwickeln konnte. Zu den endemischen Arten zählen die gelb blühende Cerraja de Famara (*Reichardia famarae*) aus der Gattung der Gänsedisteln und der nur auf den Kanaren vorkommende Federbusch (*Kleinia neriifolia*), ein Sukkulentengewächs, das auch als *verode* bekannt ist. Besonders schön ist es im Frühjahr, wenn der Lavendel und viele andere Blüten für Farbtupfer sorgen. In einigen Tälern wird rege Landbau betrieben. In der Tierwelt beeindrucken vor allem die vielen Vögel, man hört und sieht u.a. Kanarenpieper, Raubwürger, Turmfalken und Kolkraben.

AUTORENTIPP!

MIRADOR ERMITA DE LAS NIEVES

Die kleine »Schneekapelle«, so die Übersetzung, steht nahe einer Abbruchkante unterhalb des Peñas del Cache (671 m). Traditionell beten die Einheimischen hier für ausreichend Regen. Das Besondere ist jedoch die sagenhafte Aussicht, die das Plateau gleich an mehreren Stellen bietet. Der Blick reicht von Arrecife über die Feuerberge fast bis zur Schwesterinsel La Graciosa. Das Fischerdorf Caleta de Famara liegt genau am Fuß des Aussichtspunkts. Weil dieser Mirador etwas versteckter liegt, kommen weitaus weniger Besucher als zum bekannten Mirador del Río (s. S. 236). Dies gilt übrigens auch für die anderen »kleineren« Miradores in dieser Region, die allesamt einen Stopp lohnen.

Ermita de las Nieves. Anfahrt aus Richtung Teguise ca. 500 Meter hinter dem Windpark am Schild »Las Nieves« links abbiegen. Eine weitere Möglichkeit ist die nächste Abzweigung (bei der Radarstation).

Oben: Hoch oben im Inselnorden: das Dorf Los Valles
Unten: Der Blick reicht bis nach La Graciosa.

Mirador Los Valles

Die landschaftlich eindrucksvollste Durchfahrtstrecke ist die LZ 10 Teguise-Haría. Sie setzt sich als LZ 201 bis zum Mirador del Río fort, also fast bis zur Punta Fariones. Von Süden kommend, ist schon bald das kleine Dorf Los Valles erreicht. Es ist ziemlich lang und besteht aus vielen, teils einzeln stehenden Häusern. Im hinteren Ortsteil, der sich in hügelige Terrassenfelder bettet, liegt der Mirador Los Valles. In vielen Karten ist der Aussichtspunkt gar nicht eingezeichnet, denn es handelt sich um ein Restaurant in einer Zick-Zack-Kurve am Ortsausgang – mit wunderschönem Blick von der Terrasse.

Parque Eólico

Etwas oberhalb des Orts liegt der Parque Eólico, der Windpark von Lanzarote. Ein Dutzend Windräder liefern einen Teil der Energie, die die Meerwasserentsalzungsanlage von Arrecife benötigt. Eine schön bepflanzte Anlage wertet die zweckmäßigen Rotoren visuell auf, geschaffen von Luis Ibañez, einem Freund und Mitarbeiter von Cesár Manrique.

Wanderung zum Vulkan Monte Corona

A Kirche vor Yé – Das schmucke Bauwerk lohnt einen Blick. Davor gibt es auch Parkplätze, von denen aus man zur Wanderung starten kann.

B Beginn des Wanderwegs – Richtung Ye öffnet sich an der rechten Straßenseite der Wanderpfad (rund 150 m hinter der Kirche).

C Weg zum Vulkan – Immer geradeaus geht es direkt zum Monte Corona, der bereits, mächtig aufragend, im Hintergrund grüßt.

D Ruine einer Windmühle – Linker Hand steht ein weißer Kegelstumpf in der Landschaft. Es sind die Reste einer alten Windmühle.

E Palme – An der weit und breit einzigen Palme hält man sich rechts, der Pfad steigt nun stetig an und führt zum Kraterrand.

F Plateau am Kraterrand – An dieser Stelle wurde bei dem Ausbruch vor rund 3 500 Jahren ein Stück des Kraters weggesprengt. Vom Plateau eröffnet sich ein Blick in den Kratergrund.

G Kraterrand – Eine Umrundung ist möglich, erfordert aber Trittsicherheit und Schwindelfreiheit.

H Malpais de la Corona – Die karge Landschaft entstand durch den Ausbruch und wurde deshalb nach dem Vulkan benannt.

I Die Sahneseite – Wie ein Vulkan aus dem Bilderbuch präsentiert sich der Monte Corona, wenn man sich aus Richtung Máguez nähert.

AUTORENTIPP!

WANDERN ZUM VULKAN MONTE CORONA
Von Haría aus gesehen erhebt sich der Monte Corona (609 m) bei Ye wie ein Vulkankegel aus dem Bilderbuch. Einen so schönen, ebenmäßigen Krater sieht man selten. Auf der anderen Seite wurde jedoch beim Ausbruch vor etwa 3 500 Jahren ein großes Stück weggesprengt. Eine eindrucksvolle Wanderung mit Blick in den Kessel beginnt ca. 150 Meter hinter der Kirche in Ye (Richtung Ortsmitte), wo ein breiter Weg direkt Richtung Vulkan führt. Nächster Orientierungspunkt ist eine Palme, an der Seite des nun ansteigenden Pfads. Es ist auch möglich, in den Krater hinabzusteigen oder ihn auf dem Rand zu umrunden. Beides erfordert jedoch höchste Vorsicht, gute Kondition und Schwindelfreiheit. Bei starkem Wind unterlässt man es besser. Vom Kraterrand wurden schon Wanderer, die sich weder vor noch zurück trauten, mit dem Helikopter abgeholt. Der Vulkan ist verantwortlich für das Malpais de la Corona, eine unwirtliche Landschaft aus Aa-Lava, die allerdings auch Naturwunder wie die Cueva de los Verdes hervorbrachte.

Auf der Vulkanwanderung

Oben angekommen, wirkt die Landschaft, als sei sie ganz flach. Kurz darauf grüßt zur Linken der Peñas del Cache, der höchste Punkt des Famara-Massivs. Bei dem Anwesen mit der großen Kugel, das auf der Anhöhe zu sehen ist, handelt es sich um eine militärische Radarstation. Sie ist stark umstritten, weil sie im Naturschutzgebiet gebaut wurde. Wer hier zur Ermita de las Nieves abbiegt, kommt an dem Startplatz der Drachenflieger vorbei, deren Gleitflug man von Famara aus vielleicht schon betrachtet hat.

Mirador Haría

Kurz nach der Radarstation öffnet sich das weite »Tal der 1 000 Palmen« (s. S. 232), in dem das Dorf Haría liegt wie in einer Wolke. Dahinter erhebt sich der markante Kegel des Vulkans Monte Corona (s. S. 224). Am besten lässt man das Panorama rechts auf den Parkplatz des Mirador Haría erst einmal in Ruhe auf sich wirken. Schön für eine Kaffeepause mit Blick ist auch die Terrasse des Restaurants »Los Helechos« am Mirador.

Beim Mirador Haría beginnt der spektakulärste Teil der Strecke. In fünf Haarnadelkurven geht es hinab ins »Tal der 1000 Palmen«, und besonders breit ist die Straße nicht. Die kleine weiße Mauer auf der Talseite nennen die Einheimischen *muro del miedo*, »Angstmauer«. Sie existiert nur aus psychologischen Gründen, denn wirklich abfangen würde sie einen ausbrechenden Wagen wohl kaum. Das Radio sollte man leise stellen und vor den Kehren die Ohren spitzen. Wegen der zu beiden Seiten hoch aufragenden Felsen sieht man den Gegenverkehr nicht und es passt nur einer von beiden durch: Auto oder Bus. Die Fahrer der vielen Reisebusse, die hier verkehren, haben es sich angewöhnt, vor jeder Kurve zu hupen. Es schadet nichts, dies auch beim Autofahren zu tun.

Blick auf den Vulkan Monte Corona

Guinate Tropical Park

In Haría angekommen, lohnt sich eine ausgiebige Erkundungstour des schmucken Dorfs. Rundherum im »Tal der 1000 Palmen« gibt es weitere schöne Wandermöglichkeiten (s. S. 232). Wer den gesamten Risco de Famara und sein Highlight, den Mirador del Río, kennenlernen möchte, biegt im Ortskern links ab (Richtung Máguez/Ye).

Hinter Máguez geht es links nach Guinate. Besonders Kinder freuen sich dort über die Abwechslung im Tropical Park. Auf einer Fläche von 45 000 Quadratmetern sind rund 1300 Vögel zu beobachten, darunter Papageien, Tukane, Aras, Strauße und Sittiche, außerdem gibt es Affen, Kängurus und andere Säugetiere.

Mirador Guinate

Der schönste von Lanzarotes unbekannteren Aussichtspunkten liegt ganz in der Nähe: Etwa 100 Meter hinter dem Tropical Park endet die Straße an der Abbruchkante des Risco. Der Blick auf die Insel La Graciosa ist ebenso fantastisch wie vom nahen Mirador del Río, mit dem Unterschied, dass er hier nichts kostet. Das einmalige Ambiente des von César Manrique gestalteten Mirador del Río hat dieser allerdings nicht.

Restaurant El Volcan de la Corona in Ye

Infos und Adressen

ESSEN UND TRINKEN

Restaurant El Volcan de la Corona. Traditionelle kanarische Küche und Fleischspezialitäten vom Grill. Malpaís 8, 35520 Ye, Tel.: 928 52 65 16.

ÜBERNACHTEN

s. S. 231

EINKAUFEN

Bodega Los Almacenes (bei Yé): Kaktuslikör und andere gute Tropfen. An der LZ 202 nahe dem Mirador del Rio.

AKTIVITÄTEN

Guinate Tropical Park. Majadita 14, Guinate/35 541 Haría, Tel. 928 83 55 00, www.guinatetropicalpark.com (noch im Aufbau)

40 Haría
Dorf der Kunsthandwerker

Oben: Käsestand auf dem Markt
Unten: Kunst in der ehemaligen Zisterne: Galería El Aljibe

Das idyllische Bergstädtchen bietet sich zur Einkehr nach einer Wanderung an, ist aber auch sonst ein lohnendes Ausflugsziel. Es ist bekannt für sein Kunsthandwerk, einen der besten Ringkämpfer und seine wunderschöne Umgebung. Hier lebte César Manrique bis zu seinem Tod. Immer noch pilgern viele, die ihn vermissen oder bewundern, zu seinem Grab auf dem Friedhof von Haría.

Reisebusse steuern Haría gern an, weil es direkt an den Routen zu mehreren großen Sehenswürdigkeiten im Inselnorden liegt. Beliebt ist die Anfahrt über die Serpentinenstrecke von Teguise (s. S. 206), nicht zuletzt wegen des Mirador de Haría. Der 5000-Einwohner-Ort ist aber auch über die LZ 1 ab Arrecife erreichbar (am Kreisverkehr kurz vor Arrieta links abbiegen). Beide Möglichkeiten lassen sich schön zu einer kleinen Rundfahrt durch den Norden verbinden: über die Serpentinen hin und entlang der Küste zurück.

Plaza de la Constitución

An der Plaza de la Constitución im Zentrum liegen das Rathaus (*ayuntamiento*) und die Verwaltung der nördlichsten Inselgemeinde. Nach dem Ende des spanischen Bürgerkriegs wurde sie in Plaza de Calvo Sotelo umbenannt, nach José Calvo Sotelo, dem am 12. Juli 1936 ermordeten Führer der Monarchisten. Im Jahr 1991 erhielt sie ihren ursprünglichen Namen zurück. Der Platz ist von einigen Bauten im Stil des Klassizismus umgeben, die von seiner Bedeutung im 19. Jahrhundert zeugen.

Im Zentrum von Haría

Galería El Aljibe

Unter der etwas erhöht liegenden Plaza de la Constitución befindet sich die ehemalige Zisterne des Dorfs. Dies ist auch erkennbar an dem mit einem trapezförmigen Geländer abgegrenzten Bereich in der Mitte. Von hier fällt Tageslicht in den unterirdischen Raum, der nun der Kunst dient: Hier ist die »Galería El Aljibe« eingezogen. »Aljibe« ist die spanische Bezeichnung für Zisterne. Im Jahr 1998 hatte sich die Gemeinde entschieden, das damals verwahrloste Wasserreservoir in einen Konferenz- und Ausstellungssaal zu verwandeln. Zwei Jahre später war das Werk vollendet: ein edel gestalteter, rund 200 Quadratmeter großer asymmetrischer Raum mit glänzendem Parkettboden, fünf Meter hohen Wänden und einer trapezförmigen Glassäule im Zentrum, die die Verbindung zur Oberfläche darstellt.

Plaza Léon y Castillo

Gleich um die Ecke (an der Calle de la Cilla) lädt die Plaza León y Castillo zum Kaffeetrinken oder Tapasessen ein. Dieser Teil von Haría ist wie eine kleine Fußgängerzone gestaltet, im vorderen Bereich sitzt man nett unter ausladenden Baumkronen an Restauranttischen. Zur Ostseite hin (Richtung Calle Fajardo) gibt es eine kleine Bühne

AUTORENTIPP!

MERCADILLO ARTESANÍA

Ein Besuch in Haría lohnt sich besonders samstags vormittags (10–14.30 Uhr). Dann ist Kunsthandwerkermarkt auf der Plaza Léon y Castillo, und zwar einer, der dieser Bezeichnung gerecht wird. Während auf vielen anderen Märkten der Insel auch viel Nippes verkauft wird, dürfen hier ausschließlich »Artesanía de Lanzarote« und andere regionale Produkte auf den Markttischen feilgeboten werden. Rund 60 Stände bieten große Auswahl.

Mercadillo Artesanía. Der große Kunsthandwerkermarkt wird seinem Namen mehr als gerecht. Auch andere regionale Produkte. Sa 10–14.30 Uhr, Plaza Léon y Castillo, Haría

AUTORENTIPP!

FIESTAS IN HARÍA

Auf Lanzarote wird grundsätzlich gern und viel gefeiert. Haría weiß dies zu manchen Zeiten noch zu toppen. Höhepunkt ist die Fiesta San Juan Bautista (Mitte Juni). Wie alle Patronatsfeste dauert sie eigentlich »nur« eine Woche, tatsächlich aber gibt es einen ganzen Monat lang Sonderausstellungen, Konzerte, Tanzabende und vieles mehr. Bereits am 25. März feiert das Dorf seine Schutzheilige Nuestra Señora de la Encarnación, außerdem gibt es, in der Regel am darauf folgenden Wochenende das Palmenfest (Fiesta de la Palmera). Bei der »Bajada de la Palmera« wird eine Palme vom nahen Berg Atalaya (392 m) zur Plaza hinunter getragen.

Reges Treiben auf der Plaza León y Castilio

für Veranstaltungen. Der Platz endet an der recht unscheinbaren Kirche Iglesia de Nuestra Señora de la Encarnación. Gegenüber stellt das Museo de Arte Sacro sakrale Kunst aus. Gleich nebenan kann man in dem soziokulturellen Zentrum »La Tegala« in urigem Ambiente gut und günstig essen. An den rubinrot gestrichenen Wänden lassen große Schwarz-Weiß-Fotografien die Ortsgeschichte Revue passieren.

Taller de Artesanía

Für das Kunsthandwerk hat Haría ein eigenes Zentrum mit Werkstätten eingerichtet, das auch Besuchern offen steht. Die »Taller de Artesanía« liegt rund 100 Meter vom Rathaus entfernt, etwas zurückversetzt an der Kreuzung Calle Angel Guerra/ Calle La Cruz. Hier kann man bei den Kunsthandwerkern Einblicke in Makramee, Rosettenstickerei, Töpferkunst und Malerei erhalten oder z. B. bei der Herstellung von Stoffpuppen zuschauen. In dem kleinen Laden stellen die Kunsthandwerker ihre Produkte zum Verkauf bereit.

Auch in vielen anderen Häusern Harías ist man kreativ und pflegt den kulturellen Austausch. So bietet in der Casa Arte de Obra (Calle San Juan) das Kulturzentrum Arte de Obra Urlaub mit Kulturaustausch an sowie Workshops und Werkstätten zu den Themen Denkmalschutz, Architektur und Design. Gegründet wurde es von Bettina Bork, einer ehemaligen Mitarbeiterin von César Manrique, mit dem Ziel, die Tradition des Meisters weiterzuführen (s. S. 226).

Wohnhaus und Grab César Manriques

Ab 1988 lebte César Manrique in Haría. Sein Domizil in den Lavablasen bei Tahíche (s. S. 40) stellte er

fortan der »Fundación César Manrique« zur Verfügung, einer Stiftung, die er zusammen mit Freunden bereits sechs Jahre zuvor gegründet hatte. Das schlichte Wohnhaus, das er stattdessen bezog, steht am Ortseingang von Haría zwischen der Calle Elvira Sánchez und der Calle César Manrique. Das Haus mit dem großen Palmengarten ist Privatbesitz und nicht zu besichtigen.

Wer dem Künstler die Ehre erweisen möchte, kann jedoch sein Grab besuchen. Eine Palme und ein großer Kaktus zieren das ansonsten schlichte Erdgrab Manriques. Der Friedhof von Haría liegt ca. einen Kilometer vom ehemaligen Wohnhaus Manriques entfernt am anderen Ende des Orts in der Calle Vista de Valle (Abzweigung der Calle San Juan Richtung Arrieta). Der Friedhof ist täglich zwischen 8 und 19 Uhr geöffnet. Vor dem Eingang erinnert ein pyramidenförmiger Gedenkstein an die Opfer des Attentats von Madrid (11. März 2004). Auch wenn der Friedhof etwas außerhalb liegt, sollte man ruhig ab dem Zentrum den Fußweg nehmen. Es geht durch ein schönes Stück Haría mit der Ermita San Juan (s. S. 230).

Oben: In einem Palmengarten verbirgt sich das ehemalige Wohnhaus César Manriques.
Unten: Eine schöne Terrasse bietet das Restaurant Dos Hermanos am Kirchplatz.

Oben: Schmucke Details sind in Haría vielerorts zu entdecken. **Unten:** Monumento Toni Martín: Der Luchador starb schon in jungen Jahren.

Monumento Toni Martín

Eine weitere Gedenkstätte befindet sich im östlichen Teil der Calle Barranco de Tesnesia. An der Gabelung mit der Calle Mercedes Socas steht ein Lucha-Canaria-Denkmal, die Skulptur eines Kämpfers, erkennbar an den traditionell aufgerollten Hosen, auf einem kubusförmigen weißen Stein mit Basaltverzierung. Davor wurde liebevoll ein kleiner Blumenkasten mit Kakteen arrangiert. Gewidmet ist das Denkmal Toni Martín aus Mala, genannt »Pollo del Puerto« (»Hähnchen vom Hafen«). Der Titel »Pollo« zeichnet im Kanarischen Ringkampf die besten Kämpfer aus (s. S. 95). Toni Martín starb im Jahr 2005 im Alter von nur 31 Jahren. Sein unerwarteter Tod löste auf Lanzarote große Bestürzung aus. Die große Ringkampfarena von Haría liegt in der Calle César Manrique, nahe dem ehemaligen Wohnhaus von César Manrique.

Ermita San Juan

In der Calle San Juan ist die namensgebende Kapelle sehenswert, ein schmuckes kleines Bauwerk mit traditionellen Eckverzierungen aus Basalt, einem urigen Portal und Holzbalustraden auf dem Dach. Es hätte einen schönen Vorplatz verdient, steht jedoch direkt an einer Kreuzung (Calle Faja). Gewidmet ist sie San Juan Bautista (»Johannes der Täufer«).

Infos und Adressen

ESSEN UND TRINKEN

Meson de la Frontera. Das Restaurant am Ortsausgang Richtung Máguez bietet Fleischspezialitäten vom Holzkohlegrill und einen schönen Panoramablick auf den Monte Corona. Calle Casas de Atrás 4, Tel. 928 83 53 10.

El Cortijo de Haría. Regelmäßig von Reisegruppen besuchtes Restaurant mit großem Parkplatz. Mit mehreren Räumen und Terrassen bietet es reichlich Platz. Calle El Palmeral 6, Tel. 928 83 56 86, www.elcortijodeharia.blogspot.de

Dos Hermanos. Man sitzt sehr schön auf dem Dorfplatz unter großen Bäumen, das Essen ist durchschnittlich. Es gibt Tostadas, Bocadillos und andere Snacks sowie Fleisch- und Fischgerichte. Plaza León y Castillo s/n, Tel. 928 83 54 09.

El Rincón de Quino. Café und Tapas-Bar direkt neben dem Dos Hermanos, mit etwas günstigeren Preisen, aber auch etwas mehr Schatten. Hier sitzen mehr Einheimische, drüben mehr Touristen. Plaza León y Castillo.

Centro Cultural La Tegala. Preisgünstige kanarische Küche in gemütlichem Ambiente. Neben der Kirche an der Plaza León y Castillo.

In der Bar El Rincón de Quino

ÜBERNACHTEN

Arte de Obra. Zimmer und Appartements im Kulturzentrum. Gemeinschaftsnutzung von Bad, Küche, Hof und Garten. Calle San Juan 12, Tel. 928 83 54 05, www.artedeobra.com

Finca La Crucita. Luxuriöses Ferienhaus in einer restaurierten Villa mit Hallenbad. Auch über große Reiseveranstalter buchbar. Calle San Juan 63, Tel. 928 81 38 86, www.villasdelanzarote.com

EINKAUFEN

Taller de Artesanía. Werkstätten für Kunsthandwerk mit einem kleinem Laden. Mo–Sa 10–13.30 Uhr, Di–Sa auch 16–19 Uhr. Calle Barranco de Tesnesía 6.

Große Auswahl an Inselweinen: Lebensmittelgeschäft in Haría

Oben: Palmen, wohin man schaut
Unten: Rast bei spektakulärer Aussicht: am Mirador de Los Helechos

41 Das Tal der 1000 Palmen

Die grünste Gegend Lanzarotes

Die Floskel »Wie eine Oase...« wird häufig für malerische Orte verwendet. Wirklich verdient hat sie das Tal von Haría. Mit seinen leuchtend weißen Häusern und den vielen Palmen zwischen grünen Bergflanken zählt es zu den hübschesten Gegenden Lanzarotes. Vor allem bietet es eine willkommene Abwechslung zu Lavalandschaften und weit verbreiteter Trockenheit in anderen Teilen der Insel.

Für das »Tal der 1000 Palmen« sollte man möglichst einen ganzen Urlaubstag einplanen: vormittags Wandern und nach dem Mittagessen in Haría einen Streifzug durch das Dorf unternehmen.

Rundwanderung ab Haría

Das Tal lässt sich bei einer Rundwanderung erschließen, die in drei Stunden gut zu schaffen ist. Startpunkt ist das Ortszentrum, wo auch der Bus ab Arrecife hält. Einen großen Parkplatz gibt es links der Einfahrtsstraße (LZ 10) bei dem Grillrestaurant »El Cortijo«, weitere Parkmöglichkeiten sind rund um die nahe Plaza León y Castillo zu finden, wo man nach der Tour auch wunderbar einkehren kann. Sie beginnt gleich um die Ecke an der Plaza de la Constitución. Dort geht es vor dem Rathaus zu Fuß entgegen der Fahrtrichtung durch die Einbahnstraße, dann an der linken Seite an der »Taller de Artesanía« (s. S. 228) vorbei und immer weiter geradeaus. Hohe, schlanke Palmen weisen den weiteren Weg durch die Calle Rincón de Aganda, die schließlich in eine Sandpiste mündet. Sie führt durch das namensgebende Tal Valle del

Rincón nach etwa einem Kilometer zu einem Aussichtspunkt. Aus fast 400 Metern Höhe lässt sich von hier die gesamte Bucht von Famara überblicken. Linker Hand erhebt sich die mit Terrassenfeldern bedeckte Montaña Ganada (585 m) – wer auf den Gipfel möchte, sollte sich gedulden, es gibt bald noch eine günstigere Möglichkeit. Die bequem begehbare Route verläuft weiter entlang der Ostflanke des Bergs.

El Bosquecillo

Auf der dem Tal zugewandten Seite verläuft der teils von Trockensteinmauern gesäumte Weg immer geradeaus durch das Valle del Malpaso. Am Ende geht es links zurück Richtung Haría, parallel zur Serpentinenstraße, die von hier aus schön zu sehen ist. Man sollte aber die Gelegenheit nutzen und zuvor den steileren Pfad nach rechts in Angriff nehmen. Er führt durch das Trockenbett und dann leicht links durch die Schlucht auf den Kamm hinauf. Ein breiterer Feldweg führt zum Abhang des Risco. Wer sich dort links hält, erreicht über die nun betonierte schmale Straße ein beliebtes Ausflugsziel. »El Bosquecillo« (»das kleine Wäldchen«), nennen die Insulaner es stolz, denn einen Baumbestand wie diesen findet man sonst nirgends auf Lanzarote. Kleine Kiefern und angepflanzte Akazien prägen das lauschige Areal mit herrlicher Aussicht. Unmittelbar am Kliff gibt es einen gemütlichen Picknickplatz mit Holzbänken, Grillmöglichkeit und einem kleinen Spielplatz.

Auf dem Rückweg geht es zunächst wieder durch die Schlucht und dann an der Serpentinenstraße entlang wieder zurück nach Haría. Wer mag, kann zuvor noch geradeaus auf die Montaña Ganada wandern. Mit seinen Hochspannungsmasten ist dies jedoch nicht der Vorzeige-Gipfel.

AUTORENTIPP!

DIREKT ZUM »WÄLDCHEN«

Der direkte Weg zum einzigen »Wäldchen« Lanzarotes beginnt in der Nähe des Restaurants »Los Helechos« an der LZ 10 (aus Teguise kommend, kurz vor den Haarnadelkurven). Dort weist bereits ein blau-weißes Schild auf den Aussichtspunkt hin. Es meint zwar den Mirador Haría am Restaurant, markiert aber zufällig auch die Einfahrt Richtung Bosquecillo, die sich unmittelbar gegenüber befindet. Das Auto stellt man am besten am Straßenrand ab, folgt dann zu Fuß der Teerstraße gegenüber dem Schild immer weiter und biegt in den ersten Schotterweg rechts ein (hier stehen einige Wanderschilder). Nach einer Farm nimmt man nochmals die nächste Möglichkeit rechts und hält sich dann immer geradeaus. Der Mirador ist bereits ausgeschildert. Er wird auch »Mirador Risco de Famara« genannt.

Ziel der Wanderung ist das einzige Wäldchen Lanzarotes.

Oben: Der Mirador de Haría bietet eine schöne Sicht über die Terrassenfelder.
Mitte: Im Tal der 1 000 Palmen blüht auch so manches …
Unten: … und es gedeihen prachtvolle Sukkulenten.

Flora und Fauna

Besonders schön ist die Wanderung im Frühjahr. Auf den Wegen gedeihen u. a. Wegerich und Fagonien, und auch den buschartig wachsenden Kanarenampfer sieht man häufiger. Saisonal ist die Mörtelbienenart *Chalicodoma sicula balearica* zu beobachten, die nur in einigen Regionen der Iberischen Halbinsel, auf den Balearen und den östlichen Kanaren vorkommt. Mörtelbienen leben autark, also nicht in Völkern wie die bekannten Honigbienen. Aus Sand und Speichel (»Mörtel«) bauen sie Nester in den Felsen.

Auf den Feldern rund um Haría werden vor allem Kartoffeln, Zwiebeln und Mais angebaut. Überall im Tal fällt auch ein buschartiges Gewächs auf, das nicht so recht in die Kulturlandschaft passt. Die wilden Feigenbüsche sind den Bauern ein Dorn im Auge, da sie den angebauten Pflanzen das wertvolle Wasser entziehen. Den Vögeln schmecken ihre Früchte, die dafür wiederum die Weintrauben in Ruhe lassen. Also bleiben die Büsche stehen.

Sind es 1000 Palmen?

Es könnte hinkommen: Wohin man auch schaut, im Tal rund um Haría sieht man prächtige Palmen. Wirklich gezählt hat sie allerdings noch niemand.

Infos und Adressen

INFORMATION

Tal der 1 000 Palmen. Startpunkt für die Rundwanderung ist das Ortszentrum von Haría (Bushaltestelle). Parkmöglichkeiten beim Grill-Restaurant »El Cortijo« und rund um die Plaza León y Castillo. Wanderzeit: ca. 3 Std., anschließend Einkehrmöglichkeiten im Zentrum

Mirador de Haría. Der Aussichtspunkt bietet einen großartigen Blick über das Tal mit seinen Terrassenfeldern. Am Beginn der Serpentinenstraße LZ 10 (aus Richtung Teguise kommend). Parkmöglichkeit beim Restaurant Los Helechos

ESSEN & TRINKEN

Restaurant Los Helechos. Kanarisch speisen am Mirador de Haría. Tapas, Fisch- und Fleischgerichte. Ctra. Arrecife-Haría, Km 22, 35520 Haría, Tel. 928 83 50 89.

Restaurant El Volcan de la Corona. Traditionelle kanarische Küche und Fleischspezialitäten vom Grill. Malpaís 8, 35520 Ye, Tel. 928 52 65 16

Kaktuslikör aus der Bodega Los Almacenes

EINKAUFEN

Bodega Los Almacenes. Kaktuslikör, Kaktusmarmelade und andere Spezialitäten. Am Ortseingang von Ye an der LZ 201, Tel. 636 65 42 39

Mirador und Restaurant Los Helechos

42 Mirador del Río

Aussichtspunkt mit Kultfaktor

Wer sich noch an die Fernsehserie ›Timm Thaler‹ erinnert, wird begeistert sein, die Kommandozentrale des bösen Barons wieder zu erkennen. Doch auch sonst ist der Mirador del Río ein Ort, an dem man schlicht und einfach gewesen sein muss: Futuristisches Design vor einem überwältigendem Naturpanorama, ein Meisterwerk César Manriques.

Oben: César Manrique integrierte den Mirador perfekt in die Landschaft.
Unten: Futuristische Filmkulisse: Der Hauptsaal mit Café und Bar.

»Über diese seltsame Vulkaninsel lernt man in der Schule nichts ...« Mit diesen Worten beginnt eine Folge der Fernsehserie »Timm Thaler oder Das verkaufte Lachen«, die auf einem Roman von James Krüss basiert. Sie wurde erstmals 1979 ausgestrahlt und zog ein Millionenpublikum in ihren Bann. Die Serie spielt größtenteils auf Lanzarote, einer der zentralen Drehorte war der Mirador del Río. Sein Hauptsaal diente als Kommandozentrale des Bösewichts Baron de Lefouet.

Hotel Melia Salinas in Costa Teguise

Weitere Szenen spielen im Hotel Melia Salinas (Costa Teguise), in den Jameos del Agua, in Arrecife und im Nationalpark Timanfaya. Der böse Baron ist als moderne Verkörperung des Teufels zu deuten.

Der Mirador, benannt nach dem Meeresarm, der den Risco de Famara vom Chinijo-Archipel trennt und als *Río* (»Fluss«) bezeichnet wird, liegt genau dort, wo sich die schönste Sicht auf La Graciosa und ihre Schwesterinseln bietet. »In der einen Richtung blickt man in die Hölle, in der anderen ins

Blick vom Mirador del Rio auf die Insel La Graciosa

Paradies«, begründete César Manrique die Wahl des Standorts. Denn es gibt noch eine zweite Sichtachse, die vielen Besuchern auf der Plattform entgeht: Der Blick zum Monte Corona, und zwar zu der Seite des Bergs, die bei dem Vulkanausbruch vor rund 3500 Jahren weggesprengt wurde.

Gut getarnt

Das Mirador-Gebäude verbirgt sich unter einer dicken Schicht aus Steinen. Die beiden Panoramafenster sind vom Meer aus kaum zu erkennen, flackern allenfalls kurz auf wie die glühenden Augen einer Katze im Dunkeln. Damit entspricht der Künstler seiner Linie, die touristischen Orte Lanzarotes im Einklang mit der Landschaft zu gestalten. Die perfekte Tarnung ist womöglich als Augenzwinkern Manriques zu verstehen, denn der auch aus strategischer Sicht optimale Standort des Miradors wurde bereits ab dem späten 19. Jahrhundert militärisch genutzt. Hier befand sich die *Batería del Río*, ein Beobachtungs- und Artilleriestützpunkt, den Spanien zum Schutz vor Angriffen der Amerikaner errichtet hatte, als zu befürchten war, dass sich der Kubakrieg (1898) noch ausweiten könnte. Auch die gläserne Kuppel auf dem Dach des Miradors erinnert an einen Wachturm.

AUTORENTIPP!

PLAYA DEL RISCO UND SALINAS DEL RÍO

Auch wenn sie vom Mirador del Río aus unerreichbar erscheinen: Es gibt eine gut begehbare Wanderroute zu den Salinas del Río und zur nahe gelegenen Playa del Risco, einem Traumstrand mit türkisfarbenem Wasser und direktem Blick auf La Graciosa. Sie beginnt ca. zwei Kilometer unterhalb des Mirador del Río bei Las Rositas. Ein gut befestigter Zick-Zackpfad führt direkt hinab zum Strand. Dies ist der Camino de Guatifay. An Badezeug, Sonnenschutz, Trinkwasser und Proviant denken! Den Aufstieg beim Rückweg nicht unterschätzen!

Anfahrt: Beim Ortsschild Yé links halten (aus Richt. Máquez kommend), nach 500 Metern links in den gepflasterten Weg abbiegen. Von dort sind es ca. 100 Meter. Startpunkt: Wanderparkplatz direkt an der Klippe. Wanderzeit: Abstieg ca. 30 Min. (für Rückweg etwas mehr Zeit einplanen!), weitere 45 Min. zu den Salinen (Richtung Meer schauend, rechts von der Playa del Risco).

Oben: Einheit von Fisch und Vogel, als Symbol für Meer und Himmel
Mitte: Der entlegenste Strand der Insel: Playa del Risco
Unten: Café im Mirador del Río

Im Einklang mit der Natur

Ursprünglich sollte ein ganzes Feriendorf in die Steilküste gebaut werden, diese Pläne hatte zumindest der spanische Architekt Fernando de Higueras Diaz, ein Freund Manriques. Das Projekt hieß »Stadt der Möwen« und erwies sich als illusorisch. Stattdessen entschied sich der Inselkünstler für den naturverträglichen Mirador. Eduardo Cáceres, der ausführende Architekt, und Jesús Soto, ebenfalls an der Gestaltung beteiligt, hatten gut damit zu tun, die Idee des Meisters in die Tat umzusetzen. Um den Mirador del Río in der Umgebung zu versenken, wurde das Gelände ausgehoben, das Gebäude errichtet und wieder mit Vulkangestein bedeckt.

Im Jahr 1973 folgte die feierliche Eröffnung des Aussichtspunkts auf dem 475 Meter hohen Plateau. Bereits am Parkplatz grüßt eine Skulptur Manriques. Die aus Stahl geschmiedete Einheit aus Fisch und Vogel steht für die Verbindung von Meer und Himmel, die der Mirador darstellt. Ein geschlängelter Gang führt nach innen, in den Mauernischen sind traditionelle Keramiken des Kunsthandwerkers Juan Brito Martín ausgestellt.

Der Panoramasaal

Futuristisch präsentiert sich der große Hauptsaal: ein Doppelgewölbe mit zwei großen Fenstern, horizontal gebogen und leicht vertikal geneigt, um den Panoramaeffekt zu erhöhen. Eine Kulisse, wie geschaffen für die Residenz des bösen Barons der Fernsehserie.

In jedem Gewölbe hängt ein großes Metallkunstwerk von der Decke, die man als abstrakte Darstellung von Baumkronen mit quadratischen Blättern verstehen kann. Zweck der Objekte ist es, die Raumakustik zu verbessern, da die Platten den Schall reflektieren. In dem Café des Saals kann

Der Mirador ist in seiner Art einmalig.

man den Ausblick auch bei starkem Wind in Ruhe genießen.

Die Aussichtsplattformen

Eine Wendeltreppe führt in die obere Etage des Miradors. Im Nebenraum des Souvenirgeschäfts ist durch das »Ochsenauge«, ein kleines Fenster, der Vulkan Monte Corona zu sehen. Die Treppe führt auf den gläsernen »Wachturm« der oberen Aussichtsplattform. Unterhalb davon ragt der große Balkon ein Stück über den Abgrund. Ein Geländer aus Eisen und Holz verleiht ihm das Aussehen eines Schiffsbugs. So erinnert die Plattform an einen Ozeandampfer, der über den Atlantik fährt. An klaren Tagen breitet sich ein sagenhaftes Panorama aus. Zu sehen ist die Insel La Graciosa, dahinter der halb im Meer versunkene Krater der Insel Montaña Clara, die Felsen Roque del Oeste und Roque del Este, und ganz im Hintergrund das Eiland Alegranza. Am Fuß des Risco schimmern rötlich die stillgelegten Salzgärten der Salinas del Río.

Im Eingangsbereich ist Tonkunst von Juan Brito Martín ausgestellt.

Infos und Adressen

SEHENSWÜRDIGKEITEN

Mirador del Río. Aussichtspunkt mit Café. Tgl. 10–17.45 Uhr, Rambla Medular 15, Tel. 928 80 15 80, Eintritt: Erw. 4,50 €, Kinder (7–12 Jahre) 2,25 €.

43 Órzola
Fischrestaurants und Fährhafen

Spätestens nach dem Besuch des Mirador del Río bekommt man Lust, auch einmal nach La Graciosa zu fahren. Dann führt der Weg unweigerlich nach Órzola. Von hier setzt eine Fähre regelmäßig zur Nachbarinsel über. Das nördlichste Dorf Lanzarotes lohnt außerdem wegen seiner Fischrestaurants und der Caletónes, kleinen Buchten mit perlweißem Sand.

Oben: Der Hafen von Órzola
Unten: Guten frischen Fisch gibt es hier in einigen Lokalen.

Bei Órzola wurden einst Färberflechten *(Roccella canariensis)* geerntet, die an den Klippen des Famara-Massivs wachsen. Schon im Altertum wusste man um den Wert dieser Pflanzen und gewann daraus den Farbstoff *orchilla* (so die spanische Bezeichnung), der sich zu dem Farbstoff Purpur verarbeiten lässt. Auf diese Weise erlangte der kleine Ort im Norden Lanzarotes seinen Namen. Hier am Fuß des Risco, wo die Brandung oft mehrere Meter hoch an die Felsen peitscht, gedeiht die

MAL EHRLICH

ÓRZOLA ODER EL GOLFO?

Auch das Dorf El Golfo im äußersten Westen Lanzarotes ist bekannt für seine vielen guten Fischrestaurants (s. S. 148). In Órzola weht eine echte Hafenbrise. Oft ist es nur auf den überdachten Terrassen auszuhalten, mit Blick auf die Fischerboote und das rege Treiben. El Golfo bietet schöne Sonnenuntergänge, einen Strand vor der Tür und ist pittoresker als das etwas derbere Órzola. Anderen wiederum gefallen die Fischrestaurants im nahen Arrieta (s. S. 256) oder in Playa Quemada (s. S. 80) am besten. Da bleibt nur eins: Am besten alles ausprobieren!

Flechte besonders gut, vermutlich weil die salzhaltige Gischt sie kontinuierlich benetzt. Seit dem 19. Jahrhundert sind industriell hergestellte Textilfarben Standard, und man nutzt die Pflanze nur noch für wissenschaftliche Zwecke, u.a. zur Herstellung des blauvioletten Farbstoffs Lackmus.

Frischer Fisch

Auch der Fischfang hat eine lange Tradition in Órzola. Rund um den Hafen gruppieren sich Lokale, die Seehecht, Brasse, Papageienfisch und andere heimische Arten in allen kanarischen Varianten anbieten. Auf langen Leinen reihen sich zum Trocknen aufgehängte Fische. Besonders an den Wochenenden füllt sich der kleine Ort (ca. 300 Einwohner) mit Einheimischen, die sich in den inselweit beliebten Restaurants treffen. An den Abenden kehrt Stille ein, die einige genießen und andere zum Sterben langweilig finden.

Calle la Quemadita

Da der Ort nur aus einer Handvoll Straßen besteht, ist der kleine Fährhafen schnell gefunden. Er befindet sich am Ortsende – einfach auf der Durchfahrtsstraße (Calla la Quemadita) bleiben, schon ist man dort. Kurz vor dem Hafen bieten einige Imbisse und Tapas-Bars auch *comida para llevar* (»Essen zum Mitnehmen«) an, dahinter reihen sich Restaurants. Viele Gäste bleiben gleich in dem zentral gelegenen »Charco Viejo« hängen, das wie die meisten Lokale traditionelle kanarische Küche anbietet, während das »Os Gallegos« direkt nebenan auch galizische Gerichte serviert.

Überfahrt nach La Graciosa

Für viele ist Órzola vor allem eine Durchgangsstation auf dem Weg nach La Graciosa. Die Über-

AUTORENTIPP!

AUSFLUGSZIELE AN DER LZ 203

Gleich zwei Ausflugsziele liegen vor Órzola an der LZ 203, der im Landesinneren verlaufenden Straße (aus Richtung Ye oder Arrieta).

Botanik-Fans und Freunde der Naturkosmetik können die Aloe-Vera-Plantagen von »Lanzaloe« kostenlos besichtigen, Führung inklusive, auch auf Deutsch möglich. Es werden Likör und Kuchen aus Aloe Vera zum Probieren gereicht. Die Farm hat sich dem ökologischen Anbau verschrieben und verkauft Produkte, die tatsächlich aus Lanzarote stammen (dies ist bei Aloe Vera auf der Insel oft nicht der Fall).

Für Kinder ist die kleine Farm Pardelas Park eine willkommene Abwechslung – ein Familienparadies, das auch wegen der persönlichen Atmosphäre schon vielfach gelobt wurde: Hier kann man Eselreiten und Töpfern. Es gibt einen Streichelzoo, einen Spielplatz und regionale Küche.

Lanzaloe. Aloe-Vera-Plantagen. Mo–Sa 11–17 Uhr. Calle de la Quemadita 96, 35541 Órzola-Haría, Tel. 902362258, www.lanzaloe.com

Pardelas Park. Bauernhof mit Streichelzoo und Restaurant. Tgl. 10–18 und im Sommer bis 19 Uhr. Calle de la Quemadita 88, www.pardelas-park.com, Eintritt: Erw. 3 €, Kinder 2,40 €, Eselreiten 3 €.

Oben: Aloe Vera-Pflanzen: Nahe Órzola widmet sich eine Farm dem Anbau.
Mitte: Im Dorf sieht man auch originelle Fischerboote.
Unten: Im Pardelas Park trifft man auch auf Pferde.

fahrt dauert nur gut 20 Minuten, wird aber genau deshalb von vielen unterschätzt: Die Kombination aus meist starkem Nordostwind und vergleichsweise kleinen Fähren ergibt eine Schaukelei, die nicht jedem wohl bekommt. Alle anderen haben einen Heidenspaß an der kurzen wilden Fahrt. Auch wer schnell seekrank wird, sollte sich das lohnende Ziel La Graciosa nicht verleiden lassen. Bei dem herrlichen Küstenpanorama geht die Zeit recht schnell vorbei. Tipp: Immer einen Punkt am Horizont fixieren und keinesfalls unter Deck gehen!

Playa de la Cantería

Wer lieber den festen Boden unter den Füßen behalten oder noch mehr von der Umgebung bei Órzola sehen möchte, kann den kleinen Hausstrand im Nordwesten ansteuern. Die Playa de la Cantería liegt direkt unterhalb des Famara-Massivs, was allerdings den Nachteil hat, dass es hier recht früh schattig wird. Der Risco läuft an der Punta Fariones zum nördlichsten Punkt Lanzarotes aus. Ein kleiner Wanderpfad führt noch ein Stück am Wasser entlang und zum Kap hinauf. Der Strand wird gern von FKK-Anhängern und Wellenreitern besucht, zum Schwimmen ist er eher weniger geeignet. Wie fast überall an der Nordwestküste können Brandung und Strömungen gefährlich werden. Bei Flut ist von dem Strand kaum noch etwas zu sehen. Südöstlich von Órzola gibt es dafür umso schönere Bademöglichkeiten.

Die Caletónes

Eine Juwelenkette von Buchten bilden die *caletónes* (»kleine Buchten«) mit ihrem inselweit einzigartig weißen Sand. Sie liegen wie kleine Oasen am Rand des pechschwarzen Malpaís de la Corona. Ein gutes Dutzend der idyllischen Badebuchten liegt an der Küstenstraße nach Arrieta (LZ 1).

Infos und Adressen

ESSEN UND TRINKEN

Charco Viejo. Das zentral gelegene Restaurant ist meist ziemlich voll. Die Küche stimmt. Calle la Quemadita 8, Tel. 928 84 25 91.

Os Gallegos. Kanarische Fischgerichte und galizische Küche, z. B. Empanadas (gefüllte Teigtaschen). Calle de la Quemadita 6, Tel. 928 84 25 02.

Casa Arraez. Eines der wenigen Restaurants, in dem die Terrasse nicht verglast ist. Man sitzt sehr schön im ruhigeren Bereich des Hafens oder wenn es zu windig ist, im gemütlichen Innenraum. Calle Peña de Señor Dionisio 8, Tel. 928 84 26 15.

El Norte. Auf der Speisekarte stehen neben Fischgerichten auch Pizza und Snacks. In der hintersten Straße von Órzola gelegen, bietet das Lokal freien Blick auf Lavaküste und Meer. Calle El Embarcadero 6, Tel. 928 84 25 90.

AKTIVITÄTEN

Fähren nach La Graciosa:

Lineas Romero. Ab 8.30 Uhr fast jede volle Stunde, letzte Überfahrt um 19 Uhr
Tel. 928 84 20 55, www.lineasromero.com

Im Restaurant Os Gallegos

Biosfera Express. Ab 8 Uhr fast jede volle Stunde, letzte Überfahrt um 19.30 Uhr
Calle La Quemadita s/n, Tel. 928 84 25 85, www.biosferaexpress.com, Ticket einfache Fahrt: Erw. 20 €, Kinder 10 €, Hin- und Rückfahrt: Erw. 11 €, Kinder 7 €.
Rückfahrt von La Graciosa: letzte Fähre um 19 Uhr und im Winter um 17 Uhr

Die Fähre nach La Graciosa legt ab.

44 La Graciosa

Traumstrände und ein leuchtend gelber Vulkan

Oben: La Graciosa gehört zum Chinijo-Archipel. Der spanische Name bedeutet »kleine Kinder«.
Unten: Keine Straßen, wenig Häuser, schlicht und schön: Caleta del Sebo

Die größte Insel des Chinijo-Archipels ist nach kurzer Überfahrt ab Órzola erreicht. Ein mehr als lohnendes Tagesziel für alle Naturfreunde, Wanderer und Individualisten. Es locken Traumstrände, ein Fischerdorf im Sand und fünf Vulkankegel, darunter einer mit besonders farbenprächtigem Gestein.

Als sei sie sich ihrer Schönheit bewusst, breitet sich La Graciosa (»die Anmutige«) vor der Nordküste Lanzarotes aus. Das 29 Quadratkilometer kleine Fleckchen Erde besteht fast ausschließlich aus sandigen Ebenen, auf denen Büsche salzliebender Pflanzen wachsen. Bereits Alexander von Humboldt war fasziniert von dem Eiland. Der Naturforscher besuchte La Graciosa am 17. Juni 1799 auf seinem Weg nach Südamerika. Erst rund 100 Jahre später (ab 1876) begann die noch heute spärliche Besiedlung der Insel.

Das einzige Dorf, Caleta de Sebo, liegt dem Risco de Famara direkt gegenüber. Eine weitere Handvoll Häuser bildet die kleine Siedlung von Pedro Barba etwa vier Kilometer weiter nordöstlich. Große Hotels gibt es nicht, dafür kleine Pensionen und privat vermietete Apartments.

Caleta del Sebo

Bei der Ankunft der Fähre in Caleta del Sebo herrscht noch rege Betriebsamkeit. Tagesausflügler kommen und gehen, Einheimische warten auf bestellte Ware, Taxifahrer bieten Fahrten mit dem Geländewagen zu den Stränden an. Bald lichtet sich das Treiben, genauso wie das einzig geteerte Stück der Insel. Ab der Hafengrenze gibt es nur noch Sandpisten, dazwischen weiße Häuser, mittendrin einen kleinen Dorfplatz mit Kirche. In den Altarraum der Iglesia Nuestra Señora del Mar (1945) wurden Anker, ein Steuerrad, Ruder und andere Gegenstände integriert.

Wer die Insel erkunden möchte, kann sich im Hafen ein Mountainbike leihen oder eine schöne Rundwanderung unternehmen. Bei einem Tagesausflug ist es sinnvoll, sich für die Nord- oder Südhälfte zu entscheiden (Dauer ca. 5 bzw. 3,5 Std.).

Durch den Inselnorden

Die Nordtour führt einmal großräumig um den Doppelgipfel Las Agujas Grandes (266 m) und Las Agujas Chicas (263 m). Zunächst hält man sich entlang der Küste, die bald die steilen Klippen von Morros Negros bildet, und erreicht schließlich die Siedlung Pedro Barba. Der winzige Ort verfügt über einen eigenen Bootsanleger und eine mit einer kleinen Steinmauer abgegrenzte Strandbucht – ein netter Platz für eine Pause mit Blick auf die Punta Fariones, Lanzarotes nördlichsten Punkt. Über die Sandebene geht es küstennah weiter bis zur Playa Lambra und zur nahen Baja de las Majapalomas, wo bizarre Basaltbrücken zu bewundern sind. Ganze Teppiche von Schneckenhäusern durchziehen die Ebene, in der auch die Strandwolfsmilch (*Euphorbia paralias*) gedeiht und die Kristallmittagsblume (*barilla*) ihre filigranen Blüten treibt.

Playa de las Conchas

Etwa anderthalb Kilometer weiter westlich ragt der Kegel der Montaña Bermeja (152 m) auf. Wie die beiden gleichnamigen Vulkane auf Lanzarote ver-

AUTORENTIPP!

PLAYA DE LA COCINA
Auch wenn schon vorher Strände zum Verweilen einladen, bis zur Playa de la Cocina sollte man unbedingt noch weitergehen. Sie liegt ca. einen Kilometer hinter der Playa de Francesa und ist gut über den Küstenpfad zu erreichen. Versteckt unterhalb des Abhangs der Montaña Amarilla (174 m) breitet sich die Bucht aus. Wie sehr die Bezeichnung »Gelber Berg« zutrifft, erkennt man erst, wenn man in der Bucht ankommt. Tuffgestein in leuchtendem Ockergelb überragt den Strand, komponiert mit Farbvarianten von Rubinrot bis Tiefschwarz. Die oft einsame Bucht liegt geschützt zwischen Riffausläufern und ist damit auch ein wunderschöner Schnorchelplatz! Für viele ist dies der Traumstrand von La Graciosa.

Der Strand mit dem gelben Vulkan: Playa de la Cocina.

Oben: Mit dem Jeep über die Insel
Mitte: Auch Mountainbiker schätzen die Pisten von La Graciosa.
Unten: Ruhiges Wasser und Badevergnügen pur: Playa del Salado

dankt er seine Bezeichnung einer intensiv-rötlichen Färbung des Gesteins (*bermeja*, dt. »rötlich blond«). Umwerfend ist die Sicht von seinem Gipfel über La Graciosa und ihre kleinen Schwestern. Zugleich ist der Vulkankegel Orientierungspunkt für die nächste Station, die Playa de las Conchas vor seiner Westflanke. Wie das Paradies auf Erden breitet sich der Strand aus pulverfeinem weißen Sand aus, davor türkisblaues Wasser und die Insel Alegranza, die wie eine riesige Schildkröte an der Oberfläche zu schwimmen scheint. Wegen der gefährlichen Strömungen an der Nordküste ist große Vorsicht geboten, und es sollte bei einer Abkühlung im flachen Wasser bleiben. Der kürzeste Rückweg (ca. 5 km) führt einmal durch die Inselmitte, zwischen den Bergen Agujas Grandes und Montaña de Mojon (189 m) hindurch. Wer direkt zur Playa de las Conchas möchte, kann natürlich auch gleich diese Route wählen.

Badestrände im Süden

Zu den schönsten Bademöglichkeiten führt die Südtour, da das Wasser auf dieser Seite naturgemäß ruhiger ist. Bereits kurz hinter Caleta del Sebo bietet sich die langgezogene Bahía del Salado an, mit imposantem Blick auf den Risco de Famara. Zum Strand gehört auch eine Campingzone, die besonders in den Sommermonaten gut besucht ist. Die etwas kleinere Bucht Playa de Francesa und die versteckte Playa de la Cocina schließen sich direkt an. Von hier aus lässt sich die Wanderung auch als Rundweg um die Montaña de Mojon fortsetzen, durch die Inselmitte geht es zurück zum Hafen. Die direkte einfache Küstenstrecke beträgt ca. 3,5 Kilometer.

Auch wörtlich sind Lanzarote und der nördlich gelagerte Chinijo-Archipel eine Familie: *Chinijos* nennt man auf den Kanaren kleine Kinder.

Infos und Adressen

ESSEN UND TRINKEN

Meson de la Tierra. Restaurant direkt im Hafen mit schönem Blick. Preisgünstige, kanarische Küche. Av. de la Virgen del Mar, 35 540 Isla de la Graciosa.

El Varadero. Etwas größeres Restaurant im Fährhafen. Reger Betrieb, solide Küche zu vernünftigen Preisen. Av. de la Virgen del Mar 123, Tel. 928 84 21 75.

Café El Veril. Schöne Gelegenheit für einen Café con leche. Am Strand von Caleta del Sebo. Av. de la Virgen del Mar.

ÜBERNACHTEN

Vermietet wird direkt vor Ort, teils auch schon über große Reiseveranstalter. Einige Anbieter haben Homepages eingerichtet, z. B. www.apartamentoslapardela.com (auf Spanisch), www.lagraciosa-apartments.com

Restaurant im Fischerdorf

Ankunft im Hafen von Caleta del Sebo

El Sombrerito. Der Anbieter verfügt über mehrere Apartmens in Caleta del Sebo. Tel. 928 84 21 06, reservas@elsombrerito.com, www.elsombrerito.com

Apartamentos Evita Beach. Schöne Lage in erster Reihe, teils Zimmer mit Meerblick, Terrasse oder Balkon. Auch die Ausstattung stimmt. Tel. 928 80 68 87, info@residencialevita.com, www. residencialevita.com

INFORMATION

Alternativ zur Fähre fahren ab Órzola Wassertaxis, teils auch ab Caleta de Famara (abhängig von Wetter und Seegang). Auch Fahrten rund um die Nachbarinseln Alegranza und Montaña Clara sind möglich.

Watertaxi. Tel. 676 90 18 45 und (mobil) 626 50 74 58

Sea Taxi La Graciosa. Tel. 609 11 42 19.

Nahezu magisch sind die Effekte, die Farben, Licht und Spiegelungen ergeben.

45 Cuevas de los Verdes
Teufelsofen und Monsterkopf

Als der Vulkan Monte Corona vor rund 3500 Jahren den Norden Lanzarotes mit Lavaströmen überzog, bildete er einen sechs Kilometer langen Tunnel, der sich unter dem Meer fortsetzt. So erhielt Lanzarote heute das wohl weltweit größte begehbare vulkanische Höhlensystem.

Die Cuevas de los Verdes gehören zum Naturdenkmal Monumento Natural de La Corona. Sie erstrecken sich von dem namensgebenden Vulkankegel bis zur Nordküste oberhalb von Los Picachos (Punta de Mujeres) und setzen sich im unterseeischen Túnel de la Atlántida noch gut anderthalb Kilometer fort. Entstehen konnte das Höhlensystem, weil die oberen Lavaschichten bereits erkaltet waren, während der glühende Strom darunter erst allmählich in den Atlantik abfloss.

Höhlen, Gänge und Galerien

An 16 Stellen befinden sich eingestürzte Hohlräume, die sogenannten *jameos*. Das mehrstöckige Labyrinth aus Höhlen, Gängen und Galerien wussten die Inselbewohner bereits im 16. Jahrhundert zu nutzen. Die erste schriftliche Überlieferung hierzu stammt von dem italienischen Baumeister Leonardo Torriani, der im Auftrag Spaniens die Festungsanlagen auf Lanzarote verbesserte. In seiner *Beschreibung der Kanarischen Inseln* (1590) berichtet er von »wunderbaren Höhlen, die wie von Meisterhand gemacht zu sein scheinen«, mit einem »anderen Ausgang, in Richtung Meer, durch den die Männer und Frauen, die dort Schutz finden, herausgehen (...) und auf das Boot gehen können.«

So dienten die Cuevas de los Verdes der von Piratenangriffen gebeutelten Inselbevölkerung als Zufluchtsort. Als die aus Nordamerika stammenden Seeräuber Wind von der Sache bekamen, drehte sich der Spieß allerdings um. Bei ihrem großen Angriff im Jahr 1618 enterten sie die Höhlen und nutzten sie, um ihre Gefangenen dort unterzubringen, denen ein Leben als Sklave bevorstand.

Ab dem mittleren 19. Jahrhundert begannen Wissenschaftler aus Europa und Reisende, die Cuevas de los Verdes zu entdecken. Rund 100 Jahre später beschloss die Regierung Lanzarotes, sie touristisch zu erschließen.

Durch die Unterwelt

Anderthalb Kilometer der Höhlenstrecke stehen Besuchern offen. Bis zu 50 Meter geht es hinab. Übereinanderliegende Galerien mit vertikalen Verbindungen, an einigen Stellen in bis zu drei Schichten, eröffnen abwechslungsreiche Perspektiven. Die Gewölbe und Höhlenwände schimmern in zahlreichen Farbtönen, hervorgehoben durch Lichtinstallationen von Jesús Soto. Der Künstler schuf auch den 1964 eröffneten Rundgang, wobei er darauf achtete, die naturgegebene Struktur der Höhle zu bewahren. Der Innenraum präsentiert sich heute noch, wie der Vulkan ihn schuf.

Die Besichtigung ist ausschließlich im Rahmen einer Führung möglich. Es geht durch eine märchenhafte Unterwelt mit Formationen, wie »Teufelsofen«, »Jungfrauenschlucht« und »Monsterkopf«. Vulkanische Strukturen, wie Röhren und Kanäle, Lavatropfen und -schichten, Salzdepots und große Basaltblöcke, die von dem Strom mitgerissen wurden, regen die Fantasie an. Ganz am Ende, an der tiefsten Stelle der Höhlen, gibt es ein Auditorium mit einmaliger Akustik.

Am Eingang der Cuevas de los Verdes

Infos und Adressen

SEHENSWÜRDIGKEITEN

Cuevas de los Verdes.
Tgl. 10–18 Uhr, im Sommer (Juni–Sept.) 10–19 Uhr. Letzter Einlass jeweils eine Stunde früher. Tel. 928 84 84 84.

AKTIVITÄTEN

Führungen in kleinen Gruppen
Die Attraktivität der Cuevas de los Verdes und der begrenzte Platz bringen es mit sich, dass es bei den Führungen immer sehr voll ist. Leider sind sie auch nicht für alle Besucher gut verständlich, da die Erklärungen auf Spanisch und in oft ausbaufähigem Englisch erfolgen. Vormittags kommen viele Reisegruppen, wer individuell anreist, sollte den Besuch lieber auf den Nachmittag verlegen. Besonders gut stehen die Chancen auch sonntags. Am einfachsten ist es, die Höhlentour bei Reiseveranstaltern vor Ort zu buchen (entsprechende Angebote gibt es in vielen Hotels). Viele Reiseleiter führen ihre eigenen Touren durch, oft in kleineren Gruppen und auf Deutsch.
Anfahrt: Über die LZ 204 (Diese kleine Straße verbindet die LZ 201 mit der LZ 1 Arrieta – Órzola.)

Die Skulptur am Eingang verrät, welche besonderen Bewohner hier warten …

46 Jameos del Agua
Wo die blinden Krebse wohnen

Eine Lavagrotte und ein himmelblauer Pool, umgeben von subtropischen Pflanzen: Das kleine Paradies mitten im unwirtlichen Malpaís de la Corona gestaltete César Manrique aus einem Teil des Lavatunnels, der auch die Cuevas de los Verdes bildet. In dem Höhlensee leben blinde weiße Krebse, aufgestiegen aus der Tiefsee.

Eine Metallskulptur in Form eines Krebses am Eingang weist auf die ungewöhnlichen Bewohner hin. Auch sie stammt von César Manrique. Die Jameos del Agua waren das erste große Kultur- und Tourismuszentrum, das der Künstler auf der Insel verwirklichte. Wie wohl kein anderes präsentiert es seine Bemühungen, die Besonderheiten der Landschaften Lanzarotes in sein kreatives Schaffen einzubeziehen.

MAL EHRLICH

EIN SEE ALS »GLÜCKSBRUNNEN«

Auf dem Grund des Binnensees im Jameo Chico liegen auch viele Münzen, die Besucher ins Wasser geworfen haben. Doch dies ist kein Glücksbrunnen, wie man ihn an anderen touristischen Orten vorfindet. Im Gegenteil: Für die Krebse und das gesamte Ökosystem bedeuten die im Salzwasser korrodierenden Metalle ein lebensgefährliches Gift. Vermutlich aus diesem Grund ging der Bestand der Tiere bereits zurück. Darauf wird vor Ort leider bislang nicht ausreichend hingewiesen. Also: Lieber das Geld im Café ausgeben. So wird auch ein weiterer Nachahmeffekt durch nachfolgende Gäste verhindert.

Konzertsaal in den Jameos del Aqua

Lavahöhle mit Binnensee

Zwei Jahre nach der Einweihung der Cuevas de los Verdes begann Manrique, aus drei eingestürzten Höhlenräumen im Lavatunnel (*Jameos*) das Naturkunstwerk zu gestalten. Es befindet sich in dem der Küste am nächsten gelegenen Abschnitt des Tunnels. Benannt sind die »Jameos des Wassers« nach einem Binnensee, den man hier vorfand. Aufgrund der geomorphologischen Besonderheiten des Vulkantunnels musste der Künstler seinen ursprünglichen Plan mehrfach ändern und anpassen. So nahmen die Arbeiten mehr als zehn Jahre in Anspruch, bis das Werk 1977 endlich vollendet war. Im Jahr 1987 wurden die Jameos um das Museum »Casa de los Volcanes« erweitert.

Ein Lustgarten im Lavagestein

Über eine Basalttreppe geht es hinab in den »kleinen Jameo« (Jameo Chico). Eine meditative Stimmung nimmt den Besucher gefangen. Das leise Wasserplätschern, die Ruhe des umgebenden Lavagesteins, all die subtropischen Pflanzen schaffen einen regelrechten Lustgarten mit einer unvergleichbaren Atmosphäre. Zu gut besuchten Zeiten kann sie freilich etwas im Gewusel untergehen. Dennoch finden sich in den *Jameos* viele Nischen und Wege, die den Genuss der Umgebung ermöglichen.

AUTORENTIPP!

KLÄNGE IN DER UNTERWELT

Ein ganz besonderes Erlebnis sind die Auditorien, die im Höhlensystem eingerichtet wurden. Im Konzertsaal der Cuevas de los Verdes finden regelmäßig Konzerte statt. Der zweite Saal, hinter dem Jameo Grande in den Jameos des Aqua, wird plangemäß auch bald wieder besondere Abende bieten. Die Kulturfreunde auf Lanzarote fiebern schon der Neueröffnung entgegen.

Infos und Termine unter www.centrosturisticos.com

Oben: Ein wahres Märchen im schwarzen Lavastrom: die Jameos del Agua
Mitte: In natura ganz winzig: der blinde Krebs der Spezies *Munidopsis polymorpha*
Unten: Lichtspiele im Lagunensee

Jameo Chico

Der Jameo Chico beherbergt den Höhlensee, der unter dem Meeresspiegel liegt und von Salzwasser gespeist wird. Durch Gesteinsritzen dringt es aus den benachbarten gefluteten Tunnelteilen ein, teils auch aus dem unterseeisch verlaufenden Túnel de Atlantida. Mit Verzögerung machen sich hier auch die Gezeiten bemerkbar. Was zunächst nach kleinen weißen Punkten im klaren Wasser aussieht, sind Krebse der Spezies *Munidopsis polymorpha*. Sie wurden bislang nur auf Lanzarote entdeckt. Die blinden und pigmentlosen Tierchen sind für das Leben in der ewigen Dunkelheit der Tiefsee geschaffen, ihrer ursprünglichen Heimat. In dem Gewässer leben noch zahlreiche weitere Arten, die weniger gut zu erkennen sind. Unter anderem Floh- und Muschelkrebse, die ebenfalls aus der Tiefsee stammen.

Der Zoologe und Fachbuchautor Horst Wilkens beschäftigte sich jahrelang mit der Fauna der Jameos del Agua. Zusammen mit seinem Kollegen Jakob Parzefall (beide von der Universität Hamburg) fand er heraus, dass die Krebse auch außerhalb der Grotte vorkommen. Sie leben in dunklen, mit Meerwasser gefüllten Spalten im Lavagrund Lanzarotes. Wahrscheinlich wird sich im Zuge der weiteren Forschungen die Vermutung der Wissenschaftler bestätigen, dass die Tiere den gesamten Sockel des Kanarischen Archipels besiedeln, der bis zu mehr als 1000 Meter in die Tiefe reicht.

Jameo Grande

Ein Pfad führt durch den Jameo Chico und über Stufen hinauf in den üppig bepflanzten Jameo Grande. Im »großen Jameo« bietet sich nun ein Anblick, für den Lanzarote schon regelrecht berühmt ist: ein schwanenweißer Pool mit himmel-

Restaurant Jameos del Agua

blauem Wasser, über das sich eine Palme neigt. Sie soll mehr als 100 Jahre alt sein. Weit zum Himmel geöffnet, kontrastiert der Jameo Grande eindrucksvoll mit der »Unterwelt« des Jameo Chico. Zu einer Seite hin öffnet sich ein weißer Raum in der Lavawand, kunstvoll eingerichtet wie ein Wohnzimmer mit Bar. Hinter dem Pool schließt sich ein dritter Jameo an, in den – ähnlich wie in der Cuevas de los Verdes – ein Konzertsaal gebaut wurde. Das Auditorium ist seit 2001 geschlossen, da sich Felsbrocken vom Deckengewölbe lösten. Die Neueröffnung ist frühestens für Sommer 2013 zu erwarten.

Casa de los Volcanes

Im oberen Bereich der Jameos del Agua lohnt der Blick von der Galerie über das Gesamtkunstwerk. In der »Casa de los Volcanes« gibt es eine ebenso spannende wie hintergründige Ausstellung zum Thema Vulkanismus auf Lanzarote und weltweit. In einem Korridor mit vielen Spiegeln »vervielfältigt« sich der Betrachter auf besondere Weise. Herzstück des Museums ist eine Mess- und Beobachtungsstation, an der die aktuellen seismischen Aktivitäten der Insel demonstriert werden. Auch ein Teil der Cuevas de los Verdes dient übrigens der geodynamischen Überwachung Lanzarotes. Bereits im Jahr 1987 wurde dort ein Messgerät installiert.

Museum »Casa de los Volcanes«

Infos und Adressen

SEHENSWÜRDIGKEITEN

Jameos del Agua. An der LZ 204 (Abzweigung der LZ 201 bzw. LZ 1 Arrieta–Órzola), So–Mo 10–18.30 und Sa 10–22 Uhr. Eintritt: Erw. 9 €, Kinder (7–12 Jahre) 4,50 €.

ESSEN UND TRINKEN

Restaurant Jameos del Agua. In der lauschigen Kulisse der begrünten Lavagrotte sitzt man wunderschön. Serviert werden Heiß- und Kaltgetränke sowie Tapas. Auf der oberen Galerie befindet sich ein Restaurant mit Bar. Café: So–Mo 11.30–17 Uhr, Restaurant: Sa 16.30–21.30 Uhr. Tel. 928 84 80 24.

47 Punta de Mujeres
Am Kap der Strohwitwen

Fischersfrauen, die ihren heimkehrenden Männern mit Laternen den Weg in den sicheren Hafen leuchten – auf diese Weise soll die Landspitze an der rauen Nordküste zu ihrem Namen gekommen sein. Der recht neu gewachsene Ort versprüht noch ein wenig von der Romantik, die dieser Geschichte innewohnt. Auch lohnt ein Besuch wegen der versteckt liegenden Bars und Restaurants direkt am Wasser.

Oben: In vorderster Reihe kann es nass werden.
Unten: Angler finden hier die nötige Ruhe.

Punta des Mujeres wurde auf dem Gebiet ehemaliger Salinen errichtet. Dies findet sich noch in der Bezeichnung der Straße »Calle las Salinas« wieder, die einmal um die vorspringende Landzunge verläuft. An einer kleinen Rampe werden die Fischerboote zu Wasser gelassen, einige liegen kieloben auf dem Anleger. Oft sitzen hier auch Einheimische mit Strohhüten auf ihren Campingstühlen und angeln.

Calle de las Salinas

Die schmale einspurige Calle de las Salinas lädt zu einem Bummel am Meer ein. Bei Einheimischen beliebt ist das Restaurant »Las Tres Lunas«, das sich etwas zurückliegend zwischen den Häusern versteckt und eine geschützte Terrasse mit Meerblick bietet.

Da und dort führen kleine Steintreppen oder Badeleitern hinab zum Wasser. Kleine Naturfreibäder laden zum Baden ein, z. B. an der nordöstlichsten Ecke der Landzunge. Richtung Arrieta führt ein Spazierweg, der »Bajo el Espino«, hinter den Häusern am Wasser entlang.

Tipp: Bar La Piscina

Ein kleines Lokal, auf der anderen Straßenseite Tische und Stühle, davor ein großer Naturpool – das ist die Bar »La Piscina« (»Schwimmbad-Bar«) von Juan Carlos Hernandez Betancor. Schwarzweiße Lavamauern und Klippen grenzen das Becken vom offenen Meer ab. Je nach Stand der Gezeiten ist es gerade flach genug, um die Füße zu kühlen, oder fast komplett überflutet. Daneben führt eine weitere Badeleiter in die Bucht, sodass Schwimmer auch größere Runden drehen können – eine willkommene Abwechslung zum allgegenwärtigen, perfekt-edlen Ambiente trendiger Beach-Clubs. Hier planscht man zwischen schief getretenen Stufen und verwitterten Mauern. Auf der Steinplattform das Handtuch ausbreiten, und ab ins einladend klare Wasser; einfach ein Heidenspaß!

Treffpunkt der Fischersfrauen

Die felsige Küste ist gespickt mit Klippen und Untiefen, eine Herausforderung für Bootsfahrer. Es braucht kaum Fantasie, sich die Fischersfrauen vorzustellen, die sich in banger Erwartung auf dem Kap versammelten und ihren Männern den Heimweg leuchteten. Einer anderen Version der Geschichte zufolge trafen sich die einsamen Frauen hier lediglich, um miteinander ein Schwätzchen zu halten. Wahrscheinlich taten sie beides zugleich!

Fischerboote sieht man auch überall im Ort, sie liegen in den Vorgärten oder auf Trailern aufgebockt am Straßenrand. Abgesehen von einigen privat geführten Apartment- und Ferienhäusern ist Punta de Mujeres ein reiner Wohnort und eher unscheinbar. Bei starkem Wind peitschen die Wellen bis an die Fenster der Häuser, die in vorderster Front bis zur Wasserkante reichen.

Badevergnügen inklusive: Zur Bar La Piscina gehören auch zwei Naturpools am Meer.

Infos und Adressen

ESSEN UND TRINKEN

Bar La Piscina. Im Naturpool baden und hinterher lecker essen. Neben deftigen Tapas gibt es Frühstück und Bocadillos. Wegen der vielen Einbahnstraßen ist die direkte Anfahrt mit dem Auto nur aus südlicher Richtung möglich! Calle Virgen del Pino 41 (Ecke Calle Allegranza), Punta Mujeres. Tel. 928 84 83 11.

El Lago. Traditionelles Fischrestaurant mit schönem Blick auf das Wasser. Calle de los Morros 27, Tel. 928 84 81 76.

Las Tres Lunas. Geheimtipp! Nicht ganz leicht zu finden. Es lohnt sich schon wegen der schönen Lage. Kanarische und galizische Küche. Calle Las Salinas. Tel. 928 17 34 16.

AKTIVITÄTEN

Northdiving Lanzarote. Tauchen an der Nordostküste zwischen Arrieta und Los Cocoteros. Tauchkurse nach den Richtlinien der Verbände CMAS/VDST. La Garita 33 (Arrieta) Tel. 928 84 82 85, www.northdiving-lanzarote.de

Oben: Architektonisches Kunstwerk: die Casa Juanita
Unten: Am Meer groß geworden: Teenager in Arrieta

48 Arrieta
Das Fischerdorf mit dem ungewöhnlichen Haus

Fast mit Punta de Mujeres zusammengewachsen, schließt sich im Süden Arrieta an. Mit dem wohl auffälligsten Haus der Insel, vorzüglichen Fischrestaurants und seinem langen Strand ist der Ort ein recht beliebtes Ausflugsziel, das auch Einheimische gern an freien Tagen ansteuern.

Eine schöne Nebenstrecke, die Calle los Morros, führt von Punta de Mujeres direkt entlang der Küste in den Nachbarort. Die Anfahrt über die Hauptstraße LZ 1 wiederum punktet mit einem Kunstwerk César Manriques. Das knallrote Windspiel mit seinen kegelförmigen Elementen an dem zentralen Kreisverkehr sorgt dafür, dass man die Zufahrt zum Ort nicht verpasst.

Casa Juanita

Die »Casa Juanita« am nördlichen Ortsrand ist das meistfotografierte Gebäude des Fischerdorfs. Die Front des nahezu würfelförmigen Bauwerks ziert eine stilisierte Darstellung übergroßer Backsteine und umlaufender Fenster. Hölzerne Balkone, mehrere Kamine und Türmchen ergänzen die ungewöhnliche Architektur. Die Dachform erinnert an asiatische Pagoden. Im Vorgarten steht ein verspielter schneeweißer Brunnen mit Pferdeköpfen.

Juan de León Perdomo, 1860 in Haría geboren, ließ das Haus für seine an Tuberkulose erkrankte Tochter Juanita errichten. Er war nach Südamerika ausgewandert und hatte es dort zu Wohlstand gebracht. Der Dorfchronik zufolge lebte die junge Frau in dem Gebäude und erlag dort schon bald ihrer Krankheit. Anschließend stand die Casa Juanita leer, bis in den 1990er-Jahren das Museo de Africa (»Afrikanisches Museum«) einzog, das inzwischen jedoch wieder geschlossen wurde.

El Charcón

Das ungewöhnliche Haus liegt in der Calle el Charcón, direkt neben einer malerischen kleinen Badebucht *charcón* mit hellem Sand. An der Kaimauer steht auch schon das erste Fischrestaurant, weitere folgen Richtung Ortsmitte. Zu empfehlen sind das »Amanecer« in der Calle La Garita mit seiner netten Terrasse und fangfrischem Fisch des Tages und das »El Lago« am Ortseingang von Punta de Mujeres (Calle de los Morros). Man sollte allerdings einen Tisch reservieren, vor allen an Sonntagen. Für Tapas oder ein Bier lohnt sich die Bar Cafetería »El Pisquito«, die sich in einem lauschigen Winkel der Promenade von Arrieta versteckt (Calle La Noria).

Ermita Nuestra Señora del Carmen

Der Schutzpatronin der Fischer und Seefahrer ist die Kapelle Nuestra Señora del Carmen gewidmet. Das von Ficus-Bäumen eingerahmte, recht neue Bauwerk von 1980 mit einem weiten Vorplatz steht am Ortsrand in der Calle Noria. Zum Patronatsfest rund um ihren Ehrentag (16. Juli) wird zwei Wochen lang gefeiert, in ganz Spanien und auf Lanzarote besonders in Puerto del Carmen. Dort wird es entsprechend voll, während es in den Fischerdörfern wie Arrieta beschaulicher zugeht.

Der Hausstrand Playa de la Garita liegt am Südende von Arrieta an der Calle el Lajero. Besonders Familien kommen gern hierher, denn nebenan gibt es einen Freizeitbereich mit Spielplatz und Skate-Anlage.

Infos und Adressen

ESSEN UND TRINKEN

Amanecer. Frischer Fisch und Terrasse mit Meerblick, in jeder Hinsicht empfehlenswert. Do geschl. Calle de La Garita 32, Tel. 928 84 83 90.

El Marinero. Das beschauliche Lokal liegt direkt am Wasser. Calle de La Garita 62, Tel. 620 21 18 62.

El Charcón. An der Mole nahe der Casa Juanita. Calle de Charcón 13, Tel. 928 84 81 10.

El Pisquito. Tapas-Bar und Cafetería an der Promenade. Tapas, Arepas (kleine gefüllte Maisfladen) und andere Gerichte. Calle La Noria 6, Tel. (mobil) 620 00 43 15.

El Lago. Am Ortseingang von Punta de Mujeres. Calle de los Morros 27, Tel. 928 84 81 76.

Las Tres Lunas. Lohnendes Fischrestaurant in Punta de Mujeres. Man sitzt bei herrlichem Meerblick und trotzdem schön geschützt zwischen den Häusern. Serviert werden Fischgerichte, darunter Spezialitäten wie *Pulpo al la Gallega* (»Krake auf galizische Art«). Calle Las Salinas, Tel. 928 17 34 16.

ÜBERNACHTEN

Finca de Arrieta. Wunderschön gestaltetes Öko-Dorf mit mongolischen Jurten, Chill-Out-Lounge und Solar-Pool. Das Angebot reicht von einfachen Jurten über Natursteinhäuser bis hin zur 200-Quadratmeter-Luxus-Jurte. An der LZ 1 kurz vor Arrieta (aus Richtung Arrecife kommend), www.lanzaroteretreats.com

Oben: Restaurant Don Quijote in Guatiza
Unten: Kilometerweit erstrecken sich Kakteenfelder entlang der Straße.
S. 260: Der Jardin de Cactus ist ein besonderes Naturkunstwerk Manriques.

49 Jardin de Cactus und Umgebung

Die wunderbare Welt der Stacheln

Zwischen Mala und Guatiza bietet sich ein ungewöhnlicher Anblick: Wie riesige grüne Teppiche liegen Kakteenfelder in der sonst kargen Vulkanlandschaft. Mittendrin setzte César Manrique der Insel auch hier das passende Denkmal: Im »Jardin de Cactus« gedeihen und blühen rund 1500 Arten Kakteen und anderen Sukkulenten. Spätestens nach dem Besuch hat man die stacheligen Gewächse liebgewonnen.

Vor dem Eingang des »Jardin de Cactus« versetzt ein monströser Kaktus, gut sechs Meter hoch, ins Staunen. César Manrique machte sich den Spaß, hier einen Metallkaktus »pflanzen« zu lassen. Ein beliebtes Motiv für Erinnerungsfotos, die den »Kunstkaktus« ziemlich echt aussehen lassen.

Paradies der Sukkulenten

Im »Kaktusgarten« selbst gedeihen auf 5000 Quadratmetern Kakteen in vielen Formen und Größen. Länglich, kugelig, winzig und riesig, manche wie Kohlköpfe oder Büsche wachsend, die »unmöglichsten« Blüten treibend, mit feinsten Härchen oder dicken Stacheln. Außer Kakteen von den Kanarischen Inseln sind u.a. Arten aus Peru, Mexiko, Chile, Nordamerika, Kenia, Tansania, Madagaskar und Marokko vertreten. Darunter auch andere Sukkulenten – so die weiter reichende Bezeichnung saftreicher Pflanzen, die auch Agaven- und Wolfsmilchgewächse einbezieht. Über dem Garten thront eine restaurierte Gofio-Mühle, in der man das Mahlwerk besichtigen kann.

Sinn für Details

Manriques Kaktusgarten entstand in einer ehemaligen Pícon-Grube, dem Rofero de Guatiza. Der Künstler und Architekt gestaltete ihn wie ein Amphitheater, mit gewundenen, gepflasterten Pfaden und vielen kleinen Treppen, die vielfältige Perspektiven ermöglichen. Die kraterförmige Anlage ist zugleich ein Sinnbild für die Vulkane Lanzarotes und das Leben, das in ihnen gedeihen kann. So sind auf dem Grund der alten Islotes wie der Caldera Blanca auch Wolfsmilch und zahlreiche anderen Pflanzen vertreten (s. S. 16).

Bis ins kleinste Detail ist der Garten künstlerisch gestaltet. Türgriffe, Lampen und andere Elemente zeigen auf abstrakte Weise Ähnlichkeit mit den Kakteen. Restaurant, Café und Souvenirshop fügen sich in das Gesamtkunstwerk ein. An den Toilettentüren weist ein reichlich eindeutiger »macho« den Herren den Weg. Es floss wohl dabei auch Ironie ein: Manrique, stets gut trainiert und ein Freund der Selbstdarstellung, sorgte durch Freizügigkeit am Strand häufiger für Aufsehen. Der Jardin de Cactus wurde 1990 eröffnet. Es war das letzte große Tourismus-Projekt César Manriques, der zwei Jahre später bei einem Autounfall ums Leben kam.

Conchenille: Farbstoff der Schildlaus

Kilometerweit erstrecken sich Kakteenfelder zu beiden Seiten der Hauptstraße LZ-1, die Arrecife und Órzola verbindet. Der aus Mittelamerika stammende Feigenkaktus (*Opuntia ficus-indica*), erkennbar an seinen großen, ovalen Blättern, diente auf Lanzarote lange Zeit der Cochenille-Zucht. Die darauf nistende Cochenille-Schildlaus produziert Karmesinsäure, aus der wiederum der Farbstoff Karminrot (E120) hergestellt werden

AUTORENTIPP!

FKK-DORF CHARCO DEL PALO

Von Mala aus führt eine Straße nach Charco del Palo, einer von einigen Naturpools geprägten Felsküste, wie bereits die Bezeichnung *charco* verrät. Dies ist ein Eldorado für Nudisten, die sich hier bereits seit 1980 Bungalows und Apartments mieten können. Dort und in der Umgebung lässt sich (außer in Geschäften und Restaurants) der Freikörperkultur frönen.

Auch für einen Ausflug lohnt die teils versandete Küste mit ihren Bademöglichkeiten. Die einschlägig bekannten Plätze haben Namen wie »Entenpfuhl«, »Affenfelsen« oder »Badewanne«. Einige Charcos sind wie Swimmingpools vom Meer abgegrenzt. Dort können auch Kinder plantschen, wenn die Brandung an den anderen Stränden zu stark ist.

Charco Natural. Vermietung von Bungalows oder Ferienwohnungen. Calle Montaña Redonda, Tel. 928 52 95 95, www.charconatural.com

Cinco Torres Negras. Ute und Fredo Pries, Punta del Pasito 2, Tel. 928 80 99 39, www.charcodelpalo-fkk.com

Winzig, aber sie haben es in sich: Cochenille-Schildläuse

kann. Es handelt sich hier also nicht um Läuseblut, wie mitunter berichtet wird.

Weil die kostengünstigere, chemische Produktion das Verfahren ablöste, liegen die Anbaugebiete auf Lanzarote weitgehend brach. Einige Produkte mit Cochenille aber sind nach wie vor in Läden und Souvenirshops zu finden, u.a. Liköre, Kosmetika und Süßigkeiten. Für die Produktion werden die auf der Pflanze festsitzenden Tiere, bzw. nur die Weibchen, mit einem Spezialöffel abgeschabt und eingesammelt. Die männlichen Läuse fliegen von Kaktus zu Kaktus, um die Fortpflanzung zu sichern. Bei geführten Touren durch den Kaktusgarten wird das Abschaben mit dem Löffel demonstriert (möglich z.B. über Laguna Travel).

Von Guatiza bis Los Coceteros

Zwischen den Dörfern Guatiza und Mala prägt neben Kakteenfeldern der Risco de las Nieves die Landschaft, der östlichste Ausläufer des Famara-Massivs. Höchste Erhebung ist der Peña del Silvo (394 m) mit einem Startplatz für Drachenflieger. Besonderheiten sind die Staumauer eines mittlerweile stillgelegten Sees und die Schlucht Barranco de Tenegüime mit einigen schönen Wandermöglichkeiten. Richtung Arrieta liegt das Dorf Tabayesco im fruchtbaren Valle de Temisa. Landwirtschaft bildet hier für viele Einheimische noch immer die Lebensgrundlage. Die bewirtschafteten Felder sind terrassenförmig an den steilen Hängen angelegt.

Ab Guatiza bietet sich ein Abstecher Richtung Küste an. Über die Calle la Canela geht es nach Los Coceteros mit den Salinas de Agujeros. Es ist (neben den Salinas Janubio im Westen) die einzige noch betriebene Salzgewinnungsanlage Lanzarotes.

Jeder Winkel des Kaktusgartens birgt ästhetische Überraschungen.

Infos und Adressen

SEHENSWÜRDIGKEITEN

Jardin de Cactus. César Manriques Kaktusgarten. Tgl. 10–17.45 Uhr. Am nördlichen Ortsausgang von Guatiza (LZ-1 Arrecife–Órzola), Tel. 928 52 93 97.

Oben: Typischer Hotel- und Badeurlaub: die Playa de las Cucharas
Unten: Ein Stück (nachgebaute) Inselkultur: Pueblo Marinero
S. 264 oben: Kunstvolle Poollandschaft: Auch hier war Manrique am Werk.
S. 264 unten: Promenadenbummel

50 Costa Teguise

Strandurlaub und Windsurfen

Ein Schachbrett aus Apartmentanlagen, Hotels und gesichtslosen Straßen: Wer Wert auf erlebbare Tradition, Kultur der Einheimischen und Individualität legt, macht um Costa Teguise einen großen Bogen. Für viele Familien und andere, die vor allem Strandurlaub im Sinn haben, ist das Ferienzentrum aber durchaus eine lohnende Adresse. Windsurfer finden optimale Bedingungen vor.

Im Vergleich mit alten Fotos wird deutlich, warum Costa Teguise über keinen historischen Ortskern verfügt oder einen alten Hafen, wie man ihn in Puerto del Carmen vorfindet: Noch in den 1960er-Jahren war dieser Küstenbereich eine einsame kahle Lavalandschaft. Im folgenden Jahrzehnt begann man ihn für den Tourismus zu erschließen. Zu der Zeit war noch nicht absehbar, welche Ausmaße der Bauboom einmal annehmen würde. So hegte César Manrique die berechtigte Hoffnung, auch hier seine Pläne eines Tourismus im Einklang mit der Umgebung verwirklichen zu können. Zwei Projekte inmitten der Apartmentburgen tragen seine Handschrift.

Rund 8000 Einwohner leben in Costa Teguise. Für Spaziergänge oder einen Bummel lohnt die Promenade. Sie wird teils von Bebauung, aber auch einigen lohnenden Stränden unterbrochen.

Aus Richtung Arrecife kommend, liegt vor dem Ort rechts (Richtung Meer) der Palacio Real. Die Ferienresidenz des spanischen Königs Juan Carlos I. kann zwar nicht besichtigt werden, doch beim Vorbeifahren und von der Playa del Ancla aus ist sie zu sehen. Das Anwesen soll ein Geschenk König Husseins von Jordanien gewesen sein.

Pueblo Marinero

An der Avenida de las Islas Canarias ist dann doch eine Idee von Tradition zu spüren: Durch einen schmuckvollen Rundbogen geht es in eine kleine andere Welt. Häuschen mit grünen Fensterläden und Balkonen, auf den Dächern Kamine in verschiedenen Formen, so wie man sie in den Dörfern Lanzarotes findet. Viele Pflanzen, Laternen und mittendrin ein Platz als Treffpunkt und Veranstaltungsort. Wenn es hier schon kein echtes historisches Zentrum gibt, bauen wir wenigstens eines nach – so ungefähr war wohl der Gedanke César Manriques. Heraus kam das »Pueblo Marinero«, wörtlich übersetzt »Fischerdorf«. Errichtet wurde es zwischen 1979 und 1983, die Ausführung übernahm der Architekt Alfonso Galán.

Ein Mercadillo am Abend

Mit einem tatsächlich gewachsenen Dorf ist das Pueblo Marinero nicht zu vergleichen, zumal hier keine Einheimischen leben. Immerhin bietet der lauschige Ort nette Restaurants und Bars. Mittwochs und freitags ab 18 bzw. 17 Uhr ist Markt mit Kunsthandwerk, inseltypischen Produkten und Souvenirs. Eine schöne Möglichkeit, auch einmal abends entlang von Ständen zu bummeln, denn viele andere *mercadillos* auf Lanzarote finden vormittags statt.

Meliá Salinas

Nicht weit entfernt, auf der anderen Seite der Strandbucht Playa de las Cucharas, steht das Fünf-Sterne-Hotel »Meliá Salinas«, nach Angaben der Betreiber zugleich ein »Hotel-Museum«. Von außen

Oben: Brandung bei Los Cocoteros. Von Costa Teguise ist die wilde Küste gut zu erreichen.
Unten: Pflanzenparadies im Hotel: Das Mediá Salinas wurde von Manrique mitgestaltet.

Villa Toledo

ist kaum zu erahnen, dass César Manrique sich hier künstlerisch einbrachte (1977). Im Foyer und einigen Gängen sind Werke wie *Océano* (»Ozean«) und andere Wandbilder aus Vulkangestein zu sehen. Auf großen Schautafeln wird über das Leben und Schaffen des Künstlers informiert. Auch die eindrucksvolle Poollandschaft mit schwarzen Basaltblöcken, viel Weiß und einer in Türkistönen schillernden »Lagune« wurde von Manrique gestaltet.

Das üppig bepflanzte Atrium mit den weißen durchlaufenden Balkonen der oberen Stockwerke bildete in den 1970er-Jahren die Kulisse für einige Szenen der Kult-Fernsehserie *Timm Thaler* oder *Das verlorene Lachen* (s. S. 236) Im Jahr 2012 zog die Hotelbar »Wine & Cheese« mit Terrasse neu ein. Sie ist vom Strand aus auch für Tagesgäste zugänglich. Der Besuch lohnt sich wegen der guten Inselweine.

Strände in Costa Teguise

Die Playa Las Cucharas ist mit 700 Metern der längste Strand von Costa Teguise. Wer quirligen Badeurlaub mag, findet hier alles Passende vor: hellen Sand, Liegestühle, Sonnenschirme, Tretboote, Verleih von Surf- und Tauchausrüstung. Die Hälfte des Strands ist für Windsurfer reserviert.

Ruhiger geht es an der Playa de los Charcos zu, einem von Wellenbrechern geschützten kleineren Strand hinter dem Hotel »Meliá Salinas«. Idylle mit dunkelgoldenem Sand, Felsen und einem Piratenturm bietet die Playa Bastián. Gleich daneben liegt das Restaurant »Vila Toledo« mit Terrasse über dem Meer. Die Playa Jablillo vor dem Hotel «Teguise Playa« hat eine kleine Lagune zu bieten. Ein besonderer Tipp ist die Playa del Ancla (Av. El Salinero). Sie wird auch »Playa del Rey« genannt, da sich gleich nebenan der Palacio Real des spanischen Königs befindet.

Infos und Adressen

ESSEN UND TRINKEN

La Bohemia. Originelle Speisekarte, hervorzuheben sind die Fleischspezialitäten. Die Betreiber sind aus Argentinien und Uruguay. Tolles Ambiente mit Live-Musik, dabei relativ preisgünstig.

La Masia. Seit Langem eines der besten Restaurants. Av. del Golf 25, Tel. 928 59 23 10.

Wine & Cheese. Die Hotelbar im Meliá Salinas ist vom Strand aus auch für Tagesgäste zugänglich. Weine aus Lanzarote. Av. Islas Canarias s/n.

ÜBERNACHTEN

Meliá Salinas. Luxusresidenz mit Lavapool und anderen Gestaltungselementen Manriques. Av. Islas Canarias s/n, Tel. 928 59 00 40, melia.salinas@melia.com, www.meliasalinas.com

EINKAUFEN

Mercadillo. Kunsthandwerkermarkt. Im Pueblo Marinero. Mi 18–22 und Fr 17–22 Uhr.

AKTIVITÄTEN

Costa Teguise Golf. Den Schläger schwingen zwischen 3500 Palmen und Vulkangestein. Av. Club del Golf s/n, 35 508 Costa Teguise, Tel. 928 59 05 12, www.lanzarote-golf.com

Lanzarote Aquarium. Haie, Rochen und viele andere Meeresbewohner beobachten. Av. Las Acasias s/n, Tel. 928 59 00 69, www.aquariumlanzarote.com

Aqua Park. Wasserrutschen-Paradies. Tgl. 10–18 Uhr (nur im Sommer). Av. Club del Golf, Parcela 315, Tel. 928 59 21 28.

REISEINFOS

Lanzarote von A–Z 268

Anreise, Autofahren, Baden, Barrierefreiheit, Bezahlen, Busfahren, Essen und Trinken, Fiestas, Fiesta-Termine, Feiertage, Gay, Geld, Gesundheit (Ärzte, Notruf), Klima und Reisezeit, Kriminalität, Öffnungszeiten, Parken, Post, Rauchen, Reiseinformationen, Taxi, Telefonieren, Tiere, Trinkgeld, Verkehr, Zollbestimmungen

Lanzarote mit Kindern 280

Kleiner Sprachführer 282

S. 266/267: Wanderer auf dem Weg zum Pico Partido im Parque Natural de Los Volcanes
Oben: Anflug auf Lanzarote
Mitte: Kunst am Straßenrand: Manriques Windspiele
Unten: Vorsicht, der Verkehr ist für Überraschungen gut.

Lanzarote von A bis Z

Anreise

Fast alle Urlauber kommen mit dem Flugzeug nach Lanzarote. Der einzige Flughafen befindet sich in Arrecife, von dort sind alle anderen Regionen der Insel schnell erreicht. Große Airlines wie Air Berlin und Condor steuern Lanzarote ganzjährig an. Besonders im Winter allerdings häufig mit einem Zwischenstopp auf einer der Nachbarinseln (z.B. La Palma). Auch die »Billigfluglinie« Ryan Air fliegt nach Lanzarote. Die Flugzeit beträgt bei einem Direktflug ab Deutschland ca. 4,5 Stunden, dabei ist eine Stunde Zeitverschiebung zu berücksichtigen (die Uhr bei der Ankunft um eine Stunde zurückstellen). Eine Anreise mit der Fähre erfolgt allenfalls als Stippvisite von den Nachbarinsel (direkte Verbindung ab Fuerteventura). Auch große Kreuzfahrtschiffe legen regelmäßig im Hafen von Arrecife an.

Autofahren

Mietwagenfirmen sind im Flughafen von Arrecife, in allen Ferienzentren und in vielen Hotels vertreten. Das Straßennetz ist gut ausgebaut, zwischen den großen Orten und touristischen Hauptzielen bestehen direkte Verbindungen durch Fernstraßen. Anstelle von Kreuzungen gibt es vielerorts Kreisverkehre. Achtung: Die meisten Einheimischen halten sich bei zweispurigen Kreisverkehren stets auf der inneren Spur, um dann zum Hinausfahren die äußere Spur zu kreuzen. Dies erleichtert den Verkehrsfluss, erfordert jedoch Aufmerksamkeit! Eine Besonderheit gibt es auch bei den Ampeln: In vielen Ortschaften zeigen sie ein gelbes hin und her springendes Licht an, und zwar solange, bis man langsam darauf zufährt. Dann schaltet die Ampel sofort auf Grün. Tipp: Wer solche Dinge beachtet, kommt deutlich besser voran.

Beim Verlassen des Fahrzeugs auf der Fahrbahn oder Aufenthalt am Straßenrand ist das Tragen einer reflektierenden Warnweste obligatorisch.

Die Geschwindigkeitsbeschränkungen in Spanien betragen 120 km/h auf Autobahnen, 100 km/h auf Schnellstraßen, 90 km/h auf Landstraßen, 50 km/h in Ortsgebieten. Maximal zulässiger Alkoholgehalt im Blut: 0,5 Gramm pro Liter (0,25 mg/l in der Atemluft).

Baden

Lanzarote verfügt über eine ganze Reihe von schönen Badestränden. Besonders für Badegäste geeignet ist der Inselsüden (Puerto del Carmen und Playas Papagayos). Im Norden treten vermehrt starke Brandung und Unterströmungen auf. Auf die Beflaggung (sofern vorhanden) achten: Rot bedeutet Lebensgefahr. An vielen Stränden, insbesondere in felsigen Buchten, sind auch die Auswirkungen von Ebbe und Flut zu berücksichtigen, da sie das Badevergnügen beeinflussen bzw. Risiken bedeuten können. Aktuelle Tidenkalender sind z. B. in dem deutschsprachigen Inselmagazin *Lanzarote 37°* zu finden.

Barrierefreiheit

Der Flughafen in Arrecife ist barrierefrei mit Rampen, rollstuhlbreiten Türen und Toiletten ausgestattet. Auch außerhalb der Abflugs- und Ankunftsbereiche gibt es ausgewiesene Zonen, in denen Passagiere mit Behinderung abgesetzt oder abgeholt werden können.

Einige der großen Sehenswürdigkeiten von Lanzarote sind aufgrund mangelnder Zugänglichkeit weniger geeignet, auf der anderen Seite gibt es die schönen langen Strandpromenaden in Puerto del

Oben: Riesenspaß im Hotelpool …
Mitte: … und an den Badestränden
Unten: Die Natur ist auf der Insel stets nah.

Oben: Genießen mit Meerblick
Mitte: Bushaltestelle in Famara
Unten: Viele inseltypische Produkte sind auch ein schönes Souvenir.

Carmen und Playa Blanca, die mit einem Rollstuhl größtenteils gut befahrbar sind. Besonders einige große Hotels verfügen über barrierefreie Zimmer, z. B. auch das Sporthotel in La Santa. Bei vielen Unterkünften wiederum ist dies noch Mangelware. Informationen zu barrierefreien Reisezielen erteilt der Bundesverband Selbsthilfe Körperbehinderter e.V. auf seiner Homepage www.reisen-ohne-barrieren.eu. Auf Wunsch werden dort auch begleitete Reisen vermittelt.

Bezahlen

Einen Betrag im Restaurant mit z. B. den Worten »50 Euro« oder »das passt so« aufzurunden, ist in Spanien unüblich. Zuerst stellt der Kellner ein Tellerchen mit der Rechnung auf den Tisch. Darauf legt man das Geld oder (wenn akzeptiert) die Kredit/-EC-Karte. Der Kellner holt den Teller ab und erscheint dann wieder mit dem Wechselgeld/ Kreditkartenbeleg. Erst dann lässt man kommentarlos etwas Trinkgeld auf dem Tellerchen liegen. Eine schöne unaufdringliche Bezahlkultur, die auch Besucher möglichst pflegen sollten.

Und noch eine Gepflogenheit: Auf den Kanaren zahlt man selten getrennt. Natürlich wird nicht erwartet, dass immer einer alle anderen einlädt (obwohl auch dies im Wechsel häufig vorkommt). Vielmehr legt jeder seinen Teil auf den Teller, sodass der Kellner den Tisch komplett abrechnen kann. Wenn nicht jeder das Geld passend hat, wird hinterher (oder in der nächsten Bar) ausgeglichen.

Busfahren

Die Linienbusse heißen auf Lanzarote *guaguas*. Sie verkehren direkt zwischen Arrecife und den touristischen Zentren der Insel (Puerto del Carmen, Playa Blanca und Costa Teguise). Auch in anderen

Orten gibt es Haltestellen *paradas de Guaguas*. Der zentrale Busbahnhof, die *Estación de Guaguas* (Tel. 928 81 15 22) befindet sich in Arrecife an der Hauptstraße Vía Medular gegenüber dem Einkaufszentrum. Guaguas sind recht preisgünstig, zumal es auch oft Sonderangebote gibt, z. B. für mehrfache Fahrten. Die Busfahrpläne lassen sich online unter www.intercitybuslanzarote.es einsehen.

Essen und Trinken

Das Angebot an Restaurants, Tapas-Bars, Cafés und anderen gastronomischen Einrichtungen ist groß. Auch in vielen kleineren Orten und Dörfern gibt es Lokale mit hervorragender Küche, insbesondere empfehlenswerte Fischrestaurants (z. B. in El Golfo, Famara, Arrieta und Playa Quemada). Ein besonderer Tipp sind die *Sociedades*, soziokulturelle Zentren. Sie dienen in fast allen Orten als Treffpunkt für Einheimische und bieten solide preisgünstige Küche. Urlauber sind dort willkommen, ob zum Essen oder zum Kaffeetrinken.

Fiestas

Gefeiert wird viel auf den Kanaren, natürlich auch auf Lanzarote! Allein schon die zahlreichen Patronatsfeste der Dörfer und Gemeinden füllen den Kalender: Traditionell gibt es rund um den Ehrentag des jeweiligen Schutzheiligen eine große Fiesta mit Prozessionen, Tanz und Feuerwerk, meist mindestens eine Woche lang. Ein ganz besonderer Tag ist auf Lanzarote der 15. September, an dem die Virgen de los Dolores, die Schutzheilige der Insel und »Retterin« des Dorfs Mancha Blanca gefeiert wird. Und – wie in ganz Spanien – ist auch hier der 16. Juli der Ehrentag der Virgen del Carmen. Die Schutzheilige der Fischer und Seefahrer bringt dann besonders die Hafenorte zum Brodeln.

Oben: Feuerwerk beim Karneval in Arrecife
Unten: Kellner im Restaurant Museo del Vino, Arrecife

Oben: Denkmal zu Ehren der Bauern
Mitte: Karneval auf Lanzarote
Unten: Die Festumzüge sind auch für die Kleinsten ein Erlebnis.

Auch der Karneval ist ein Ereignis auf Lanzarote. Und – auch wenn man es nicht vermuten würde – die Weihnachtszeit. Besonders gefeiert wird zu den Heiligen Drei Königen (6. Jan.) mit prächtigen Umzügen. Traditionell bekommen die Kinder in Spanien erst an diesem Tag ihre Weihnachtsgeschenke. Vom 15. Dezember bis zum 6. Januar sind auf Lanzarote in fast allen Dörfern wunderschön gestaltete Krippen zu finden. Am Festplatz an der Promenade von Puerto del Carmen wird ein Weihnachtsmarkt aufgebaut. Außerdem gibt es in einigen Orten besondere Partys - zum Beispiel an Heiligabend in Teguise.

Fiesta-Termine

24. Juni: Fiesta San Juan in Haría

7. Juli: Fiesta San Marcial del Rubicón in Fémes
Geehrt wird der einstige Bischof von Limoges und heutige Schutzpatron der Insel.

24. August: Fiesta de San Bartolomé

25. August: Fiesta de San Ginés in Arrecife

15. September: Fiesta de la Virgen de los Dolores in Mancha Blanca

Feiertage

1. Januar: Neujahr *Año Nuevo*

5./6. Januar: Heilige Drei Könige
(*Los Reyes Magos*)
Wird auf der Insel anstelle von Weihnachten groß gefeiert mit Geschenken für die Kinder und Umzügen.

Februar: Karneval
Umzüge und heiße Samba- und Salsarhythmen. Hochburgen der Festaktivitäten sind Arrecife, Teguise, Puerto Carmen und Playa Blanca. Beim »Begräbnis der Sardine« am Aschermittwoch wird eine riesige Sardine aus Pappmache bestattet, begleitet von einer trauernden Karnevalsgemeinde.

März/April: Karwoche *Semana Santa*

1. Mai: Tag der Arbeit (*Día del Trabajo*)

Mai: Fronleichnam (*Corpus Christi*)
Bunte Blumenteppiche schmücken die Straßen von Arrecife und Haría, auf denen lange Prozessionen vorbeiziehen.

30. Mai: Tag der Kanaren (*Día de las Islas Canarias*)
Ein bedeutender Feiertag mit Veranstaltungen in vielen Orten Lanzarotes.

12. Oktober: Día de la Hispanidad
Nationalfeiertag anlässlich der Entdeckung Amerikas durch Christoph Kolumbus.

1. November: Allerheiligen
Todos los Santos.

8. Dezember: Mariä Empfängnis
(*Inmaculada Concepción*)

Oben: Beeindruckend: Die Brandung an der Westküste
Mitte: Die Kirche in Tías
Unten: Dromedare auf dem Weg in die Feuerberge

Oben: Der Monte Corona bei Órzola
Mitte: Zwiegespräch in einer Bar
Unten: In La Santa

24. Dezember: Heiligabend (*Nochebuena*)
In Teguise gibt es eine Prozession mit Mitternachtsmesse und Krippenspiel, anschließend die Fiesta de Rancho de Pascua mit Tanz.

25. Dezember: Weihnachten (*Navidad*)

31. Dezember: Silvester (*Nochevieja*)

Gay

Beliebte Strände für Schwule und Lesben sind die Playa de Guacimeta (am Flughafen), die vorletzte Bucht der Playas Papagayos sowie der Barranco de Quíqurere (zwischen Puerto del Carmen und Puerto Galero). Gayfreundliche Ausgehadressen sind z.B. die Bars »Black & White« und »Punto« im Centro Comercial Atlántico in Puerto del Carmen.

Umfassende Infos, Events und mehr bietet die Webseite www.gaylanza.com

Geld

Geldautomaten sind in fast allen Orten zu finden. Viele Lokale und Geschäfte akzeptieren Kartenzahlungen. Auch bei EC-Karte wird meist zusätzlich ein Dokument (z.B. der Personalausweis) verlangt, auf Spanisch mit den Worten: »(Tiene/s un) D.N.I., por favor!«. Die Abkürzung steht für *Documento Nacional de Identidad.*

Gesundheit (Ärzte, Notruf)

Notruf: 112

Apotheken:
Zu erkennen am grünen Kreuz; die Öffnungszeiten entsprechen den regulären Ladenöffnungszeiten. Über Notdienste wird per Aushang informiert.

Deutschsprachige Ärzte auf Lanzarote:
Clínica Dr. Kunze. Allgemeinmedizin und Naturheilverfahren, Innere Medizin, kleine Chirurgie, 24-Std.-Notdienst, Calle Tres Barrancos 18, Arrieta, Tel. 928 84 85 09, (mobil) 665 60 30 63, www.arzt-lanzarote.com

Deutsches Ärzteteam, Praxis Dr. Mager, Notfallnummer (24 Std., mobil) 649 97 33 66.

Av. de las Playas 37, 35 510 Puerto del Carmen, Mo–Fr 10–20 und Sa/So 10–15 Uhr, Tel. 928 51 26 11 sowie Av. Legada 1, 35 570 Playa Blanca, Mo–Fr 10–20 und Sa/So 10–15 Uhr, Tel. 928 51 79 38 und Av. Islas Canarias 1, 35 509 Costa Teguise, Mo–Sa 10–13 Uhr. Tel. 928 82 60 72, www.lanzamedic.com

Krankenhäuser:
Hospital Insular de Lanzarote, Juan de Quesada s/n, 35 500 Arrecife Tel. 928 81 05 00

Hospiten (Privatklinik)
Calle Lomo Gordo s/n, 35 510 Puerto del Carmen
www.hospiten.com (Spanisch/Englisch)
Tel. 928 59 61 00

Zahnarzt:
Dr. Erik PremCalle Libertad 44, 35 572 Tías, Tel. 928 83 40 16

Klima und Reisezeit

Die »Inseln des ewigen Frühlings« verdanken die ganzjährige Durchschnittstemperatur von 21 °C ihrer geografischen Lage, die insbesondere von den beständigen Passatwinden aus Nordost beeinflusst wird. Auf Lanzarote kann es im Sommer durchaus sehr heiß werden, die Insel hat dann

Oben: Im Kaktusgarten
Mitte: Esel am Mirador de Los Valles
Unten: Im Frühjahr erblüht die Insel.

Oben: Plaza de la Constitución in Haría
Unten: Ein Roller genügt doch!

wegen der Trockenheit Wüstencharakter. In den Wintermonaten können Winde und Regenperioden für Abkühlung sorgen. Unter 15 °C fällt das Quecksilber selten.

Zeitweise sorgt das Wetterphänomen *Calima* für ein weniger angenehmes Klima. Es bringt trockene heiße Luft und feinen Sandstaub mit sich. Mitunter ist die Sicht dabei stark eingeschränkt, sodass auch der Flugverkehr beeinträchtigt wird. Durch die geringere Luftfeuchtigkeit steigen die Temperaturen stark an, tagsüber teilweise auf bis zu 45 °C, nachts auf bis zu 35 °C. Calima tritt bei Ostwind auf und dauert meist nur wenige Tage, manchmal aber auch einige Wochen.

Kriminalität

Insgesamt ist Lanzarote nicht gefährlicher als andere europäische Urlaubsziele. Auch hier kann Gelegenheit Diebe machen, also sollte man grundsätzlich keine Wertsachen im Auto oder unbeaufsichtigt am Strand liegen lassen. Eine Masche hat sich allerdings eingebürgert, die besondere Achtsamkeit erfordert: Einige kleine Läden, besonders in Playa Blanca, bieten vermeintlich günstige Elektronikware zu völlig überzogenen Preisen an und betrügen obendrein bei Kartenzahlungen. In verdächtigen Läden also genau hinsehen und erst nach Erhalt der Ware bezahlen!

Öffnungszeiten

Die meisten Geschäfte haben von Montag bis Samstag von 9.30 bis 13.30 Uhr und von 16.30 bis 20 Uhr geöffnet. Große Einkaufszentren und Läden in den großen Urlaubsorten haben häufig durchgängig und länger am Abend, teils auch sonntags, geöffnet. Sonntags ist vielerorts obendrein Markttag - zum Beispiel in Teguise.

Parken

Das Parken auf öffentlichen Straßen ist nicht immer gestattet oder kostenlos. In vielen Ortschaften sind die Parkflächen reguliert, z. B. als blaue Zonen, und gebührenpflichtig. In der Regel zu erkennen an Parkautomaten.

Post

Viele Läden, die Ansichtskarten anbieten, verkaufen auch passende Briefmarken (*sellos*). Der spanische Ausdruck für Post(amt) lautet *correos*. Das Porto für eine Postkarte oder einen Standardbrief nach Deutschland beträgt 75 Cent.

Rauchen

Seit 2011 gilt in Spanien ein strenges Rauchverbot an öffentlichen Orten, das regional mal mehr, mal weniger beachtet wird. Grundsätzlich zumindest sind Raucherzonen weder am Arbeitsplatz noch in Gaststätten oder auf Flughäfen erlaubt. *Prohibido fumar* (Rauchen verboten) heißt es auch auf Kinderspielplätzen oder vor Krankenhäusern. Bei Verstößen drohen teils empfindlich hohe Geldbußen. Auf den Außenplätzen von Restaurants & Co. darf weiterhin gequalmt werden und einige Hotels bieten Raucherzimmer an.

Reiseinformationen

Offizielles Tourismusportal: www.spain.info

Spanisches Fremdenverkehrsamt Berlin. Lietzenburger Str. 99, 10707 Berlin, Tel. 030 882 65 43, berlin@tourspain.es

Spanisches Fremdenverkehrsamt Düsseldorf. Grafenberger Allee 100 (Kutscherhaus), 40237 Düsseldorf, Tel. 0211 680 39 80, duesseldorf@tourspain.es

Oben: Kaum Straßen: Auf La Graciosa
Mitte: In Punta Mujeres
Unten: Souvenirs aus Lanzarote

Oben: Flaggen in Yaiza
Mitte: Warten auf Fahrgäste
Unten: Pflanzenschmuck an einem Haus in Punta de Mujeres

Spanisches Fremdenverkehrsamt Frankfurt am Main. Myliusstr. 14, 60323 Frankfurt am Main, Tel. 069 72 50 33, frankfurt@tourspain.es

Spanisches Fremdenverkehrsamt München. Postfach 15 19 40, 80051 München, Tel. 089 530 74 611 und 089 530 74 612, munich@tourspain.es

Taxi

Taxen sind zu erkennen am grün beleuchteten Dachschild sowie dem kleinen Zusatzschild »SP« am Nummernschild.

Taxiruf:
Arrecife: Tel. 928 80 31 04
Puerto del Carmen: Tel. 928 52 42 20
Costa Teguise: Tel. 928 86 62 33
Teguise: Tel. 928 52 42 23
Yaiza: Tel. 928 83 01 63
Playa Blanca: Tel. 928 51 78 28

Deutschsprachiger Service (Abholung Flughafen, Inselrundfahrten, Botenfahrten etc.) von »Fahrer Guido«: Tel. 928 52 98 22, (mobil) 676 30 40 93, guido@taxi-lanzarote.com, www.taxi-lanzarote.com

Telefonieren

Die meisten Telefonzellen funktionieren mit Münzen oder Telefonkarten *(tarjeta telefónica)*. Letztere sind in Läden und an Kiosken erhältlich, auch spanische Prepaid-Karten.

Vorwahl für Deutschland: 00 49, Österreich: 00 43, Schweiz: 00 41. Anschließend die Ortsnetzkennzahl ohne die 0 und die Teilnehmernummer wählen.

Vorwahl für Lanzarote (Spanien): 0034.

Tiere

Hunden gegenüber sind viele Spanier nicht wohlgesonnen, was teils an dem deutlichen Schild *perros no!* (Hunde nicht erlaubt) zu erkennen ist. In vielen Unterkünften sind Tiere nicht erlaubt, wer seinen Vierbeiner mitnehmen möchte, sollte sich vorab genau erkundigen. Auf der anderen Seite engagieren sich einige Einheimische mit Leib und Seele für den Tierschutz.

Deutschsprachige Tierärztin auf Lanzarote: Manuela Zarza, Pet Centro Veterinario Internacional. Centro Comercial Las Maretas, 35 509 Costa Teguise, Tel. 928 34 62 07, Tierärztin Notfalltel. 636 6 81 11

Trinkgeld

Üblich sind je nach Gesamtbetrag und Kategorie des Restaurants rund fünf Prozent (s. S. 270).

Verkehr

siehe Autofahren, S. 268

Zollbestimmungen

Bei der Einreise auf die Kanaren erfolgt in der Regel keine Zollkontrolle, bei der Einreise in die EU-Länder Deutschland und Österreich auch nicht. Weil die Kanaren einen Sonderstatus einnehmen (sie zählen trotz der spanischen EU-Mitgliedschaft nicht zur Zollregion der EU), kaufen viele Heimreisende gern im Duty Free Shop ein. Dabei gelten zollfreie Höchstmengen (auch für die Schweiz). Jede Person über 17 Jahre darf ausführen: 200 Zigaretten oder 50 Zigarren oder 250 g Tabak, 50 g Parfum oder 250 cl Eau de Cologne, 1 l Spirituosen oder 2 l Wein. Sowie (Personen ab 15 Jahren) 500 g Röstkaffee oder 200 g löslicher Kaffee.

Oben: Gut, dass Frauchen wieder da ist.
Mitte: Restaurant in Costa Teguise
Unten: Wein der Bodega »El Grifo«

Lanzarote mit Kindern

»Lanzarote ist doch keine Insel für Kinder«, diesen Satz hört man immer mal wieder. Auf die Idee kommen Kritiker, weil sich das Angebot an Freizeitparks & Co. in Grenzen hält und ein Großteil der Insel »nur« aus Vulkanlandschaften besteht. Genau das aber ist für kleine Abenteurer mehr als spannend! Und macht Lanzarote zu einem ausgesprochen attraktiven Ziel für Familien: Hier kann man endlich einmal gemeinsam etwas unternehmen, das allen gefällt.

In den Cuevas de los Verdes

Auf Entdeckungstour

Wo sonst kann man eine Hühnerkeule vom Vulkangrill essen oder erleben, wie sich kaltes Wasser in Sekundenbruchteilen in eine zischende Fontäne verwandelt? Oder in eine farbenprächtige Lavahöhle hinabsteigen? Auf einem Dromedar reiten oder Hunderte von blinden Tiefseekrebse beim Krabbeln beobachten? Ob im Nationalpark Timanfaya, in den Cuevas de los Verdes, den Jameos del Agua oder im Kaktusgarten, die größten Sehenswürdigkeiten Lanzarotes sind für Kinder genauso spannend wie für Erwachsene. Auch beim Ausblick vom Mirador del Río oder dem Anblick des »Hexenkessels« Los Hervideros stehen kleine Münder vor Staunen offen.

Wandern mit Kindern

Auch Kinder, die Wanderungen sonst eher »sterbenslangweilig« finden, lassen sich auf der Vulkaninsel begeistern, sofern man eine Route wählt, bei der man in einen Krater hineinschauen oder verschiedene Lavaformen entdecken kann. Dies ist z. B. im Naturpark Los Volcanes möglich. Wer sich an regionale Anbieter wie »Laguna Travel« (s. S. 173) wendet, erfährt bei welchen Touren man die Kleinen unbesorgt mitnehmen kann. Zu berücksichtigen ist natürlich, dass manche Wanderungen erhöhte Schwierigkeitsgrade aufweisen und weniger gut geeignet sind.

Strände und Buchten

Zwar gibt es auf Lanzarote weniger und kleinere Strände als auf Fuerteventura, aber die Insel bietet dennoch schöne Bademöglichkeiten, sodass auch die Allerkleinsten beim Burgenbauen oder Plantschen auf ihre Kosten kommen. Besonders gut für einen Familienurlaub eignet sich Puerto del Carmen mit den größten Stränden direkt vor der Haustür. In Costa Teguise gibt es ähnliche Möglichkeiten, dieser Teil der Küste ist jedoch meist etwas windiger. Und Playa Blanca ganz

Spannend: Hitzevorführungen im Nationalpark

im Süden hat zwar (neben einigen kleineren Stadtstränden) die nahe gelegenen Traumstrände Playas del Papagayo, doch um sie zu erreichen, muss man ein Stück laufen oder fahren. Auch sind von hier aus die meisten sehenswerten Ziele der Insel etwas weiter entfernt.

Von den drei großen Ferienzentren abgesehen, bieten sich rund um die Insel einige andere schöne Bademöglichkeiten an, etwa die Naturpools (*charcos*) an vielen Teilen der Felsküste oder die feinsandigen *caletónes* bei Órzola. Nur: Bitte unbedingt auf die Gezeiten, mögliche Brandung/Strömungen und die Wetterbedingungen achten! Vielerorts ist das Baden oder zumindest das Rausschwimmen lebensgefährlich.

Freizeitparks & Co.

Für Unterhaltung und Abwechslung sorgen immerhin einige Freizeitparks und andere familiengerechte Einrichtungen auf Lanzarote. Darunter der »Rancho Texas Park« (s. S. 69) und die Go-Kart-Bahn nahe Puerto del Carmen sowie der »Guinate Tropical Park« (s. S. 225) ganz im Norden. In Costa Teguise gibt es ein großes Meerwasseraquarium und im Sommer einen Aqua Park (s. S. 265) mit spektakulären Wasserrutschen. Wegen seiner Familienfreundlichkeit besonders gelobt wird der privat geführte Erlebnisbauernhof »Pardelas Park« (s. S. 241) bei Órzola, der auch für die Kleinsten ein Erlebnis ist (Eselreiten, viele andere Tiere, Töpfern, etc.).

In den Klippen von Punta Mujeres

IM RESTAURANT
EN EL RESTAURANTE

Bar/Kneipe bar
Taverne/Kneipe taberna
Brauerei cervecería
Kellner/in camarero/a
Hallo hola
guten Tag (bis 12 Uhr) buenos días
guten Nachmittag/Abend (ab 12 Uhr) buenas tardes
Getränke bebidas
Bier cerveza
Glas (Bier) caña
Glas (Wein) copa
Sherry fino
Rotwein vino tinto
Sommerwein (andalusisch) tinto de verano
Trocken secco
halbtrocken medio secco
süß dulce
stilles Wasser agua sin gas
Mineralwasser agua con gas
auf deutsch en alemán
die Karte la carta
Vorspeise entrada
Olive aceituna
Tintenfisch calamar
Salat ensalada
Suppe sopa
Brot pan
Butter mantequilla
als erste Speise de primero
außerdem además
frittierte Kartoffel patata frita
bestellen/bitten pedir
du bestellst pides
bald pronto
als zweite Speise de segundo
Portion ración
Fleisch carne
Fisch pescado
Krabbe gamba
Lamm cordero
Rippe costilla
Filet solomillo
Gemüse verduras
Reis arroz
Kuskus couscous
Nachtisch postre
Karamellpudding flan
Erdbeere fresa
(Schlag-)Sahne nata
Keks galleta
dick gordo
Kaffee mit Milch café con leche
Zucker azúcar

ZEITEN
TIEMPOS

Jahr año
Monat mes
Tag día
Stunde hora
Minute minuto
Sekunde segundo
früher Morgen madrugada
morgen/der Morgen mañana
Mittag mediodía
Mittagsruhe siesta
nachmittags/abends por la tarde
die Nacht la noche
Montag lunes
Dienstag martes
Mittwoch miércoles
Donnerstag jueves
Freitag viernes
Samstag sabado
Sonntag domingo
Feiertag fiesta
Urlaub vacaciones
Frühling primavera
Sommer verano
Herbst ótoño
Winter invierno

ZAHLEN NUMEROS

eins uno
zwei dos
drei tres
vier cuatro
fünf cinco
sechs seis
sieben siete
acht ocho
neun nueve
zehn diez
elf onze
zwölf doce
dreizehn trece
vierzehn catorce
fünfzehn quince
sechzehn dieciséis
siebzehn diesisiete
achtzehn diesiocho
neunzehn diesinueve
zwanzig veinte
einundzwanzig veintiuno
zweiundzwanzig ... veintidos...
dreißig treinta
vierzig cuarenta
fünfzig cincuenta
sechzig sesenta
siebzig setenta
achtzig ochenta
neunzig noventa
hundert cien

GEBRÄUCHLICHES USADOS

ok! ¡vale!
Entschuldigung perdón
ja sí
nein no
Wie gehts? ¿Qué tal?
seit desde hace
Kollege compañero
wo dónde
hübsch guapo/a
später luego
als que
wer quién
Kunde cliente
großartig estupendo
Chef jefe
weiter, mehr más
bitte por favor
Wie schade! ¡Qué lástima!
mit mir conmigo
halb medio
aber klar claro que sí
einverstanden de acuerdo
müde sein tener sueño
ich möchte quiero
ich liebe dich te quiero
romantisch romántico
offen abierto
geschlossen cerrado

TOURISMUS TUSRISMO

Tagesanbruch amanecer
Tagesende anochecer
Ticket billete
Cafeteria cafetería
Ausflug excursión
Hinweg ida
Rückweg vuelta
laufen caminar
Karte mapa
Moschee mezquita
Museum museo
Büro oficina
Haltestelle parada
entschuldigen Sie perdone
Kunst arte
Ruine ruina
Bus autobús
Bahn train
Auto coche
Fahrrad bicicleta
Pool piscina
Waschraum/Toiletten servicio/servicios
Damen señoras
Herren caballeros

A
A Casa José Saramago 62
Arrieta 260
Arrecife 23, 25, 28

B
Balcon de Femés 105
Berge
Montaña Bermeja 191, 245
Montaña Clara 23, 239
Montaña Colorada 11, 172
Montaña de Zonzamas 20, 58
Montaña Guiguan 164, 169
Montaña Roja 121, 124
Montaña Tindaya 125
Monte Corona 223, 250
Peñas del Chache 23
Besucherzentrum Mancha Blanca 160
Béthencourt, Jean de 20, 24, 115, 129
Bodegas 19, 50, 84, 92, 189

C
Cáceres, Eduardo 154, 238
Caldera Blanca 13, 176
Caleta de Caballo 192, 195
Caleta de Famara 182, 194, 202
Caleta del Sebo 244
Caletónes 15, 242, 281
Callejón de la Sangre 209
Casa Ajej 53
Casa de la Cultura 99
Casa del Miedo (»Haus der Angst«) 30
Casa Juanita 260
Casa Mayor Guerra 53
Casa Roja 71, 73
Casa Spínola 211
Castillo de San Gabriel 31, 32, 49
Castillo de San José 46
Castillo de Santa Barbara 208
Castillo de Santa Bárbara 208
Centro de Artesanía (»Kunsthandwerkszentrum«) 98, 102
Charco de los Clicos 144, 148
Charco del Palo 14, 263
Charco San Ginés 30, 45
Cinijo-Archipel 23, 196, 203, 220, 244
Costa Teguise 13, 266, 280
Cuevas de los Verdes 250

D
Denkmäler
Monumento al Campesino 41, 48, 215
Monumento de la Fecundidad (»Denkmal der Fruchtbarkeit«) 49
Monumento de Unamonu 129
Monumento Natural de La Corona 223, 250
Monumento Natural de La Corona 250
Monumento Natural de Los Achajes 108
Monumento Toni Martín 230
Dromedare 18, 92, 152, 159

E
El Bosquecillo 16, 233
El Cotillo 126
El Golfo 7, 14, 148, 240
El Jable 187, 190, 202
El Puertito 133

F
Faro de Pechiguera 121, 122, 142
Femés 104, 108, 272
Feuerberge (Montaña del Fuego) 6, 98, 152, 159, 161
FKK 14, 113, 203, 263
Fuerteventura 10, 118, 124, 132
Fundación César Manrique 6, 13, 40, 229

G
Galería Yaiza 100
Guatiza 16, 262, 265
Guinate Tropical Park 225

H
Haría 23, 224, 226, 232, 272

I
Ibanez, Luis 76, 92, 212, 223
Islote de Hilario 154

J
Jameo Chico 254
Jameo Grande 254
Jameos del Agua 6, 252
Jardin de Cactus (»Kaktusgarten«) 7, 262

K
Kirchen
Convento San Francisco 212
Convento Santo Domingo 212
Ermita de los Dolores 164
Ermita de San Juan Evangelista 182
Ermita de San Marcial 105
Ermita Nuestra Señora del Carmen 261
Ermita San Juan 230
Iglesia de San Isidro Labrador 92
Iglesia de San Martin 53
Iglesia Nuestra Señora de Guadelupe 207
Iglesia Nuestra Señora de Guadelupe 207, 213
Iglesia Nuestra Señora del Mar 245
Iglesia San Ginés 31, 32
Iglesia San Roque 180
Nuestra Señora de la Candelaria 128

L
La Caleta de Famara 194
La Graciosa 7, 241, 244
La Olivia 125
La Santa 18, 190
La Tiñosa 70
Lagomar 214
Lasso, Pancho 47, 50
Lavaküste des Westens 142
Los Cocoteros 18, 138, 267
Los Hervideros 9, 142, 280
Los Lobos 118, 132
Lucha Canaria 22, 92, 184, 230
La Mareta: Platz der Zisterne 209
La Geria 7, 19, 84

M
Mala 16, 262, 265
Malpaís 12, 14, 143, 148, 252
Mancha Blanca (Dorf) 84, 164, 168, 272
Manrique, César 6, 40
Märkte
Bauernmärkte 89, 168
La Recova (Arricife) 29
Mercadillo in Teguise 206, 209
Mercadillo Artesanía 227
Martín, Juan Brito 48, 238
Meeresgrotten El Convento 142
Mirador de Morro Velosa 129
Mirador del Puerto 73
Mirador del Puerto 73
Mirador del Río 6, 236
Mirador Los Valles 222
Mozaga 48, 85
Museen
Casa de los Volcanes 255
Casa-Museo del Campensino (»Bauernmuseum«) 49
Ecomuseo La Alcodiga (»Bauernmuseum«) 129
Molino de Antigua (»Mühlenmuseum«) 129
Museo Aeronáutico 39
Museo Agricola El Patio 186
Museo de Africa (»Afrikanisches Museum«) 261
Museo de Arte Sacro 228
Museo de Cetáceos (»Walmuseum«) 77
Museo de la Piratería(»Piratenmuseum«) 208
Museo de Rocas 153
Museo del Grano La Cilla 128
Museo Etnográfico Tanit 61
Museo Internacional de Arte Contemporáneo 46
Museo Tanit 18, 56
Salzmuseum Salinas del Carmen 126
Timple-Museum 207

N
Naturpark
Nationalpark Timanfaya 6, 152
Parque Natural de Corralejo 125
Parque Natural de Jandía 124
Parque Natural de Los Volcanes 9, 13, 172, 280
Parque Natural del Archipielago Chinijo 203
Parque Natural del Islote de Lobos 132

O
Órzola 17, 240, 281

P
Palacio del Marqués 212
Palacio Herrera y Rojas 212
Palacio Ico 212
Playa Blanca 14, 118, 276
Playa de las Conchas 245

Playa Honda 36
Playa Quemada 14, 80
Plaza de la Constitución 211, 226
Plaza de los Remedios 98
Puente del diablo (»Teufelsbrücke«) 143
Puerto Calero 76
Puerto del Carmen 13, 66, 70
Puerto del Rosario 130
Punta de Mujeres 256
Punta del Papagayo 112
Punta Fariones 203, 220, 245

R

Reiseinfos 267
Reserva Natural Integral de los Islotes 23
Risco de Famara 7, 14, 23, 220
Risco Quebrado 176

S

Salinas de Janubio 138
San Bartolomé 23, 52, 272
San Marcial del Rubicón 114, 272
Saramago, José 62, 88
Sharif, Omar 214
Sonnenuhr von Tinajo 181
Soto, Jesús 49, 154, 215, 238, 251
Strände
Playa Chica 18, 71
Playa de Famara 15, 202
Playa de Janubio 141
Playa de la Arena 81
Playa de la Cantería 242
Playa de la Concha 133
Playa de las Coloradas 120
Playa de los Charcos 269
Playa de los Pocillos 68
Playa de Montaña Bermeja 144
Playa de San Juan 198
Playa del Ancla 269
Playa del Papagayo 115
Playa del Pozo 83, 113
Playa Dorada 120
Playa Flamingo 120
Playa Grande 68
Playa Jablillo 269
Playa Lambra 245
Playa Las Cucharas 269
Playa Matagorda 67
Playa Mujeres 113
Playas de Papagayo (»Papageienstrände«) 14, 112

T

Tal der 1000 Palmen 16, 232
Tiagua 19, 86, 186
Tinajo 23, 180, 184
Taller de Artesanía 228
Tao 20, 184
Teguise 23, 29, 203, 206, 272

U

Uga 85, 92

V

Vulkanismus 143, 151, 152, 160, 167, 173

Y

Yaiza 23, 98

Unser komplettes Programm:

www.bruckmann.de

Produktmanagement: Claudia Hohdorf, Ulrich Jahn
Lektorat: Petra Sparrer, Köln
Korrektorat: SAW Communications Redaktionsbüro Dr. Sabine A. Werner, Mainz
Layout: Roman Bold & Black, Köln
Umschlaggestaltung: Fuchs-Design, Sabine Fuchs, München
Repro: Repro Ludwig, Zell am See
Kartografie: Kartographie Huber, Heike Block, München
Herstellung: Bettina Schippel
Printed in Slovenia by Korotan, Ljubljana

Alle Angaben dieses Werkes wurden von der Autorin sorgfältig recherchiert und auf den aktuellen Stand gebracht sowie vom Verlag geprüft. Für die Richtigkeit der Angaben kann jedoch keine Haftung übernommen werden. Für Hinweise und Anregungen sind wir jederzeit dankbar. Bitte richten Sie diese an:

Bruckmann Verlag
Postfach 40 02 09
80702 München
E-Mail: lektorat@verlagshaus.de

Bildnachweis:
Alle Bilder des Innenteils und des Umschlags stammen von Sabine Lubenow, Düsseldorf, außer:

Shutterstock/Achimdiver, S. 18u.; Shutterstock/Andrew Buckin, S. 7 2.Bild v.o.; Shutterstock/David Ionut, S. 2; Shutterstock/Donjiy, S. 16 o., 177; Shutterstock/holbox, S. 16 M., 19 u., 28 o.; shutterstock/Igoraul, S. 10 M.; Shutterstock/irabel8, S. 11 u.; Shutterstock/Jorg Hackemann, S. 13 u., 17 u., 140, 141; Shutterstock/Karol Kozlowski, S. 12 u.; Shutterstock/Marcin Sylwia Ciesielski, S. 144 M.; Shutterstock/n. yanchuk, S. 84 o.; Shutterstock/Rafal Gadomski, S. 20 o.; Shutterstock/Tamara Kulikova, S. 21u.; luchacanaria.info, S. 95 o., 184, 185; Wikimedia Commons, S. 20 M.; wikimedia/Frank Vincentz, S. 210; © VG Bild-Kunst, Bonn 2013, S. 41, 42 u., 43, 238 o., 261 , 268 M.

Umschlag:
Vorderseite:
Oben: Kaktusblüte im Jardin de Cactus (Shutterstock/Karol Kozlowski).
Mitte links: In einer Bar in Puerto del Carmen
Mitte rechts: Künstlerisch gestaltete Außenwand an der Fundacion César Manrique
Unten: Traumstrand und Lavaberge (Shutterstock/cristovao)
Rückseite:
Links: Sonntagsmarkt in Mancha Blanca
Rechts: Dromedarreiten im Nationalpark Timanfaya

Die Deutsche Nationalbibliothek verzeichnet diese Publikation in der Deutschen Nationalbibliografie; detaillierte bibliografische Daten sind im Internet über http://dnb.d-nb.de abrufbar.

ISBN 978-3-7654-6273-3